淘宝大学电子商务
人才能力实训（CETC系列）

淘宝大学教程CETC认证书籍

# 网店美工
## 视觉与客服

淘宝大学 / 编著

淘宝大学教程
CETC认证书籍
**提高版**

电子工业出版社
Publishing House of Electronics Industry
北京·BEIJING

## 内 容 简 介

中国电子商务经过逾20年发展至今已有相当规模，行业规模急速扩张，企业却陷入用人难的困境。目前，整个行业对专业人才的需求缺口高达400多万人，人才总量不足、专业人才缺乏的情况严峻。为了缓解企业电商人才短缺的现状，淘宝大学特别推出了CETC电商人才能力认证体系，针对不同层级和专业的电商人员提供学习和能力认证，培养电商实战人才。

在全套三本书籍中，《淘宝大学电子商务人才能力实训（CETC系列）——网店运营、美工视觉、客服（入门版）》，是针对电子商务零基础人员及预备创业人员的，以知识、理念普及和创业引导为主。《淘宝大学电子商务人才能力实训（CETC系列）——网店运营（提高版）》，是针对电子商务行业基层从业人员的，以提升网店运营岗位实操技能为主。《淘宝大学电子商务人才能力实训（CETC系列）——网店美工视觉与客服（提高版）》，也就是本书，以提升网店美工与客服岗位实操技能为主。

本套书籍由淘宝大学组织20余名淘大认证讲师和行业专家，依托于淘宝大学与美的、森马、三只松鼠等11家电商标杆企业共同制定的电商人才能力标准及知识体系，历时近一年的时间完成。可作为CETC启蒙级、初级学员及高校电商专业学生和电商企业基层人员的学习教材。

未经许可，不得以任何方式复制或抄袭本书之部分或全部内容。
版权所有，侵权必究。

**图书在版编目（CIP）数据**

网店美工视觉与客服：提高版 / 淘宝大学编著. —北京：电子工业出版社，2018.1
（淘宝大学电子商务人才能力实训. CETC系列）
ISBN 978-7-121-32900-5

Ⅰ.①网… Ⅱ.①淘… Ⅲ.①网络营销 Ⅳ.①F713.365.2

中国版本图书馆CIP数据核字（2017）第258309号

策划编辑：张彦红
责任编辑：牛　勇
印　　刷：天津千鹤文化传播有限公司
装　　订：天津千鹤文化传播有限公司
出版发行：电子工业出版社
　　　　　北京市海淀区万寿路173信箱　邮编100036
开　　本：787×980　1/16　印张：25　字数：400千字
版　　次：2018年1月第1版
印　　次：2021年9月第4次印刷
印　　数：6001～6800册　定价：89.80元

凡所购买电子工业出版社图书有缺损问题，请向购买书店调换。若书店售缺，请与本社发行部联系，联系及邮购电话：(010) 88254888，88258888。
质量投诉请发邮件至zlts@phei.com.cn，盗版侵权举报请发邮件至dbqq@phei.com.cn。
本书咨询联系方式：(010) 51260888-819，faq@phei.com.cn。

# 序　　言

中国电子商务经过逾20年的发展，网络零售总额已占到中国社会消费品零售总额的15%以上（2016年），商务部印发的《商务发展第十三个五年规划纲要》中更是预计，到2020年中国电子商务交易规模将达到43.8万亿元。行业规模急速扩张，企业却陷入用人难的困境。目前，整个行业对专业人才的需求缺口高达400多万人，人才总量不足、专业人才缺乏的情况严峻。电子商务从业人员的供需不平衡和从业人员的能力不足已经成为制约行业发展的重要因素，尤其是有一定专业认知和经验的基层电商人才的短缺，导致大量的电子商务中小企业出现无人可招的困局。同时，大中型企业的基层电商人员在内部培养中也出现了无标准可循、知识体系更新不及时的问题。

此外，作为培养行业基础人才的高校，部分高校电子商务专业的专业定位、教材中教学内容与社会实践所需都有较大的差异。这也导致了实际运作中许多从学校招聘的基层人员能力达不到企业预想的技能要求。

为了推动解决企业电商人才的短缺及实战能力的提升问题，淘宝大学特别推出了CETC电商人才能力认证体系，针对不同层级和专业的电商人员提供学习和能力认证，培养电商实战人才。淘宝大学为该认证制定了四大体系：能力标准体系、四级知识体系、混合学习体系、考试认证体系。本套书籍依托于淘宝大学与美的、森马、三只松鼠等11家电商标杆企业共同制定的电商人才能力标准及知识体系，由淘宝大学20余名认证讲师和行业专家历时近一年的时间完成内容编写和多轮修订，是CETC启蒙级、初级学员及高校电商专业学生和电商企业基层人员学习提升的首选资料。

在全套三本书籍中，《淘宝大学电子商务人才能力实训（CETC系列）——网店运营、美工视觉、客服（入门版）》是针对电子商务零基础人员及预备创业人员的，以知识、理念普及和创业引导为主；《淘宝大学电子商务人才能力实训（CETC系列）——网店运营（提高版）》和《淘宝大学电子商务人才能力实训（CETC系列）——网店美工视觉与客服（提高版）》是针对电子商务行业基层从业人员的，以提升岗位实操技能为主。全套书籍有两个突出特点：

一、知识体系完备。本套书籍中包含了电子商务运营、视觉、客服三大专业线的基础知识。全书从基本的电商概述、电商视觉概述、电商客服概述讲起，涵盖了以阿里巴巴为代表的电商平台网店的店铺基础知识，包含店铺基础运营要求、店铺日常运营要求、流量介绍、店铺活动介绍、页面认知、图片规则规范、平台规则、消费者权益、购物流程数据分析等要点，逻辑清晰，内容丰富。

二、实践指导性强。本套书籍非常重视实践操作技能的落地，引用了大量案例和操作流程的图示，包括店铺日常维护、搜索优化、付费推广、促销工具、店铺活动、图片获取、店铺首页的制作、店铺详情页的制作、后台操作方法、售前销售和售后服务流程、交易安全、投诉处理等内容，帮助学员和读者通过本套书籍的学习在实践中学以致用。

随着"新零售"时代的到来，需要更多懂得全渠道运营的零售人才的涌出，行业对电子商务人才的需求不但没有弱化，还会更加迫切和多元化，希望有志于从事电商行业的人士能够从本套书籍中获得更多的收益，提升在实践中落地的能力。

阿里巴巴集团五新委员会委员、淘宝大学校长　王帅

# 目　　录

## 第 1 篇　美工视觉

### 第 1 章　图片获取 ......2

1.1　认识摄影工具 ......3
1.2　商品拍摄技巧 ......5
　　1.2.1　不同材质表面的拍摄方法 ......6
　　1.2.2　常见的布光方式 ......10
　　1.2.3　九种常用的构图方法 ......14
　　1.2.4　拍摄脚本策划 ......18
1.3　获取图片素材 ......32

### 第 2 章　美化图片 ......38

2.1　关于图片的几个知识 ......40
　　2.1.1　图片格式 ......41
　　2.1.2　色彩知识 ......47
　　2.1.3　规格尺寸 ......52
　　2.1.4　构图 ......55
2.2　优化图片 ......60
　　2.2.1　二次构图裁剪法 ......65
　　2.2.2　调整白平衡 ......68
　　2.2.3　调整颜色 ......73
　　2.2.4　调整图片清晰度 ......86

2.2.5 修复图片 ............................................................................................ 89

## 第 3 章 图像合成 .................................................................................................. 96

### 3.1 图像尺寸调整 ........................................................................................ 99
3.1.1 调整图像大小 .................................................................................... 101
3.1.2 裁剪图像大小 .................................................................................... 103
3.1.3 新建文件 ............................................................................................ 104
3.1.4 批量调整图片尺寸 ............................................................................ 107
3.1.5 自由变换工具调整对象大小 ............................................................ 112
3.1.6 建立选区 ............................................................................................ 115

### 3.2 图像合成与处理 .................................................................................... 121

### 3.3 存储文件 ................................................................................................ 130
3.3.1 "存储" / "存储为"命令 ................................................................ 130
3.3.2 存储为 Web 所用格式 ...................................................................... 131

## 第 4 章 快速制作店铺首页 ................................................................................ 134

### 4.1 什么是首页 ............................................................................................ 135
4.1.1 首页的概念 ........................................................................................ 135
4.1.2 首页的作用 ........................................................................................ 137
4.1.3 首页常见的尺寸 ................................................................................ 138
4.1.4 首页的呈现 ........................................................................................ 139

### 4.2 PC 端首页方案 ...................................................................................... 140
4.2.1 首页的框架布局 ................................................................................ 140
4.2.2 后台的布局管理 ................................................................................ 141
4.2.3 首页框架布局呈现 ............................................................................ 141

### 4.3 首页的风格色调 .................................................................................... 143
4.3.1 色彩方案—色彩的语言 .................................................................... 143
4.3.2 色彩方案—配色技巧 ........................................................................ 145
4.3.3 字体方案—常用字体 ........................................................................ 146
4.3.4 字体方案—字体选择 ........................................................................ 147

## 4.4 PC 端首页制作流程 .................................................. 149
### 4.4.1 首页店招 .................................................. 149
### 4.4.2 首页导航及分类 .................................................. 152
### 4.4.3 大屏海报 .................................................. 154
### 4.4.4 左侧栏及自定义模块 .................................................. 157
### 4.4.5 首页底部通栏 .................................................. 161
## 4.5 无线端首页模块 .................................................. 163
### 4.5.1 店标（LOGO） .................................................. 164
### 4.5.2 无线端店招 .................................................. 166
## 4.6 无线端首页框架及对应模块的填充 .................................................. 170

# 第 5 章 产品详情页设计 .................................................. 173
## 5.1 产品详情页的作用 .................................................. 174
## 5.2 详情页的基本结构 .................................................. 175
## 5.3 详情页的四大板块 .................................................. 177
### 5.3.1 主图 .................................................. 177
### 5.3.2 详情模块导航 .................................................. 179
### 5.3.3 详情主要内容模块 .................................................. 181
### 5.3.4 详情页页尾 .................................................. 181
## 5.4 详情页的设计制作流程 .................................................. 182
## 5.5 详情页设计的主要模块和排序玩法 .................................................. 187
### 5.5.1 详情页设计的主要模块 .................................................. 187
### 5.5.2 详情页模块的排序 .................................................. 192
### 5.5.3 模块排序常见误区 .................................................. 194

# 第 6 章 后台操作及上传发布 .................................................. 195
## 6.1 店铺后台 .................................................. 196
### 6.1.1 图片空间 .................................................. 196
### 6.1.2 图片上传及归类 .................................................. 198
### 6.1.3 装修入口 .................................................. 206

   6.1.4 版本设置 ............................................................................................216
   6.1.5 PC 端模板购买 ....................................................................................218
   6.1.6 PC 端首页布局 ....................................................................................221
   6.1.7 PC 端模块添加及编辑 ........................................................................223
  6.2 代码链接 ............................................................................................................235
   6.2.1 使用 Dreamweaver 制作热点 ..............................................................235
   6.2.2 后台添加超链接 ..................................................................................248
  6.3 无线端店铺装修 ................................................................................................251
   6.3.1 无线端首页模块的添加与布局 ..........................................................251
   6.3.2 无线端首页模块的编辑 ......................................................................253
   6.3.3 无线端详情页编辑 ..............................................................................259
  6.4 备份、还原及发布 ............................................................................................269
   6.4.1 备份和还原的作用 ..............................................................................269
   6.4.2 备份店铺 ..............................................................................................270
   6.4.3 还原店铺 ..............................................................................................273
   6.4.4 发布 ......................................................................................................275

## 第 7 章 专题页设计 ............................................................................................284

  7.1 专题页的作用 ....................................................................................................285
  7.2 专题页的设计思路 ............................................................................................286
  7.3 专题页的设计制作 ............................................................................................290
  7.4 分类页设计 ........................................................................................................296

## 第 2 篇 客服

## 第 8 章 客服需要了解产品与品牌 ....................................................................300

  8.1 学习品牌知识 ....................................................................................................301
  8.2 了解产品 ............................................................................................................305
  8.3 卖点挖掘 ............................................................................................................315
  8.4 售后问题 ............................................................................................................321

8.5 注意事项 ................................................................ 327

# 第 9 章 学习店铺基础知识 ................................................ 334

9.1 支付方式 ................................................................ 335
9.2 物流体系 ................................................................ 340
9.3 优惠方式 ................................................................ 345
9.4 会员体系 ................................................................ 350
9.5 订单备注要求 ......................................................... 353

# 第 10 章 客服工作基本要求 .............................................. 357

10.1 客服接待工作基本原则 ......................................... 358
10.2 客服行为规范 ....................................................... 361

# 第 11 章 客服沟通技巧 ...................................................... 363

11.1 迎接顾客 .............................................................. 364
11.2 接待咨询与产品推荐 ............................................ 366
  11.2.1 接待咨询 ................................................. 366
  11.2.2 推荐产品 ................................................. 371
11.3 解决异议 .............................................................. 373
11.4 确认订单与礼貌告别 ............................................ 377
11.5 订单处理 .............................................................. 380

# 第 12 章 客服基础数据 ...................................................... 383

12.1 客服相关数据 ....................................................... 384
12.2 了解数据软件 ....................................................... 389

# 第 1 篇

## 美工视觉

# 第1章

## 图片获取

在网络交易时代，我们一直强调图片对于网店的重要性，大家也都清楚图片的传达效果要远远胜于文字的表现力。一张好的图片胜过千言万语，买家线上购物是看图买货，图片是展现商品全部利益点的载体，包括整体和细节。图片的好坏可以决定一个网店的生死，我们常说"卖产品就等于卖图片"，一张能够吸引眼球的图片承载了卖家与买家之间沟通的桥梁。因此，在淘宝网店中，具备视觉效果和差异化是图片拍摄和制作的两个基本出发点，所以有计划地去拍摄图片就很有必要了。背景、道具、光线、构图、摆型等风格设定，甚至场景、模特的选择、产品整理、产品搭配等，这些都要事先计划好、规划好，才能让你的商品图片脱颖而出，提升转化率，吸引买家购买。

## 1.1 认识摄影工具

工欲善其事，必先利其器。商品拍摄可以使用不同的拍摄工具，如手机、卡片相机、微单相机和单反相机。下面首先要介绍的第一种拍摄工具就是我们常用的手机。随着手机摄像头的分辨率越来越高、镜头及编辑应用程序越来越专业，用手机拍摄商品成为众多卖家的首选。用手机拍摄商品要选择具有高像素拍摄功能的手机，其优势是轻巧、携带方便，不需要调节，举起即可拍成像；其劣势是光线、环境等外因会影响偏色，画面模糊，层次感差。在用手机拍摄时，尽量保持水平，托好手机机身并确认没有阻挡摄像头，身体也要保持重心平衡，将摄影主体放在画面中恰当的位置进行简单的构图，让人觉得画面和谐、充满美感，处理好感光面和背光面的影调关系。注意背景要简洁，不要让凌乱的人和物影响手机镜头里的画面。对焦好后，果断按键，如图1-1所示。

第二种拍摄工具是卡片相机，它是潜望式镜头，可以伸缩，如图1-2所示。卡片相机比手机功能更多、更专业，有微距功能和曝光补偿功能。其优势是外观时尚、大液晶屏、机身小巧纤薄、操作便捷；其劣势是手动功能相对薄弱，超大的液晶屏耗电量较大，镜头性能较差。在使用卡片相机时，事先将被拍摄商品在画面框架里安排好，出现较好的画面时就可以轻松、及时地捕捉到完美的一瞬间。

图 1-1　手机拍摄情景

图 1-2　卡片相机

第三种拍摄工具是微单相机，其机身微型小巧，它的镜头可以像单反相机一样更换，如图 1-3 所示。其优势是既具有卡片相机的轻便机身，又能够像单反相机一样更换镜头，并可提供和单反相机一样的画质；其劣势是对焦性能远弱于单反相机，电池续航能力也远弱于单反相机。

第四种拍摄工具是单反相机，如图 1-4 所示。单反相机的优势是可根据不同光线、不同环境来更换适合的镜头，成像效果好；其劣势是体积大、很重、价格高。在选取摄影画面时，要充分考虑前景、中景、背景与被摄主体的主从关系。例如，将被摄主体置于镜头的前景，而把背景纵深虚化；或者透过窗户、镜子等拍摄被摄主体，这都能为照片增加内涵和趣味性。

图 1-3　微单相机

图 1-4　单反相机

## 1.2　商品拍摄技巧

摄影界有一句格言：一流摄影靠想法，二流摄影靠技术，三流摄影靠器材。想法是最重要的，但想法从哪里来？就是要精准地定位你的产品，定位你的消费人群，定位你的店铺。首先，需要分析产品的利益点也就是卖点，要站在买家的角度思考，考虑买家最想了解产品的哪些信息，通过罗列卖点考虑拍摄风格、拍摄环境及相关的道具。

拍摄照片的三个标准是：（1）照片要具备一个鲜明、清晰的主题；（2）照片必须能把买家的注意力引向被摄物上；（3）照片要简洁，把不能烘托或分散注意力的元素挤压或排除。商品拍摄的总体要求是将商品的"形""质""色"

充分呈现出来且不夸张。"形"指的是商品的形态、造型特征及画面的构图形式。"质"指的是商品的质地、质量、质感。商品拍摄对"质"的要求非常严格。体现"质"的影纹层次必须清晰、细腻、逼真,尤其是细微处、高光和阴影部分,对"质"的表现要求更为严格。拍摄者要用恰到好处的布光角度、恰如其分的光比反差,以求更好地完成对"质"的表现。"色"指的是商品拍摄要注意色彩的统一。"色"与"色"之间应该互相烘托,而不是对抗,它们是统一的整体。"室雅何须大,花香不在多",在色彩的处理上应力求简、精、纯,避免繁、杂、乱。

### 1.2.1　不同材质表面的拍摄方法

在商品拍摄中有什么技巧?怎样才能让照片更吸引眼球呢?可以根据商品表面的质感对光线的不同反应将它们分为吸光体和半吸光体、反光体和半反光体、透明体和半透明体这三大类,然后根据商品表面不同的质感特点,总结出各类商品的共性和规律,并在此基础上举一反三,追求更完美、更个性化的表现。

什么是吸光体?这类商品具有粗糙的表面结构,如皮毛、棉麻制品、雕刻品等,它们的质地或软或硬,表面粗糙,如图1-5所示。这类商品的最大特点就是在光线照射下会形成完整的明暗、层次。在光线照射下,它们最亮的高光部分显示光源的颜色,明亮部分显示物体本身的颜色和光源颜色,亮部和暗部的交界部分最能显示物体的表面纹理和质感,暗部则几乎什么都不显示。对于吸光体的拍摄,可以使用稍硬的光质照明,方向性明确,照射方位要以侧光、侧逆光为主,照射角度宜低些。过柔过散的顺光,尤其是顺其表面纹理结构的顺光,会弱化被摄体的质感。如果拍摄对象表面结构十分粗糙,可以用更硬的直射光直接照明,这样表面凸凹不平的质感会产生细小的投影,能够强化其肌理表现,使商品的表面出现明暗起伏的结构变化,增加立体感。

例如,皮革制品的拍摄(如图1-6所示)需要处理好商品质感的表现和构图造型摆放效果。在拍摄时需要注意以下三点。

图 1-5　吸光体—棉麻制品　　　　　　　图 1-6　吸光体—皮革制品

（1）散射光是主要的照明光源，少量的直射光用做辅助光，用这种比例很小的直射光会在主体适当的地方产生反光，增强质感，使轮廓清晰。同时，需要注意直射光产生的投影，如果过深或丑化了商品的形态，应尽量减少投影。

（2）拍摄皮革制品的角度需要精心把控。皮包、书包、皮箱这类商品需事先用报纸或棉花填充，体现出体量，使它们具有自然形态，同时提手应该放在上方，好像顾客马上就能提走，如果提手不能直立，就要尽量想办法让它朝上。

（3）拍摄皮革制品时一般选用长焦镜头，一方面物品不易产生变形，另一方面可使构图饱满，便于很好地表现皮革制品的质感。

什么是反光体？这类商品往往表面光洁度高，对光线有强烈的反射作用，如图 1-7 所示。反光物体一般不会出现柔和的明暗过渡现象，并且能将周围的物体清晰或模糊地映照在表面上。光洁度越高、造型越简单的反光体越难拍摄，因为稍微的布光不慎就会造成物体表面的不均匀。所以，反光物体是最难拍摄的一类商品。反光物体的拍摄一般使用经过散射的大面积光源。布光的关键在于把握好光源的外形和照明位置，反光物体的高光位置会像镜子一样反映出光源的形状。可将反光板放置在这类物体旁边，让物体反射出这些色块，以增添物体的厚实感，改善表面效果。另外，反光物体的明暗反差和有适当面积的光斑控制，既是拍摄的难点，又是表现反光表面质感所不可或缺的。因此，在布光时既不可改善被摄体表面正常的色调和明度，又要控制光斑的恰当位置，并适度强化立体感和质感。可以将大面积的柔光箱和扩散板放置在两个侧面，尽量靠近被摄体，这样形成一个均匀、柔和的大面积布光，并全部罩在被摄物体的反射之内，使之显现出明亮、光洁的金属质感。

例如，金属首饰的拍摄，如图1-8所示。首饰的种类很多，有戒指、耳环、项链等。首饰的质地也有金、银及宝石之分。拍摄首饰时，首先要将首饰摆放好，首饰通常都很细小，摆放不容易。对于细小的首饰，一般先将一枚细针用特殊的胶粘在首饰上，再将针固定在拍摄台面上，在拍摄时不能看出粘接的痕迹。这类商品具有反射的特点，非常容易反射出四周的情形，尤其是在四周颜色与其本身颜色截然相反的情况下，更加容易出现。在拍摄过程中，最好把物品放置到四周颜色都比较单调又与其本身颜色相近的环境里。另外，还有一种解决的方法是事先找地方固定好相机的位置，利用相机自拍或遥控功能远距离操控，避免自己的衣服颜色反射到物品上。首饰的局部具有反射性，需要避免反光，可以调整拍摄位置来避免人物和周围的事物反射到拍摄物上。

图1-7 反光体—不锈钢水壶　　　　图1-8 反光体—金属首饰

什么是透明体？透明体表面非常光滑，这种清澈、透明的材质，能够自由地传导光线而不改变其特征,使其产生玲珑剔透的艺术效果。透明体大多是香水、化妆品等液体或玻璃制品,如图1-9所示。由于光线能轻松地穿过这类透明材质，所以在拍摄这类商品时，一般都采用折射光照明，让逆光、侧逆光的光源穿过

透明体，表现出商品精致和玲珑剔透的质感。布光时宜采用投射光照明，投射光的光位处在逆光位置，与镜头方向成对角，并在光源前方放置半透明的磨砂板，在不同的质感上形成不同的亮度，有时会在有一定质感的地方形成黑灰色线条。如果拍摄后的效果缺乏通透感，无疑是对商品销售的一个致命打击。因此，在拍摄过程中要力求体现商品的透明质感。拍摄时背景要干净，否则背景上的花纹和图案会反射到商品上。一般都选择白色或黑色背景拍摄，也可以根据物品的包装颜色来选择其他能够衬托主体的背景颜色。如果选择在黑色背景下表现透明体，那么布光时要将被摄体与背景分离，两侧用柔光箱加光，这样就能把主题与背景分开，然后在前方加一个灯箱，这样物体上半部分的轮廓也能表现出来，透明体将格外的精致剔透。如果是盛有带色液体的透明体，为了使色彩不缺少原有的纯度，可以在背面贴上与外形相符的白纸，从而衬出原有色彩。

例如，香水商品的拍摄，如图 1-10 所示。可以根据不同颜色的香水瓶选择不同颜色的背景。透明体表面本身就有光亮，这样容易造成反光，所以光线不能直接照射物品。使用反光板或白纸进行反光都可以使画面的光线达到均匀的效果，并且增加透明物品的立体感。拍摄时将主灯放在香水瓶的侧前方，用一盏带有柔光箱的闪光灯来照亮香水瓶正面的立体雕刻和 LOGO。辅助灯位于香水瓶的左侧，利用这盏柔光闪光灯来对香水瓶的暗面进行补光，同时减弱由主灯和轮廓灯的照射而产生的阴影。将一盏加装了标准反光罩、挡光板和蜂巢的闪光灯作为轮廓灯，放置于香水瓶的侧后方，主要是利用蜂巢来控制光的走向，让挡光板来控制光照范围。这盏轮廓灯可以使光线穿透瓶身，勾勒出香水瓶的外部轮廓和造型，体现出通透的质感。

再来谈谈食品类商品如何拍摄。拍摄食品的主要目的是通过视觉来呈现出食品的色、香、味及体量感，引起人们的食欲。在拍摄食品时，布光很少使用直射的硬光，一般使用有方向性的柔光，而这种柔光对食品的质感表现最佳。在布光时，要注意亮度均匀，对暗部要适当补光，以免明暗反差过大，显得过于生硬。在需要用轮廓光勾画被摄体外形时，轮廓光不宜太强，要在泛光灯前加装蜂巢，以控制光域范围，而且不能干扰主光。在拍摄食品时通常会用餐具来盛装，进行辅助拍摄及摆拍造型，选择餐具时要注意餐具的形状、纹样及色调是否与食品协调，要记住食品是主、餐具是宾，绝不能喧宾夺主。食品拍摄其实是比较难处理的，主要是许多食品质地松软，容易变形。如果拍摄的是袋装食品，那么相对来说简单一些，因为它不像拍摄现煮的一些食品那样需要各种各样的拍摄技巧。在拍摄时，注意食品的名称、品牌、生产日期等关键性的文字都需要拍摄清楚，这样可以增加买家的信任感。包装可以给买家一个良好的整体感觉，内部的食品细节也需要拍摄，可以使用相机的微距功能，效果更佳细腻，画面也更有层次感。

图 1-9　透明体—玻璃杯　　　　图 1-10　透明体—香水

## 1.2.2　常见的布光方式

拍摄中应用的小技巧是不断总结出来的，当然这些技巧需要配合光源和布景才能实现更好的呈现效果。下面学习一下常用的布光方式吧！有三种布光方式相对来说比较好掌握：顶光法、侧光法和三灯法。还有一种最容易犯错的布光方法叫做大平光法，在布光时不要使用。顶光法的特点如下。

（1）这种方法适合立体的中小物品。

（2）主光在顶部稍靠后的位置。

（3）一般会配合折叠式小反光板使用。

（4）可以用一个辅助灯45°或全侧面照射，替代其中一个反光板。

顶光法在拍摄时要控制得当，不要让顶部曝光过度。如果顶光法不使用反光板，则部分物体下方会显得暗，过度生硬，欠美观，所以两个小反光板是常用的工具。最后呈现出来的效果是：画面的空间感和立体感强，光线过渡柔和，高光块的光斑线条柔和，被摄体层次分明，如图1-11所示。

图1-11 顶光法拍摄

侧光法的特点如下。

（1）说是侧光，其实是侧光偏后一点，但又算不上侧逆光，相机、被摄体与灯心约有100°的夹角。

（2）灯位略高，灯心对准被摄体，灯心和被摄体的连线与水平面约有30°的夹角。

（3）一般会配合小反光板使用。

侧光法在拍摄时需要注意以下几点。

（1）使用小反光板时要观察角度，让反光的高光块恰到好处。

（2）拍摄难度相比顶光法大一些。

（3）此方法的应用范围与顶光法的应用范围相近，立体感比顶光法的立体感更强。

侧光法最后呈现出来的效果是：画面的空间感和立体感强，背景较通透，光线过渡柔和，明暗对比明显，如图1-12所示。

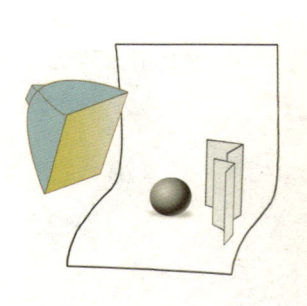

图 1-12　侧光法拍摄

三灯法的特点如下。

（1）拍摄时用三个灯，左后侧方向是一个带蜂巢罩的硬光，右边前方约45°和正面都是柔光箱。

（2）硬光及右边的光位比被摄体略高，正面的辅助光与被摄体同高。

（3）通常会使用小反光板、挡光板或吸光板等进行精准控光。

三灯法在广告摄影中比较常用，初学者往往用不好。此方法硬光的轮廓光比较漂亮，右侧主光的明暗可以自由控制。相对而言，使用三灯法用光的发挥空间比使用前两种方法用光的发挥空间大，可以根据需要自由调配明暗面之间的光比，如图1-13所示。

图 1-13 三灯法拍摄

在布光时，如果光源没有被摆放到合适的位置上，就很容易犯布光错误，即大平光法。大平光法的特点如下。

（1）灯位（灯的高低）与被摄体同高。

（2）两个灯分别从左右 45°射向被摄体。

（3）以照亮主体为检验标准。

大平光法呈现出来的缺点如下。

（1）因为只有前面有灯，后面较暗，所以画面缺乏空间感，较为平面。

（2）被摄主体（紫砂壶）的立体感不强，高光主要集中在正面。

（3）如果是初学者拍摄，灯心（灯的中心点）无明确目标，对比度差，像蒙了一层灰尘，如图 1-14 所示。

在拍摄商品时，推荐读者使用顶光法拍照，这种方法实现简单，节省器材，效果容易保证。在拍摄大面积商品时，可以试试侧光法，比如拍摄桌面上铺开的物品。在拍摄较大件的商品时，比如拉杆箱，可以试试三灯法。最后，拍摄商品不推荐使用大平光法，会让商品显得平淡无奇，没有卖相。

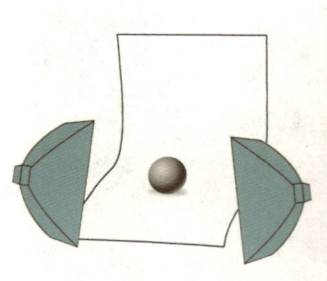

图 1-14　太平光法拍摄

## 1.2.3　九种常用的构图方法

　　商品拍摄的角度如何来把控呢？有的商品正面比较好看，有的商品侧面比较好看，因此要抓住最具有美感、最能体现商品特色、最能打动顾客的角度来拍摄。一般来说就是正面和侧面两个角度。那么如何把控商品的拍摄视角呢？拍摄视角是指确定商品的拍摄角度后，需要拍摄这个角度的平视、20°～30°侧视、45°侧视的各个高度的图片，从而比较全面地展现商品的特点。每个角度的视角都要至少拍两三张图片，以防止有时相机拍摄效果不清晰。

　　针对淘宝商品的拍摄有九种常用的构图方法：横式构图、竖式构图、对角线构图、X型构图、变化式构图、井字构图、均分法构图、疏密相间法构图和远近明暗法构图。

　　横式构图是被拍摄商品呈横向放置或横向排列的横幅构图方法。这种构图方法能够给人一种可靠、稳定的感觉，可用来表现商品的稳固，是一种常用的构图方法，如图 1-15 所示。

　　竖式构图是被拍摄商品呈竖向放置或竖向排列的竖幅构图方法。这种构图方法可以表现出商品的高挑，一般常用来拍摄长条的或竖直的商品。竖式构图在商品的拍摄中也是经常使用的，如图 1-16 所示。

图 1-15　横式构图　　　　　　　　图 1-16　竖式构图

　　对角线构图是把被拍摄商品安排在对角线上，利用画面对角线来展示画面元素，同时也使陪体与主体发生直接关系。这种构图的特点是富于动感，显得活泼，容易产生线条的汇聚趋势，吸引人的视线，从而突出主体，如图 1-17 所示。

　　X 型构图是对角线构图的复杂版，也称为放射线构图。它将视觉焦点放在画面的中央位置，让每条放射线的中点都位于视觉焦点之上。采用 X 型构图能够获得严谨的美感，在安静的氛围中感受活力和激情，如图 1-18 所示。

图 1-17　对角线构图　　　　　　　图 1-18　X 型构图

　　变化式构图又称为留白式构图。在拍摄时将被拍摄商品安排在某一角或某一边，留出大部分空白画面。画面上的空白是组织画面上各对象相互关系的纽带。画面上的空白能帮助作者表达感情，给人以思考和想象的空间，并留下进一步

判断的余地，富有韵味和情趣，如图1-19所示。

井字构图也称为三分法构图，用两横两竖共四条线条把画面九等分（也叫"九宫格"），中间四个交点成为视线的重点，也是构图时放置主体的最佳位置，如图1-20所示。这种构图方式并非要拍摄的商品必须占据画面的四个交点位置，但起码要占据其中至少三个交点位置。

图1-19　变化式构图

图1-20　井字构图

均分法构图是为了在视觉上突出主体，将主体放在画面的中间，左右基本对称，上下空间的比例大体均分，如图1-21所示。

疏密相间法构图就是当需要在一个画面中摆放多个物体进行拍摄时，取景时最好让它们错落有致、疏密相间。在篆刻中有"疏可走马，密不透风"的布局方法，借用到商品拍摄中也非常容易出效果，如图1-22所示。

图1-21　均分法构图

图1-22　疏密相间法构图

远近明暗法构图就是拍摄商品时带上一点近景，或者隐隐约约保留一点颜色比较淡的远景，以增强立体感，表现出丰富的拍摄层次，如图 1-23 所示。画面色彩的变幻和明暗的跳跃能够使照片的色彩更加丰富，但这样的远近和明暗层次也要使用得当，否则会显得不协调。

图 1-23　远近明暗法构图

下面总结一下拍摄商品时需要注意的几点。

（1）拍摄背景使用白色或纯色，尽量避免所拍摄商品的颜色和背景色接近或一致。

（2）在拍摄时，尽量将所拍摄商品的前后左右都包含在拍摄背景中。

（3）不同的商品可以使用不同的角度进行拍摄，同一类商品拍摄的角度要尽量相同。对于同一个商品，尽量从不同的角度和距离多拍几张照片，这样可以更好地表现商品的细节，如商品的正面照、侧面照、背面照、细节照（商品的商标、不同位置的材质）等。

（4）在拍摄时，尽量避免商品表面有反光现象，避免商品在单面（侧面）受光的角度进行拍摄。

（5）尽量在光线充足的地方进行拍摄，避免在阴暗的地方进行拍摄，如果使用成像速度较慢的相机，尽量不要使用闪光灯，否则商品的边缘容易形成暗影。如果有条件，使用单反相机拍摄的效果会比较好。

（6）拍摄商品细节时，可以采用微距模式进行拍摄。

### 1.2.4　拍摄脚本策划

不论拍摄的是什么类目的商品，都需要制定拍摄脚本。好的图片大多精心制定了拍摄脚本，摄影师根据拍摄脚本完成拍摄，从而达到预期的效果。制定拍摄脚本的作用是保证店铺拍摄风格的统一，符合品牌的基本要求，便于管理，同时使摄影师清楚拍摄的要求，还可以以此来验收摄影师拍摄的图片是否符合要求，尤其是在摄影图片外包时，拍摄脚本对摄影师或拍摄公司来说是最好的考核标准。拍摄脚本首先要以店铺、品牌的风格为前提，配合运营和设计来编写。制定拍摄脚本时，要尽可能全面地展示商品，包括模特穿拍（外景或棚内）、平铺拍、挂拍、叠拍、细节（微距）等全方位展现。至于是在纯色背景棚内拍摄、室内布景拍摄，还是在外景环境拍摄，这些取决于商品本身的卖点呈现出的效果。另外，还要考虑拍摄环境，结合现实生活拍摄比单独拍摄一个商品更有视觉效应，可以激发顾客的购买欲望。在室内拍摄时，背景色一般采用黑色、白色和灰色。在使用彩色背景时，大红色、大绿色和咖啡色这三种颜色尽量不要使用，因为相机对这三种颜色的还原度较低，很容易产生偏色现象。如果想使用彩色背景，可以考虑用色彩里面的"高级灰"色，如淡粉、淡绿、淡黄和淡蓝等。浅灰色背景是最能衬托出所有衣服的背景色。在户外拍摄时，要根据服装的风格选择适合的外景，统一风格，将背景虚化，突出主体。另外，制定脚本时还要考虑商品的细节展现，在拍摄时可使用微距镜头。

在拍摄中小件商品时，可以使用柔光棚、静物台、实景拍摄等。由于这类商品本身体积很小，因此在拍摄时不必占用很大的空间和面积，使用柔光棚这类微型摄影棚就能有效地解决中小件商品的拍摄环境问题，免去了布景的麻烦，还能拍摄出漂亮、主体突出的商品照片，如图 1-24 所示。

还可以使用静物台进行拍摄。静物台指的是摆放拍摄主体的台面。严格来讲，任何可以用来拍摄的台面都可以成为静物台。传统的专业静物台会使用一些方便搭建背景的金属架，目前还有专为"桌面静物摄影"而设计的连灯箱照明的数码拍摄台，如图 1-25 所示。这样的拍摄环境，对于灯光的把控、商品的摆放搭配相对都是比较好的。根据商品的需求可以增加或减少光源，从而更好地拍摄出商品的质感等细节效果。

图 1-24　使用柔光棚拍摄商品　　　图 1-25　数码拍摄台

在拍摄中小件商品时，还可以根据商品的属性和卖点，找到合适的实景环境，更好地烘托商品的使用环境或相对应的人群的审美需求，如图 1-26 所示。

下面讲解不同的拍摄环境下带有模特的拍摄技巧。

（1）内景：室内真实环境或人工搭建的生活场景。在室内搭建实景进行拍摄比在摄影棚内用背景纸进行拍摄更具立体感、现场感和真实感，对比也更加强烈。可以充分利用室内的每一个角落、每一件家具来布景，也可以放置一些自制的木板箱、小柜子、几何体和小装饰物等作为拍摄道具，但是这类布景必须充分考虑道具颜色与拍摄主体的协调性，不能喧宾夺主，如图 1-27 所示。

图 1-26　实景环境拍摄

图 1-27　内景模特拍摄

（2）外景：大自然中自然景观的场景。可以将拍摄的外景地选在巴厘岛、马尔代夫、南非等一些风景优美的旅游城市，这些商品图片会形成专属于店铺的前卫、时尚的潮流风格，画面层次感更加丰富。这种让人耳目一新的商品图片可以有效地对顾客产生心理暗示与影响，如图 1-28 所示。

还可以将外景地选在商业气氛浓厚的闹市区，这类地方非常适合拍摄时装，临街的商场、路灯和广告牌都是很好的布景，可以充分地加以利用，如图 1-29 所示。

图 1-28　外景模特拍摄

图 1-29　闹市区模特拍摄

在选择外景地时还可以到一些人流量较少的酒吧街或欧美风格建筑物的一角去取景，或者选择自然风光好的地方，可以很好地表现出服装的潮流、品位和时尚，如图 1-30 所示。

图 1-30　自然风光模特拍摄

（3）实景：人类居住和活动的自然建筑的场景。选择这样的拍摄场景，会让人有一种代入感，并且有很强的身临其境的感觉，更接近顾客的喜好，如图 1-31 所示。

图 1-31　实景模特拍摄

（4）棚拍：室内搭建拍摄场景，有辅助光源和背景。棚内拍摄最好使用一个可以将背景纸卷起来的支架，方便根据不同的服装颜色更换相应的背景纸，如图 1-32 所示。

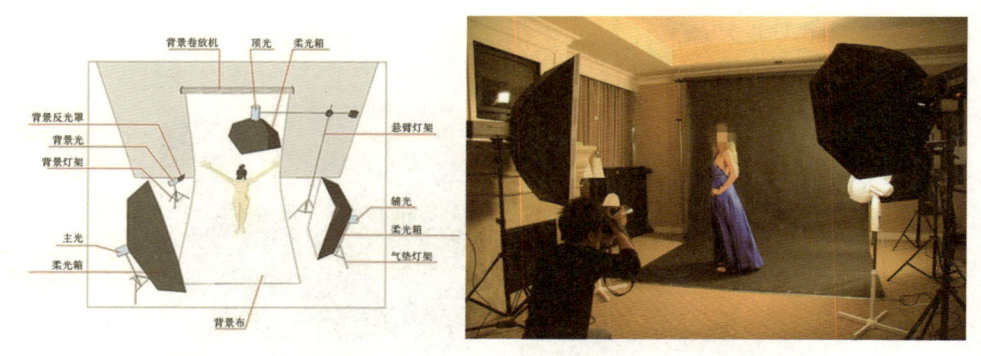

图 1-32　棚内模特拍摄

　　在棚内拍摄时，背景材质一般有背景布、背景纸和植绒背景布，现在用的比较多的是无纺布（性价比高），还有其他一些材质，比如亚力克胶板、反光板、墙纸和金属板等。在拍摄方向不变的情况下，改变拍摄的高度会使所摄画面的透视关系发生改变。在拍摄中，根据拍摄高度的变化，常用到仰摄、俯摄和平摄等拍摄角度。在拍摄时，选择不同的拍摄角度，会使所拍摄的人物照片产生不同的艺术效果。拍摄高度的选择应根据被摄者的具体情况、所要表达的主要商品和周围的环境来确定。平摄角度适合拍摄上衣、裙装等产品。仰摄角度适合拍摄裤子、靴子等产品。俯摄角度适合拍摄内衣等产品。拍摄方向的变化是指以被摄者为中心，照相机在水平位置上的前、后、左、右位置的变化。有时候也可以请服装模特改变姿势，以获得不同的拍摄效果，如图 1-33 所示。在拍摄时，拍摄方向的选择主要有正面、侧面、前侧面和背面四种，通过不同的拍摄方向可以多方面展示商品，正面展现服装特征，前侧面展现服装结构，侧面展现服装线条，背面展现服装背面样式。

　　在拍摄男装时可以大胆地使用男士较喜欢的冷色调，比如黑色、灰色等背景，只要与服装风格协调，拍出的画面就会显得简洁而时尚，有专业的效果和明星范儿，如图 1-34 所示。

　　如何让模特摆出合适的姿势一直是一个难题。模特的肢体动作幅度不能太大，否则会遮挡服装本身的呈现。模特表现死板或做作，将直接影响照片的质量，从而影响服装的呈现效果。

图 1-33　不同姿势拍摄

图 1-34　男士服装的拍摄效果

拍摄站立的模特需要注意以下几点。

（1）头部和身体忌成一条直线，让身体转到一定的角度，画面会显得更生动。

（2）双臂和双腿忌平行，可一曲一直或两者构成一定的角度。

（3）尽量展现身体曲线，让服装更具诱惑力。

对于坐姿的模特要如何拍摄呢？虽然坐姿人像相对站姿人像局限性大一些，但坐姿能形成优美的曲线。坐姿以与相机成45°斜向坐姿为基准，可分为斜侧向坐姿、背向坐姿与侧背向坐姿3种；以上下躯干所形成的角度来区分，可分为直角坐姿、钝角坐姿和锐角坐姿；以两腿交叉摆放的样式来区分，可分为大腿上交式坐姿与小腿下交式坐姿。坐姿需要注意以下几点。

（1）不要用膝盖正对镜头，要与镜头成45°角，伸直小腿，这样拉长腿型的效果好。

（2）服装、女鞋、裤子、长袜等商品都能够以模特坐姿来表现。

对于服装类目的卖家来说，如果没有合适的模特来展示服装，那么可以使用平铺和挂拍塑型来拍摄，但并不是随便把衣服铺在地上就可以的，而是要给衣服做造型。可将衣服平铺在地上、挂在衣架上或穿到假模特身上，一定要做出有立体感的效果。为了呈现图片的视觉差异化，模特将服装穿出来呈现是最佳的视觉感受。因为在画面中，人会本能地先看脸，这也是吸引顾客眼球的手段之一，并且可以很直观地看到服装上身效果，并映射到顾客自己穿着后的效果。这种拍摄方法要注意模特的选择、服装的搭配和背景的选择等，选择对了，事半功倍。在服装拍摄中，选择的模特是否适合展现你的商品关系到最后的成片效果，因此模特的选择是重点！所以，你必须明白：你要拍摄的商品是什么、商品的品牌有什么特点、格调是什么，以及想通过照片传达给顾客什么。

下面看几个服装品牌的例子。裂帛女装的品牌特点是狂喜、神秘、流浪、异域和民族原创。该品牌服装打破常规，改良并运用民族元素，把少数民族的手工、形式及色彩进行延伸，形成现代的民族服饰。该品牌以民族风格为主，模特都具有潮、酷、冷、成熟的特点，如图1-35所示。

图 1-35 裂帛品牌女装

茵曼女装的品牌特点是"素雅而简洁、个性而不张扬",产品均选用优质、环保、舒适的棉和麻作为面料,设计取材来自国画、印花等我国文化精髓,给消费群体与世无争、脱离都市喧哗的切身体验,展现自然"慢生活"的品牌主张。茵曼在 2011 年对企业文化重新定义,将之前的韩国流行风格改为独特的民族风格,如图 1-36 所示。

图 1-36 茵曼品牌女装

七匹狼男装是中国男装行业开创性品牌,始终致力于为消费者提供满足现代多元化生活需求的高品质服装产品。"男人不只一面",七匹狼以"品格男装"突显国际化品质和中西兼容的文化格调,以时尚传承经典,以中国面向世界。模特都以硬汉形象为主,一般选择成熟、冷酷的男明星为品牌代言,如图 1-37 所示。

图 1-37　七匹狼品牌男装

模特作为品牌概念传达的载体，在一定程度上是品牌的代言人。因此，必须寻找与品牌气质相吻合的模特，如图 1-38 所示。

图 1-38　不同气质的模特

选择模特时可以从以下几个方面来考虑。

（1）模特的气质有甜美、性感、成熟、时尚和青春等。

（2）肢体语言可以展现个性、年龄和职业。

（3）外国模特亲切感不强，但有国际范儿，显得有档次。

不同类型的模特如图 1-39 所示。

图 1-39 不同类型的模特

模特的选择要根据服装的风格来确定，职业装适合成熟型模特来拍，如果模特过于甜美和性感，那么职业装拍出来的效果就不是很好。以女装来举例，甜美型模特适合穿着公主装、卡通服装、休闲装等；性感型模特适合穿着神秘感强、有个性、时尚的服装；成熟型模特适合穿着中老年服装、职业装、西装、套装和旗袍。

选择模特时还需要注意以下五点。

（1）合适的模特能够呈现出服装上身后较好的效果，不能什么类型的模特都用，要加以选择，如图 1-40 所示。

图 1-40 选择不同类型的模特

（2）通过模特提供的照片进行选择时，要看她（他）们的生活照，不能只看艺术照，如图 1-41 所示。

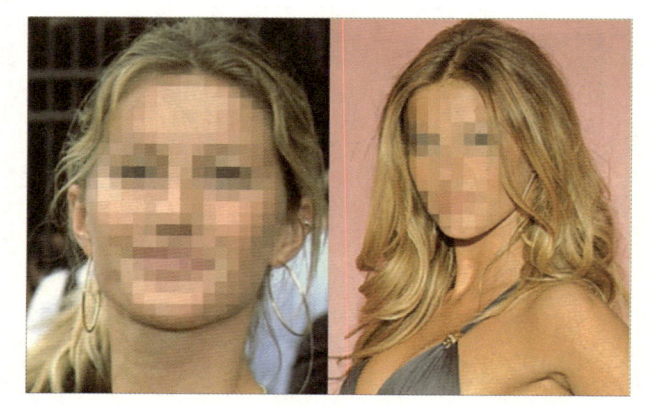

图 1-41　参考模特生活照

（3）拍照时要重视模特的表现力，不能只凭感觉，如图 1-42 所示。

图 1-42　模特的表现力

（4）要考查模特的素质、专业的态度，以及是否敬业，不能只看模特的形象，如图 1-43 所示。

（5）选择的模特到底好不好，只有试拍才知道，模特需要展现服装的上身效果，符合定位，其中模特的气质最重要，如图 1-44 所示。

图 1-43 考查模特的素质

图 1-44 模特试拍

不同服装品牌的主打商品类型对模特的身体比例、形体特点都有不同的要求。例如，欧版的男士西装就不能选择肩膀窄、胸围不够的男模，裤装就一定要选择腿足够长的模特。

还要考虑模特肢体语言的传达是否可以突显服装商品的卖点，毕竟我们需要吸引顾客的眼球。专业的服装模特对肢体的展现比较精准，可以更好地增加吸引力。可以根据商品卖点及核心竞争力来规范模特的动作，包括以不同的角度来呈现。过于频繁地更换模特无形中也会增加店铺拍摄成本。如果没有固定的模特，则可以从外型上或使用特殊发饰，在妆容上进行统一，产生视觉差异，帮助买家记忆。

如图 1-45 和图 1-46 所示，常逛淘宝网的人大概能猜出这是哪两个服装品牌，因为这两个品牌模特的发型、妆容都太有特色了。没错，图 1-45 中模特永远都是两条大麻花辫、辫尾还加了两个大绒球的就是"茵曼"了（模特的特点会随着市场的变化而变化，本书所描述的特点仅为写作当期的情况）。而图 1-46 中的模特涂着白色眼影，这就是"初语"了，有意思的是它的一张海报图中连小女孩的妆容都是如此，这种根深蒂固的形象会留在买家的脑海里。

图 1-45 茵曼品牌女装

图 1-46 初语品牌女装

第一次看到上面两个品牌的模特的发型、妆容会觉得很怪异，但是也很好地吸引了顾客的眼球，如此有个性的展示，让人忍不住去关注它的服装。如果哪一天模特换了妆容，那就不是买家认识的"初语"和"茵曼"了。当然，服装质量是首要的，但每个品牌都应该有一些不可或缺的"格调"。这两个品牌专注于棉麻材质，专注于自然、文艺风格，做出了自己的个性品牌。

拍摄时适当加入一些小装饰物作为配景可以使构图更饱满、均衡、不单调，虽然也可以在图片的后期处理时加上装饰素材、漂亮的边框和水印进行美化，但是都没有在拍摄时添加小配景显得自然，而且操作上的灵活性也要差很多，如图 1-47 所示。

图 1-47　拍摄时添加配件

道具的使用会让画面更加饱满并更有层次感，如图 1-48 所示。

图 1-48　拍摄时使用道具

## 1.3　获取图片素材

对于店铺来说店招是非常重要的，它具有特殊性，是品牌展示的窗口。店招中要有明确的品牌定位和产品定位，还可以辅以促销元素，如图 1-49 所示。

图 1-49　店招

店铺首页的店招导航下面一般会放促销广告图，我们称之为海报或首焦，可以用来进行品牌展示、新品展示、活动展示，还可以用轮播形式循环播放（首焦上放最重要的信息，如促销、产品、价格，注意首屏内尽可能展现完整首焦），如图 1-50 所示。

另外，还要收集客服、物流、问答等素材，其他的图片元素可以去网站上找，如图 1-51 所示。

第 1 章 图片获取 | 33

图 1-50 店铺首焦

图 1-51 搜索素材

拍摄完一期照片后，尽可能地将照片保存为 RW 无损格式。如此大量的原图照片如何让工作更加有效地进行呢？这时就需要明确拍摄脚本，然后实施。下面首先明确一下分工。

信息整理岗位职能：收集商品相关信息、模特信息、拍摄风格、模特动作参考图片、商品货号记录、款式分类、商品尺寸信息和商品描述等。

摄影／造型岗位职能：（1）与其他部门人员共同确定拍摄风格、道具场景设计，参与模特的选择和培养；（2）负责拍摄的前后期摄影及模特造型。

设计／美工岗位职能：（1）与相关部门、主管人员确定店铺页面设计风格；（2）设计一级、二级、三级页面，以及商品的后期设计、编辑上传。

商品助理岗位职能：（1）清点并记录商品相关信息，建立表格，完成整理归类、挂烫等拍摄前的相关准备工作，协助编辑做最基本的采集（尺寸测量、描述等）；（2）询问项目经理，确定主推款并将商品基本信息整合建档发至各相关人员（设计美工、产品编辑）；（3）核对文件并协助上传。如图1-52所示为商品拍摄的工作流程，分为拍摄前期、拍摄中期和拍摄后期。通过图1-52可以清楚地知道每个时间段需要做哪些事情，这样就可以有序地进行工作。

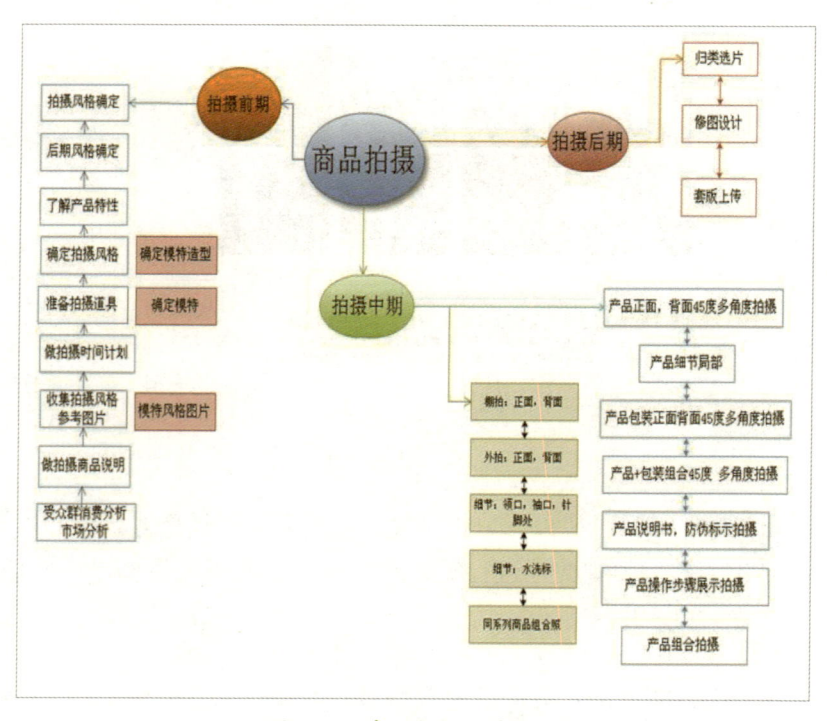

图1-52　商品拍摄工作流程

最后还要制作一个商品拍摄清单，将商品风格要求和商品拍摄角度要求进行分类。以女装店铺为例，拍摄清单如图 1-53 和图 1-54 所示。

图 1-53　商品风格要求拍摄清单

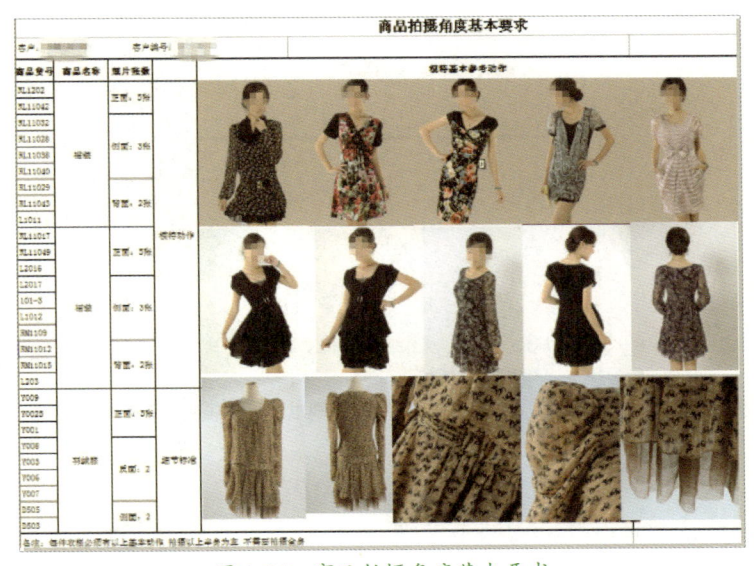

图 1-54　商品拍摄角度基本要求

一次拍摄后会产生几百甚至上千张照片。为了减少工作量并利于后期美工，需要对拍摄好的照片进行分类建档，在对图片进行分类的同时还需要检查是否按照拍摄清单的要求来执行的，看是否有漏拍。如果有漏拍，则要提醒摄影师及时补拍。

照片的文件名是以英文和数字组成的，而且照片都放在同一个文件夹中。这种情况会导致在设计过程中很难快速找到商品图片，降低工作效率。那么，如何用科学的方法进行商品图的存档管理呢？在工作过程中，一般先按商品货号建立文件夹，然后将相关的照片放到相应的文件夹中。如果有必要的话，可以在商品货号的文件夹中再按颜色进行分类，这样分类可以大幅度提高工作效率。

例如，可以按树型文件夹结构管理照片文件，如图1-55所示。

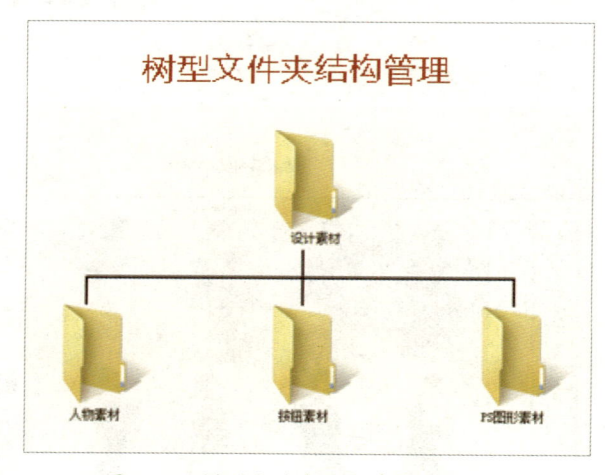

图1-55　树型文件夹结构管理照片文件

在命名文件时可设置一定的规律，这样有助于后期方便地找到相应的文件，如图1-56所示。

最后将照片整理归类，如图1-57所示。

第 1 章　图片获取　37

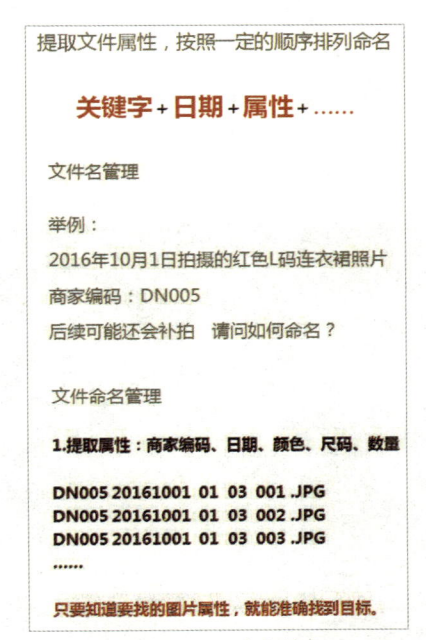

提取文件属性，按照一定的顺序排列命名

**关键字 + 日期 + 属性 + ……**

文件名管理

举例：
2016年10月1日拍摄的红色L码连衣裙照片
商家编码：DN005
后续可能还会补拍　请问如何命名？

文件命名管理

**1.提取属性**：商家编码、日期、颜色、尺码、数量

DN005 20161001 01 03 001 .JPG
DN005 20161001 01 03 002 .JPG
DN005 20161001 01 03 003 .JPG
……

只要知道要找的图片属性，就能准确找到目标。

图 1-56　设置文件名

图 1-57　将照片整理归类

# 第 2 章

## 美化图片

通过拍摄或下载获得商品图片后，若图片有明显的瑕疵，例如颜色灰暗、通透感不强、模糊、有划痕、有污渍、商品有轻微变形等，这时就需要对图片进行修复处理，称为美化图片或处理图片。在网店装修中，不应该出现有缺陷、不美观的图片，否则顾客在浏览过程中会感觉店铺不专业，体验感不好，进而认为商品也不好，对店铺失去信任。

美化图片可以让图片看上去更加美观和专业，让人感觉更舒服，进而提升商品和品牌形象，增加产品被潜在买家发现的概率并促进买家的购买行为。处理图片主要是对图片进行二次构图的裁剪、调整颜色、调整明暗度对比度、调整白平衡、调整图片清晰度、去污点、去划痕和调整大小等操作，如图 2-1 所示。

图 2-1　图片处理操作

处理图片会用到一个强大而又神奇的工具，那就是大名鼎鼎的 Adobe Photoshop，简称 PS。在后面的案例实操中，都要使用这个工具。PS 是一款专业图像处理软件，可用于修图、调色、合成、设计和排版等，是设计师手中的必备工具。

如果不对原始图片进行处理，那是什么效果呢？先来看一张图片，如图 2-2 所示，很明显这是一张专业级别的商品照片，在图片的顶部能看到实景墙之外的天花板，严重影响图片的质量。若将这样的图片直接上传到网店的页面中，给人感觉一定是不用心，甚至会让人担心售后服务。从商品图片上，一样能看出卖家是否在用心经营网店，相信所有顾客都希望能遇到用心经营的卖家。

再来看另一张图片，如图 2-3 所示，通过简单的二次构图裁剪后，影响画面效果的天花板被去除，图片更加完整。同时左侧的柜子只显示了一部分，这样就将顾客的视线集中在主体商品上，避免了顾客视线游离不定，能够很好地传达卖家所要表达的内容。这种图片就体现出了卖家专业、用心的态度。

图 2-2　原始图片　　　　　　　图 2-3　处理后的图片

美化图片是网店装修前期最重要的工作内容，在处理图片前，需要充分了解图片的一些概念和参数。本章 2.1 节将详细介绍图片格式、色彩知识、尺寸规格和构图原则，掌握了这些知识点后，对图片的处理操作会更加游刃有余。本章 2.2 节将讲解裁剪图片的知识，如调整白平衡、调整颜色、调整图片清晰度和修饰图片。

## 2.1　关于图片的几个知识

在正式美化图片前，先学习几个关于图片的知识，这些知识非常重要，是引导后期修图极其关键的元素，可以帮助用户提高工作效率，明确目标。这些知识包括图片常用的图片格式、色彩知识、尺寸规格和版式构图等，如图 2-4 所示。

图 2-4　图片的几个知识

在不同的使用环境或工作阶段，所用的图片格式大不相同。例如，PSD 格式在工作中被称为原始图片格式，便于重复多次修改，设计好一张图片后应该保存成 PSD 格式。如果将图片保存为 JPG 格式，那么再次修改时就会很麻烦，会占用大量的工作时间。若要在页面中插入一个小的动画演示图，就需要使用 GIF 格式。

我们每时每刻都在接触色彩，但要运用色彩，却不是那么容易的事情。运用色彩前要了解色彩的各类知识，例如在调整色彩时，要清楚色相、饱和度和亮度，否则调色过程就会漫无目的，不知道该如何动手。

尺寸规格，这个似乎都能懂。在网页中，图片的单位是像素。网页中图片占用空间的大小有严格的限制，所以在制作和存储图片文件时要充分考虑到这一点。

版式构图直接影响图片的视觉呈现效果，不同的构图方式和图片裁剪，对画面呈现有着至关重要的作用。例如九宫格构图，在相机、手机的拍照功能中都能够看到，可是却少有人知道它的作用。

下面将详细讲解这些知识。

## 2.1.1 图片格式

图片格式是计算机存储图片的格式，常见的图片格式有：JPG、PSD、PNG 和 GIF 等。

### 1. JPG

JPG 也称 JPEG，大量应用于网络图片，在网上浏览的图片 90% 以上都是 JPG 格式的，上传到网店页面中的图片也是以 JPG 格式为主的。这是一种强大的有损压缩格式，以压缩图片质量来换取图片文件的大小。图片文件越小，页面的加载时间就越短，越能快速打开呈现在顾客眼前。JPG 格式的图片在页面中清晰度可能不够，这时就要控制好压缩比率，平衡页面加载时间和图片文件大小的关系。控制好压缩比率，肉眼很难分辨出损失的图片细节。

如果压缩比率为 1∶5，那么图片损失的细节就会比较明显，呈现在买家面前的图片质量会比较差。在图片存储的过程中，压缩比率也就是图片的品质应该控制在多少才合理呢？根据笔者的经验和分析行业的图像压缩情况，一般将"品质"值控制在 8 左右是比较合理的，如图 2-5 所示。如果图片尺寸小、颜色单一，那么可以把"品质"值设置得高一点，图片占用的空间也不会很大；若图片尺寸比较大、颜色又丰富，例如宽屏海报，那么就把"品质"值适当调整到 8 以下，尽量协调图片质量和图片文件 大小的关系。

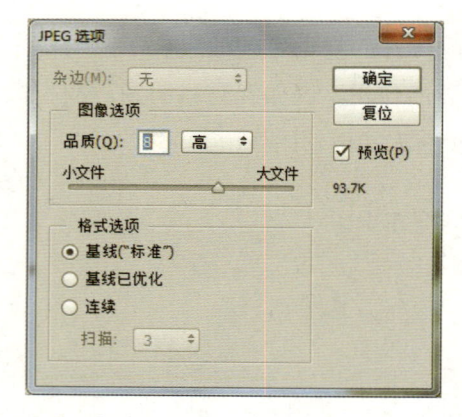

图 2-5　设置图片"品质"值

### 2. PSD

PSD 格式是 Photoshop 的专用格式，它能够记录图像编辑过程中的全部内容，如文本、图层、样式、效果、蒙版和选区等。PSD 格式可以直接修改，非常方便、高效。例如，"双 11"的活动海报要在"双 12"使用，在内容不变的情况下，只需修改日期，可打开 PSD 原始文件，找到"日期"图层修改好即可。

PSD 格式的文件较大，不能够直接上传到页面，上传之前必须另存为 Web 所支持的图片格式，如 JPG、GIF、PNG 等。例如，设计了一张主图，存储成 PSD 格式，大小为 22.3 MB，而存储成 JPG 格式就变成了 144KB。从图片表面看，图片质量并没有明显下降，但是图片的文件大小却得到了极大的压缩，如图 2-6 所示。

图 2-6　不同存储格式的文件大小

注意，在本书中，图片文件大小是指占用的磁盘空间大小。

图片的宽度和高度，使用图像尺寸来描述。

图片文件大小换算：1024KB=1MB，1024MB=1GB。

### 3. GIF

GIF 格式也是一种图片压缩格式，同样适用于网页，比较适合制作体型小的图片。GIF 格式的展现形式有两种，一种是静态的，另一种是动态的。动态是 GIF 格式的最大特色，我们常见的微信表情包、产品详情页中的产品演示图、店招中重复闪烁的价格标签，使用的就是 GIF 格式。

GIF 格式不像 JPG 格式那样可以支持非常丰富的色彩，GIF 格式只能支持 256 种色彩。在页面图片制作中，除需要简单的动画演示外，建议还是使用 JPG 格式。静态 GIF 图片可使用 Photoshop 中的"存储"或"存储为"命令，动态 GIF 图片必须使用"存储为 Web 所用格式"命令，如图 2-7 所示。

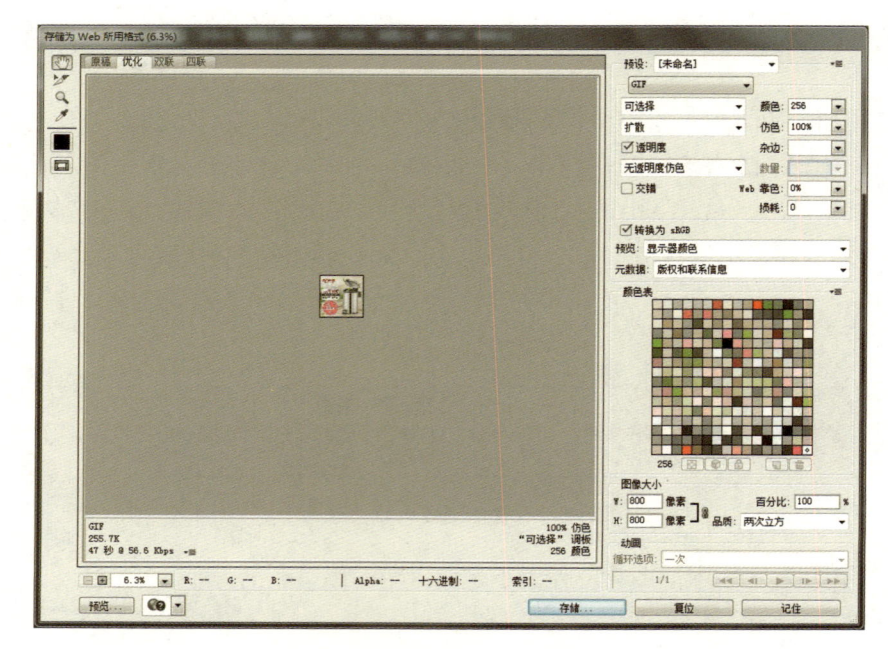

图 2-7　存储为 Web 所用格式

在 Photoshop 中，制作 GIF 动画需要用到"时间轴（动画）"面板，制作完成后要使用"存储为 Web 所用格式"命令。

### 4. PNG

PNG 同样是一种网页图片格式，这个格式在开发时试图替代 TIFF 格式（多用于印刷领域）。PNG 格式最大的特点就是支持透明背景、压缩率高、色彩还原指数也高。在店铺装修中，PNG 格式的图片多用于 Banner（页面的横幅广告）设计、LOGO 展示等。

例如，如图 2-8 所示的图片的灰白相间部分代表透明背景，将其上传到某个模块后，如果模块本身有颜色或背景，那么背景就能够呈现出来，如图 2-9 所示，而其他的图片格式如 JPG、GIF 则不支持透明背景。

图 2-8　PNG 格式图片

图 2-9　模块中的 PNG 格式图片

### 5. RAW

RAW 是一种由相机传感器生成的专业级图片格式，是未经任何处理的原材料式的文件模式。形成过程是相机在按下快门的那一瞬间，传感器捕捉场景的所有色彩和光影信息并记录下来，这样就给后期处理提供了极大的空间。相机拍摄的 JPG 格式的照片是通过相机内置系统转换而来的。

RAW 格式的弊端就是所拍摄的照片文件比较大。RAW 格式是各种相机产生的原始文件的统称，不同型号的相机拍摄的格式不尽相同，例如佳能相机拍摄照片的格式是 CR2 和 CRW，尼康相机拍摄照片的格式是 NEF，宾得相机拍摄照片的格式是 PEF 和 PTX。

RAW 格式的图片在普通的图片预览器中识别不了，在 Photoshop 中有一个非常好用的插件 Bridge，它可以识别绝大部分的图片格式。通过这个插件预览，启用 Photoshop 的另一个插件 CameraRaw，可以对 RAW 格式的图片进行处理，极大地提高图片处理的工作效率，如图 2-10 所示。

图 2-10 使用 CameraRaw 处理 RAW 格式的图片

图片格式有很多种，使用频率最高的图片格式是上面所介绍的 PSD、JPG、GIF、PNG 和 RAW 格式。每种格式都有它独特的优势，在工作中要灵活运用，快速、精确地做好美化图片工作。

## 2.1.2 色彩知识

丰富多彩的颜色分为无彩色和有彩色，在生活中我们时刻和色彩接触。常说的红、橙、黄、绿、青、蓝、紫既是色彩的名称，又是色彩的色相。颜色的三个基本属性是色相、饱和度和明度，也称为色彩的三大要素。

### 1. RGB 颜色模式

RGB 是由色光三原色组成的基于显示器为展示媒介的颜色模式。RGB 颜色模式兼容性强，显示的颜色丰富，能够兼容 1670 多万种颜色，包括人类肉眼所能识别的所有颜色。RGB 展示媒介为各种计算机显示器、手机、iPad 等电子设备。网店装修图片的颜色模式都使用 RGB 颜色模式，也就是后期的各种调色、校正都会在 RGB 颜色空间中进行，一般情况下不涉及其他颜色模式。

三原色分别为红色、绿色和蓝色，是一种加色模式，也就是颜色叠加越多，显示的颜色越明亮。例如，在晚上的演唱会现场，所有的灯光关闭就会漆黑一片，当打开一盏追光灯，就能看到舞台上有一束灯光，当逐个将其他灯光打开，整个舞台就会越来越明亮。

### 2. 色彩生成

RGB 属于千万真彩色，那么 1670 多万种颜色如何来的？将每种原色从 0～255 划分为 256 个层次，称为色阶。有三个原色，每个原色都有 256 个色阶，把它们相乘（256×256×256）就得出 1670 多万种颜色。

如图 2-11 所示，用三原色分别打出一束灯光，两种光线相交会生成另外一种颜色，称为间色，并且比原色更明亮。三束灯光相交的位置会变成白色，这就是色彩生成的原理。

图 2-11　三原色灯光

如图 2-12 所示，蓝色和红色混合得到洋红色，红色和绿色混合得到黄色，绿色和蓝色混合得到青色。三原色中两两混合得到的颜色称为间色。

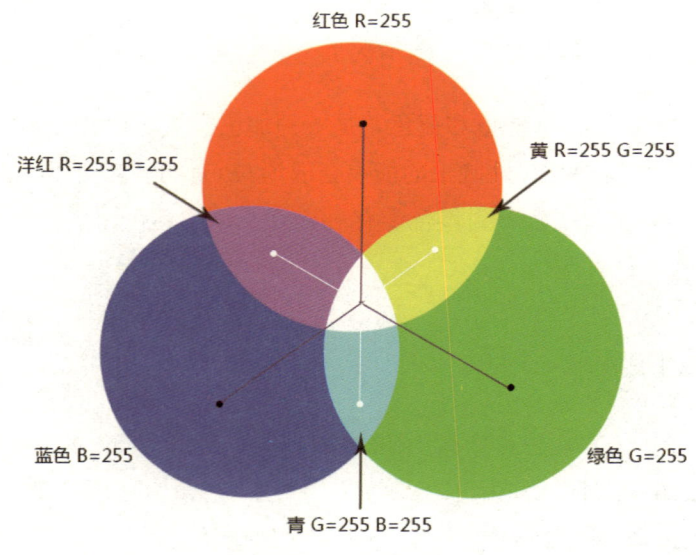

图 2-12　三原色混合

### 3. 对比色

间色与另外一种原色被称为互补色，因为互补色放在一起会产生强烈的差异，所以也称为对比色。如图 2-13 所示，有三组对比色。

图 2-13 对比色

在后期调色时，主要就是在这 6 种颜色中进行合理的平衡，从而得到需要的颜色。例如，常用的曲线、色阶命令可选择三原色进行调整，色相饱和度、色彩平衡命令可以选择三原色及它们的对比色进行调整，如图 2-14 和图 2-15 所示。

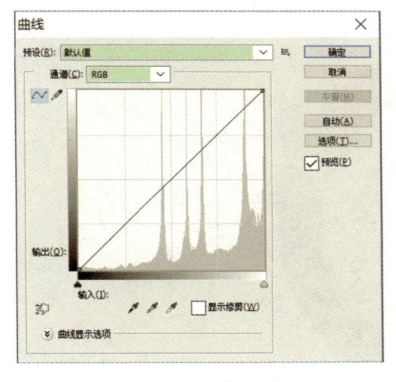

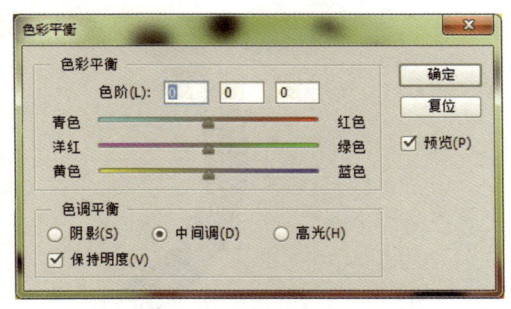

图 2-14 调整曲线　　　　图 2-15 调整色彩平衡

### 4．色彩心理

色彩心理是一个大的课题，在这里笔者只是想谈谈色彩影响人们心理的话题。

懂得色彩的心理效应，对拍照、调色、图像合成都有极大的帮助。例如，某件商品的主要消费人群是哪一类，就应该了解这类人群的色彩喜好，而商品的色调、氛围就应该和人群喜好的颜色相匹配。如果不懂得色彩心理，就无法设计出顾客喜欢的颜色，也无法做到吸引顾客。

依据人们对颜色的直观感受，可将颜色分为冷色系和暖色系，即色彩的冷暖。冷色会让人感受到宁静（温度低），暖色会让人感受到热烈（温度高）。讲到这里，笔者脑海中总能浮现出大海的碧蓝和火焰的热烈，想到冰天雪地的寒冷和烈日当空的燥热。这些都能给人们一定的心里刺激，它们的共同点是有色彩，也有温度，容易引起心理反应。所以总能看到，销售的商品类目不同，所应用的主色彩有很大的区别。例如，在电子数码类的商品中总能看到众多的蓝色，在农副产品中总能看到众多的绿色，在家居类商品中总能看到众多的黄色。冷暖色系的区分如图2-16所示，红色、橙色、黄色属于暖色系，绿色、青色、蓝色属于冷色系。

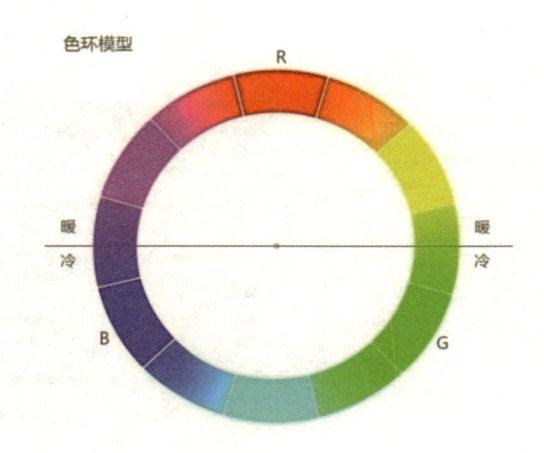

图2-16 冷暖色系

色彩无处不在，影响人们的生活。不同的色彩喜好，呈现出不同的人物性格，而不同的色彩，又呈现出不同的色彩性格。

红色→热烈，火焰，欢乐，暖和，血腥……

蓝色→宁静，优雅，凉爽，干净，理想……

绿色→健康，青春，悠闲，活力，自由……

黄色→可爱，休闲，聪明，希望，警告……

紫色→神秘，高贵，浪漫，优雅，狂野……

黑色→权利，黑暗，专业，低调，冷漠……

白色→神圣，包容，纯洁，善良，开放……

### 5. 色彩属性

色彩有三大属性，分别是色相、饱和度和明度，它们是直接影响调色结果的关键因素。

色相，即色彩的相貌，也是色彩的名称。例如，"红橙黄绿青蓝紫"说的就是色相。饱和度，又叫纯度，色彩的饱和度越高，颜色越干净、越鲜艳。在生活中，人们说某个颜色很艳，就是指饱和度高；说某个颜色太灰了，就是指饱和度低。

明度是指色彩的明暗度，黑色最暗，白色最亮。

每张图片、每个商品，都有它独特的色彩属性。若颜色不准确、画面层次不丰富，需要调整的内容就是色相、饱和度和明度。在 PS 众多的调色命令中，都是针对色彩的三大属性进行调整，产生千变万化的效果。如图 2-17 所示，"色相/饱和度"命令完全依据色彩三属性来设置调色参数，直接拖动相应的滑块，使画面产生变化。

充分认识色彩本质，找到它们的规律，对商品调色、页面配色有极大的帮助。若对色彩不了解，调色和配色就会漫无目的、找不到方向。网店图片调色最重要的是还原商品原色，准确传达商品本色才是王道。若商品图片产生色差，买家看到实物与图片有很大的区别，售后的概率就会提高。因此，要想美化图片中的色彩，就要熟悉商品颜色，掌握色彩属性，灵活应用调色技巧。

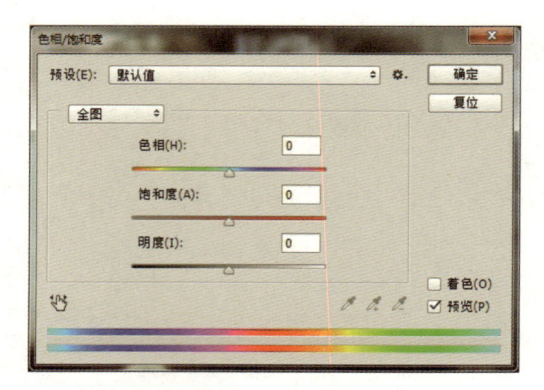

图 2-17 "色相/饱和度"对话框

## 2.1.3 规格尺寸

网店图片有严格的尺寸要求，页面中的每个模块都有相应的规格尺寸。尺寸的单位不是我们通常所知道的厘米或毫米，而是一个相对比较专业的单位——像素。同时，图片文件的大小和尺寸与另一个新的概念即分辨率有关系。

### 1. 像素

像素（px）是图片的组成元素，是图片尺寸的最小单位，就像物质由分子构成一样。在网店装修中，新建文件、文件尺寸大小都是以像素为单位的；装修后台的每个模块尺寸，规定的都是多少像素，而不是以厘米或毫米为单位的。

当把一张图片放大显示时，就能够看到图片是由一个个小方块组成的，这个小方块就是像素，如图 2-18 所示。调整图片颜色实际上就是调整像素颜色。文件的宽和高是多少像素，就是指宽和高有多少个像素点。

图 2-18 像素

## 2. 图像分辨率

图像分辨率是指单位长度有多少个像素点，也可以理解为像素分布的密度，这个长度单位是英寸，点就是像素。店铺装修中使用的图片分辨率是 72 像素/英寸，意思是 1 英寸长度中有 72 个像素点。图像分辨率越高，单位长度内的点就越多，图片就越清晰。例如，300 像素/英寸指 1 英寸长度中有 300 个像素点，图片的清晰度很高，达到了印刷级别。

网店图片的分辨率是根据它的展示媒介决定的，我们平时所接触的显示器的分辨率大多是 72 像素/英寸，所以网店图片使用的分辨率为 72 像素/英寸，是为了在媒介设备上达到最佳的显示效果。当然，设置成其他分辨率也可以，但是显示效果就不一定理想了。

## 3. 图片尺寸

图片尺寸指图片横向多少个像素、竖向多少个像素。例如，主图的常用尺寸为 800×800 像素，也就是主图的横向和竖向都是 800 个像素。在网店装修中，图片尺寸有较严格的规范，特别是宽度，而高度具有相对的灵活性。如图 2-19 所示是淘宝店铺 PC 端首页的模块尺寸，如图 2-20 所示是天猫商城 PC 端首页的模块尺寸。

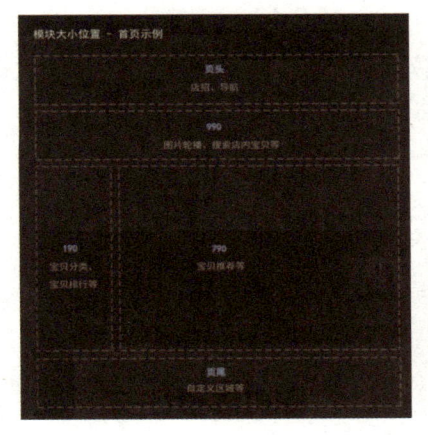

图 2-19　淘宝店铺 PC 端首页的模块 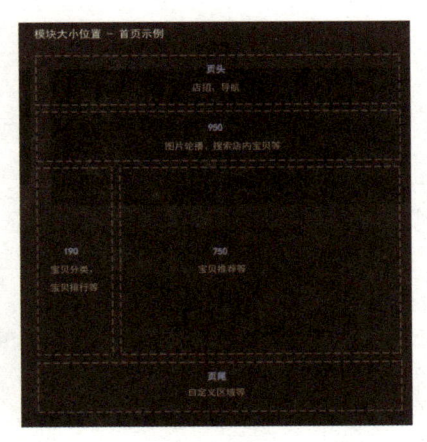　　　　图 2-20　天猫商城 PC 端首页的模块

在后面相应的章节中，会详细介绍每个模块的尺寸。

例如，无线端店招的标准尺寸是 642×200 px，焦点图模块的建议尺寸是 608×304 px，视频最小尺寸是 640×360 px，其他图片宽度要求基本是 608 px，主图尺寸一般是 800×800 px，详情页的宽度是 620 px。

### 4. 图片大小

图片大小是指图片所占用的磁盘空间的大小，它的单位是 KB 或 MB。

影响图片大小的因素是尺寸和色彩。尺寸越大，色彩越丰富，图片占用的空间越大；尺寸越小，色彩越单一，图片占用的空间越小。图片大小会直接影响页面的加载时间。换言之，需要获取合理的图片大小，加快页面的加载时间，帮助顾客节约浏览时间，避免发生不必要的页面跳失。

影响页面加载时间的因素有单个图片大小、图片数量和网速。色彩由商品本身决定，压缩比例在前面讲过，而网速由买家决定，所以对于图片处理，卖家能够控制的因素很少，最好的方法就是对图片的尺寸进行处理。在图片的规范中，综合考虑无线流量不多、网速不确定的复杂浏览环境，在不影响设计构图的情况下，单张图片的高度尽可能小一些。

例如，主图、全屏海报的图片大小建议为 100～180KB，若超过 300 KB，则单张图片的加载时间可能会明显延长。在产品详情页中，特别是无线端，要尽可能地控制页面长度，建议在 10 屏左右，即总体高度在 10000 px 左右。总的原则是，在清晰表达商品内容的情况下，页面尽可能短一些。

我们了解了图片的最小单位像素、图像的分辨率、图片的尺寸和图片大小，有了这些知识，就能更加清晰地认识图片，在设置图片参数时也有了标准，美化图片时就不会进入某些误区。

## 2.1.4 构图

构图是一个系统性的话题，从拍摄商品图片到图片处理，可以将构图理解为画面表达的主体和整个画面空间及画面中其他物体与背景的关系，是一种艺术的表现手法。

在拍摄商品时，要充分考虑到商品和画面的关系；在修图阶段进行二次构图时，裁剪画面要预先考虑商品在画面中的位置关系，要考虑到后期图文排版的版式结构，给设计排版留有足够的空间。裁剪图片就是对图片的二次构图。

预判一张图片在后期的使用，需要懂得各种构图技巧并能排除干扰，还要培养敏锐的观察力和平面构图能力。如图 2-21 所示是一张抓拍的图片，在拍摄时没有全面考虑构图等各方面的问题，在二次构图中重新裁剪就很重要。首先，排除画面中可有可无的干扰元素，左侧和右侧的小鸡都不要，然后将地面切掉一半左右，这样母鸡前进方向的空间就会多一些，如图 2-22 所示。二次构图后，视线可以完全聚焦在图片的主体母鸡上，让图片有向右前进的流动感，并且给画面留有一定的空间，便于后期的设计制作。

图 2-21　抓拍的图片　　　　图 2-22　二次构图后的图片

### 1. 构图的原则

均衡和对称可以使图片构图稳定，产生美感；对比和视点可以使图片构图有层次，打破平庸，将视线聚焦在主体上。它们看似是一组矛盾的原则，一方面需要稳定，另一方面需要打破。实际上，它们是构图中必要的两个基本原则，仅有稳定，画面会显得呆板，没有生气，没有重点，只有打破原则，将主体突出，才能让画面层次分明，才是一幅好的图片、好的作品。

### 2. 构图的目的

处理好画面中的主次关系，可以使图片更加协调，并且具有更大的设计排版空间，突出商品主体，便于卖家更清晰地表达内容。

### 3. 构图的表现形式

构图的表现形式非常丰富，常见的有九宫格构图法、黄金分割构图法、斜线构图法、水平式构图法、垂直式构图法、S形构图法、三角形构图法、圆形构图法、长方形构图法和中心式构图法等。下面简单介绍几种构图方式。

（1）九宫格构图法

九宫格构图法将图片横向与竖向三等分，线条相交的四个点为视觉的中心点，也被称为趣味中心。九宫格构图法是一种最基本的构图法，在相机、手机相机、Photoshop裁剪工具中都能看到，它提示在拍照、裁剪图片的过程中要注意主体在画面中所处的位置。

如图2-23所示的九宫格，提示视觉中心点应该在线段相交的点上，而不是在中间的方形中。

灵活运用九宫格构图，可以快速得到高质量的商品照片，提升工作质量，提高工作效率。

下面用九宫格构图法来验证图2-24与图2-25的优劣。分别在两张图上加入九宫格，能看到图 2-24 的主体在画面正中间，显得过于稳重，灵活性不够；而图 2-25 中的主体刚好在视觉中心点上，视觉焦点更加集中，图片更具想象空间。

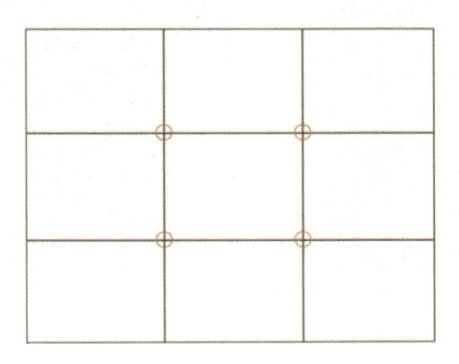

图 2-23　九宫格

图 2-24　原图　　　　　　　图 2-25　二次构图后的图片

（2）水平构图法

水平构图法最大的特点是在画面中总能找到多条水平线，如图 2-26 所示。这种构图法显得稳重、庄严、安静，具有很强的横向延伸感，类似于垂直构图，只是在形态上显示为水平。

在拍摄外景时水平构图法经常被用到；在室内拍摄时用水平构图法，总能体现出非同一般的效果。如图 2-27 所示，这张图片很好地体现了商品的大气、稳重，传达了一种高品质、高品位和高贵的商品形象。

图 2-26　水平构图法　　　　　　　图 2-27　水平构图法拍摄的图片

水平构图法是一种不做作、硬朗、直接的表现形式，适合表现厚重、高贵的产品。这种构图法形式简单，但是很难把控，很容易将画面处理得生硬、没有活力，这就需要用心去经营。

（3）三角形构图法

三角形构图法是以三个点为视觉中心的主体传达方式，或者以三个点组成的面为视觉中心的构图方式。这种构图方式灵活多变，画面活跃度高。三角形构图法中的三角形指的是一种视觉感应形态，画面体现出的并不一定是一个标准的三角形，有可能类似于三角形，也有可能是需要将线段延长形成的三角形。

如图 2-28 所示，这张图片以三个点组成的面为主体，让画面更生动、有节奏感，传达了这类商品带来的轻松、温馨的生活情景。

使用三角形构图法时要协调好三角形中物体的位置，有层次、有重点、不杂乱，让画面更具情趣，更为轻松，可以拉近与顾客的距离，获得顾客的认可。

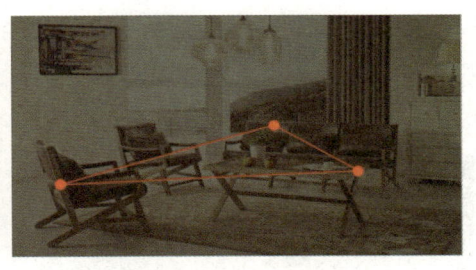

图 2-28 三角形构图法拍摄的图片

(4) 斜线构图法

斜线构图法是指商品主体在画面中以斜线的形态展现,有可能是单个商品,也有可能是多个商品的组合。斜线构图法与对角线构图法既类似,又有区别,只要主体在画面中呈斜线状态即为斜线构图法,而对角线构图法是主体从一个角贯穿到画面的对角。斜线构图法拍摄的图片给人一种延伸、速度、动态的感觉。

斜线构图法常见于商品特写,或者商品本身具有斜线形态,能够很好地体现空间关系和图片的纵深感,如图 2-29 所示。

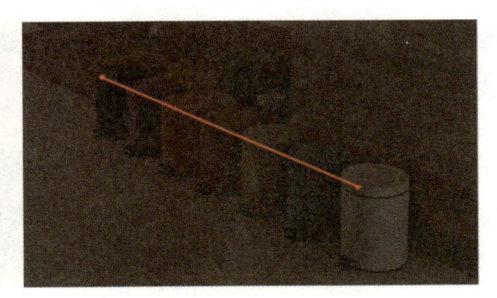

图 2-29 斜线构图法拍摄的图片

(5) 圆形构图法

圆形构图法具有更为聚焦的视觉吸引力,给人一种旋转、完满、收缩、线条优美的感觉。这种构图方式通常用于圆形商品或多个组合成圆形的商品,形态上可以是圆形或弧线延长变成圆形。如图 2-30 所示,图中有两个圆形,一个是商品本身是圆形，另一个是由多个商品组合成的圆形，一实一虚，视觉焦点就落在了圆形茶几上，主题明确，重点突出。

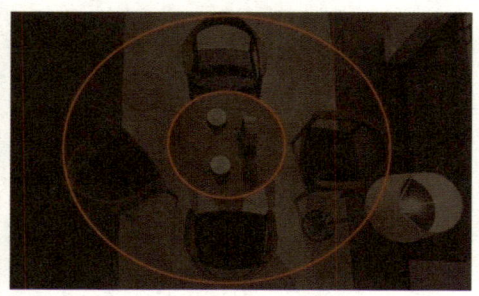

图 2-30　圆形构图法拍摄的图片

## 2.2　优化图片

在制作图片时，修图是一件非常重要的事情，一张好的照片可能比大量低质量的照片更具说服力和吸引力。同时，修图也是一件非常消耗时间的事情。除此之外，还要做到精准、快速修图，提高工作效率，迅速将图片发布到店铺中，以便抢夺优质资源，提升店铺的竞争力。

在美化图片的过程中，可能会碰到各种各样的问题，例如图片的颜色不准确（偏色）、亮度偏暗、图片的杂点和划痕过多、主体对象变形、图片通透感不强、图片清晰度不够，以及有其他物件扰乱主体呈现等。所以，修图之前的工作就是要对精心挑选好的图片进行审图，以图片制作的目的为导向，找出图片的问题，确定修图的方法并进行修图。由此可得出美化图片的流程：用途→审图→问题→修图。

下面用一个案例来讲解修图的流程。

如图 2-31 所示是用佳能相机（5DII）拍摄的清远鸡，图片格式有 JPG 和

CR2（RAW 数码胶片）。

图 2-31　原图

　　CR2 是佳能相机的原始文件格式，不同数码相机的原始文件格式被统称为 RAW 格式，即数码胶片。在拍摄中，RAW 格式将当时场景的所有色彩和光线信息收集在照片中，大大提高照片后期处理的空间。

- 设定用途：图片要体现清远鸡区别于其他鸡种的尾部卖点，用于手机端的详情海报，我们可以给这个详情海报设定一个尺寸 620×960px，即一张竖向的图片。
- 审核图片：原图为横向图片，主体在图片中间偏右，背景虚化，主体突出，整体色调偏灰，背景中有一根水管。
- 总结问题：图片横向不符合设计要求，需要裁剪成竖向图片；色调饱和度不够，可略微提高主体颜色的饱和度；背景中的水管太突兀，需要去掉水管，地面上有一些杂质也需要去掉。
- 开始修图：确定需要修饰的地方后，启动 Photoshop 软件进行修图。

　　使用 Photoshop 进行修图的具体步骤如下。

　　（1）在 Photoshop 中打开图片，使用裁剪工具裁剪图片，如图 2-32 所示。

　　（2）用快速选择工具选择小鸡并反选，如图 2-33 所示。

图 2-32　裁剪图片　　　　　　　　图 2-33　选择选区

（3）选择仿制图章工具，按住 Alt 键在水管旁边的底纹上取色，释放 Alt 键后涂抹水管，如图 2-34 所示。在修图过程中注意取色和背景纹理的变化，水管涂抹完成后取消选区，如果如图 2-35 所示。

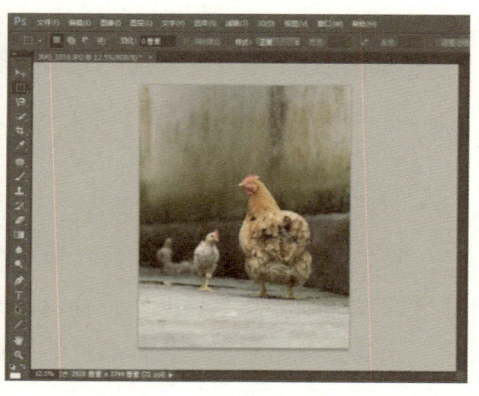

图 2-34　涂抹水管　　　　　　　　图 2-35　去掉水管后的效果

（4）在滤镜中选择 Camera Raw（Photoshop CC 以上版本），再选择画笔工具，将饱和度调整参数设为正数，但数值不要太高，如图 2-36 所示。

（5）用画笔工具在主体上涂抹，同时注意主体颜色的变化，不可操作过度，如图 2-37 所示。

图 2-36　调整饱和度

图 2-37　用画笔工具涂抹主体

修改完成后按 Ctrl+Z 组合键，反复对比原图与修改后的图片，确定无误后再进行下一步。

（6）使用修补工具、仿制图章工具等修复类工具去除地面杂点，如图 2-38 和图 2-39 所示。

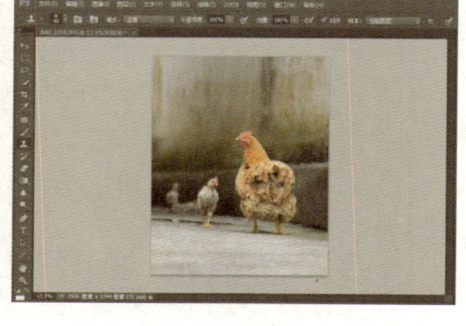

图 2-38　去除地面杂点 1　　　　　　　图 2-39　去除杂点 2

最后的效果如图 2-40 所示，如图 2-41 所示是原图，读者可对比一下。

图 2-40　最终效果　　　　　　　　　　图 2-41　原图

修图时需要掌握 Photoshop 软件的使用，本案例涉及到裁剪工具、快速选择工具、仿制图章工具、修补工具和 CameraRaw 的使用。修图前要学会审图，多观察图片，分析图片的色调、背景、主体、造型和质感等，以图片的需求、设计目的为导向，找出图片的问题，再进行修饰。在修图的过程中一定要控制好度，不可太过。修图的方法有很多，但是需要的图片效果是有针对性的！

根据图片可能存在的各种问题，需要掌握的修图技巧有：裁剪图片、校正图片白平衡、调色、修饰美化和调整图片清晰度。

## 2.2.1 二次构图裁剪法

二次构图就是对已经拍摄好的图片进行裁剪，排除干扰因素，突出主体。二次构图在图片的后期处理中被称为"第一把手术刀"，可见裁剪图片在工作中的重要性。很多看似没用的废片，通过简单裁剪，图片立马生动起来。前面讲解了一些构图法，裁剪图片的过程中要充分考虑构图的各种情况，特别是九宫格构图法，集合了黄金构图法和三分法的影子。

在修图工作中，有一个很好用的工具，那就是 Photoshop 中的裁剪工具 。

如图 2-42 所示是一个商品的原始图片，存在诸多的问题，需要对它进行美化处理，结合前面讲过的知识，整理一下思路。

图 2-42　商品原图

目标：让这张图片看起来更美观。

审图：图片中商品的两条垂直线倾斜了，上半部分相对于地面占的比例过大，商品基本上处于画面的中心，没在视觉中心点上。

方法：这种小问题使用裁剪工具即可解决。

对图片进行修图的具体操作步骤如下。

（1）启动 PS 软件，单击"文件"→"打开"命令，弹出"打开"对话框，选择这张图片，再单击"打开"按钮，如图 2-43 所示。

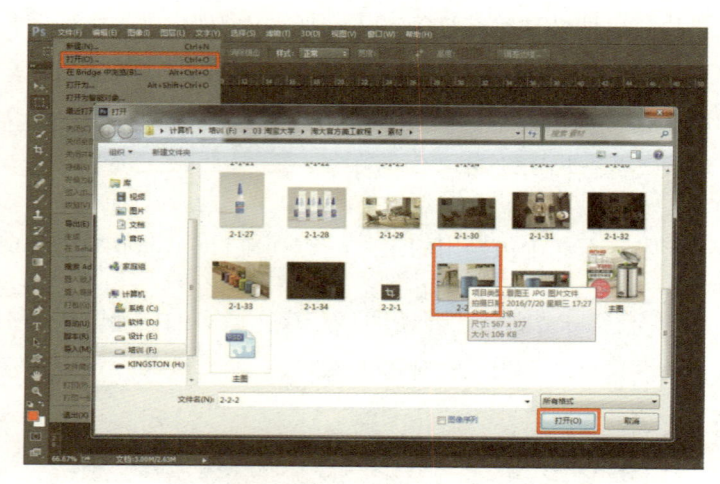

图 2-43　打开原始图片

（2）选择裁剪工具，用拉直功能沿着物体边缘垂直拉出一条线，纠正画面的倾斜问题，如图 2-44 所示。倾斜被纠正后，主体对象显得更加稳固，图片也更加美观，如图 2-45 所示。

图 2-44　使用拉直功能　　　　　　　图 2-45　纠正倾斜后的效果

（3）用裁剪工具剪切画面中不需要的部分，将鼠标指针移动到裁切线的边缘，鼠标指针会变成箭头形状，在水平线上可按住鼠标上下拖动，在垂直线上可按住鼠标左右拖动，如图 2-46 所示。

在裁切过程中，使主体符合九宫格构图原则，将其放在视觉中心点上，同时考虑到商品在画面中不能太偏右，因此商品主体定位如图 2-47 所示。

图 2-46　裁切图片　　　　　　　　图 2-47　调整画面

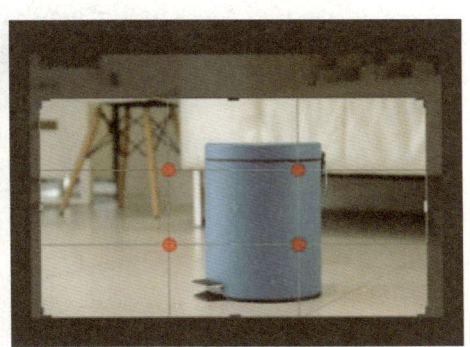

构图法是一种标准，也是一种参考，要灵活运用。构图时在原则的基础上使用，但也不要局限于原则，可依据图片情况活用构图法。

如图 2-48 所示为原图，如图 2-49 所示为最终效果，可以看出，二次裁剪后商品主体更加突出，视觉更聚焦，给人大气、端庄、严肃的感觉，更符合商业设计需求。画面中左右均留出了空间，使后期应用更具灵活性。

图 2-48　原图　　　　　　　　图 2-49　最终效果

应用时可以再次裁剪，只展示商品，也可以在图片背景位置加上文字等元素，如图 2-50 和图 2-51 所示。

图 2-50　商品图 1

图 2-51　商品图 2

在灵活运用构图法的基础上，要充分考虑画面留白和商品主体在画面中所占的比例、位置，给后期的设计和排版留有足够的编辑空间，甚至要准确预计图片在主图上如何使用、在详情页中如何使用、在宽屏海报上如何使用等。切不可将商品主体锁定在某一个位置上，也就是背景留白的空间不够，给后期设计和排版造成困难。

### 2.2.2　调整白平衡

白平衡通俗地讲就是平衡白色。白色是由三原色混合得到的，所以平衡白色实际上就是平衡三原色在图片中的混合占比，以便还原商品的真实色彩。图片呈现的颜色和拍摄环境有很大的关系，这是色温的问题。因此，在图片中呈现准确的商品颜色就显得尤为重要。

调整白平衡不仅能矫正颜色，还能够让画面层次更加丰富，如图 2-52 和图 2-53 所示分别为原图和调整白平衡后的效果，图片产生了很大的变化，衣服颜色更为明亮，看上去更通透。

图 2-52 原图　　　　　　　　　图 2-53 调整后的效果

调整白平衡的方法有很多种，可以在 Camera Raw 中直接用白平衡吸管工具来调整，也可以在色阶、曲线中选择灰色吸管工具来调整。

### 1. Camera Raw 调整白平衡

启动 Photoshop 软件（CC 版本），打开图片，在"滤镜"菜单中选择 Camera Raw 滤镜，启动 Camera Raw，默认界面如图 2-54 所示。

图 2-54 启动 Camera Raw

选择白平衡工具，在画面中黑色裙子的位置单击，画面的真实色彩信息即被还原回来，如图 2-55 所示。

图 2-55　使用白平衡工具还原色彩

## 2. 色阶调整白平衡

启动 Photoshop 软件，打开图片，在"图像"菜单中选择"调整"→"色阶"命令，打开"色阶"对话框，如图 2-56 所示。

选择灰场工具，在画面中黑色裙子的位置单击，如图 2-57 所示。单击后，画面真实色彩信息即被还原回来。

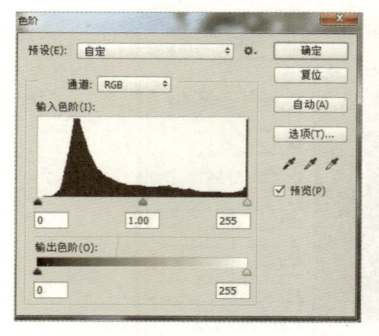

图 2-56　"色阶"对话框　　　　图 2-57　使用灰场工具还原色彩

## 3. 曲线调整白平衡

启动 Photoshop 软件，打开图片，在"图像"菜单中选择"调整"→"曲线"命令，打开"曲线"对话框，如图 2-58 所示。

选择灰场工具，在黑色裙子上单击，色彩信息即被准确还原回来，如图2-59所示。

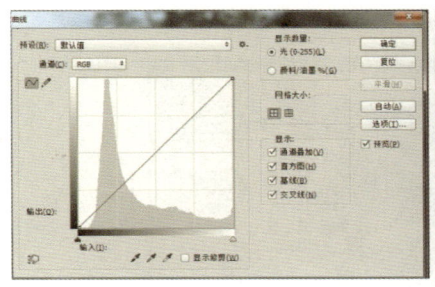

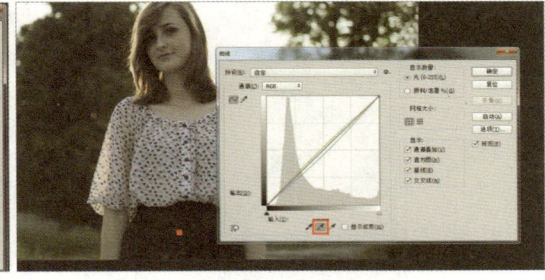

图2-58 "曲线"对话框　　　　图2-59 使用灰场工具还原色彩

以上三种调整白平衡的方式有一个共同的点，那就是吸取的位置都是黑色部分。若用白平衡工具或灰场工具单击的是彩色信息的位置，那么画面就会向取色点颜色的反向色调整。如图2-60所示，取色点在绿色位置，画面校正偏向红色；如图2-61所示，取色点在黄色位置，画面校正偏向蓝色。

图2-60 取色点在绿色位置

为什么取色点要在黑色上呢？准确地说，不是要找画面的黑色部分，而是要准确地找到画面中的灰度信息，它是调整白平衡的关键。原图中因为没有其他更浅的灰色信息，所以就用不含彩色的黑色来代替。摄影师为了在后期能够准确找回色彩信息，在拍摄时，通常在画面中放一张 18% 的中性灰的灰色卡，后期只要用白平衡工具单击灰色卡即可。如图 2-62 所示，图片偏红，使用灰场工具吸取灰色卡中的颜色纠正画面的偏色，效果如图 2-63 所示。

图 2-61　取色点在黄色位置

图 2-62　原图有偏色

图 2-63　纠正偏色后的效果

白平衡在后期调色中常被刚入门的用户所忽略，但白平衡的调整恰恰是画面色彩和明度信息调整的第一步，找回准确的色彩信息后，才能去做其他进一步的调整。

### 2.2.3 调整颜色

颜色调整是对色彩的三个属性进行调整，即对色相、饱和度和明度进行调整，从而达到预期的色彩效果。色彩属性在之前的章节中介绍过，每一种色彩的变化都会对浏览者产生不一样的感受。在网店中，准确展示商品颜色是很重要的，可以避免不必要的售后问题。

调整颜色可分为全局调色和局部调色。全局调色就是对图片整体色调进行调节。例如，要把整个图片颜色调整得更加暖一点或冷一点，这就是全局调色；要将图片中不同的对象或某个区域的颜色进行加深或减淡，需要局部处理，这就是局部调色。

调整颜色时主要调节的是三原色和它们的对比色，即红色、绿色、蓝色、青色、洋红和黄色。例如，如图 2-64 所示为一张图片的原图，在"色彩平衡"对话框中，颜色滑块偏向哪种颜色，画面颜色就会偏向哪种颜色。如图 2-65 所示，将滑块靠近红色，画面就会变红。

图 2-64　原图　　　　　　　　图 2-65　将滑块靠近红色，画面变红

Camera Raw 是调色工具中出色的命令，另外常用的调色命令还有色阶、曲线、色相/饱和度和色彩平衡等。

### 1. Camera Raw 调色

启动 Photoshop 软件，单击"文件"→"在 Bridge 中浏览"命令，打开 Bridge 插件，在"浏览"窗口中找到需要调色的图片，在图片上右击，在弹出的快捷菜单中选择"在 Camera Raw 中打开"选项，如图 2-66 所示。

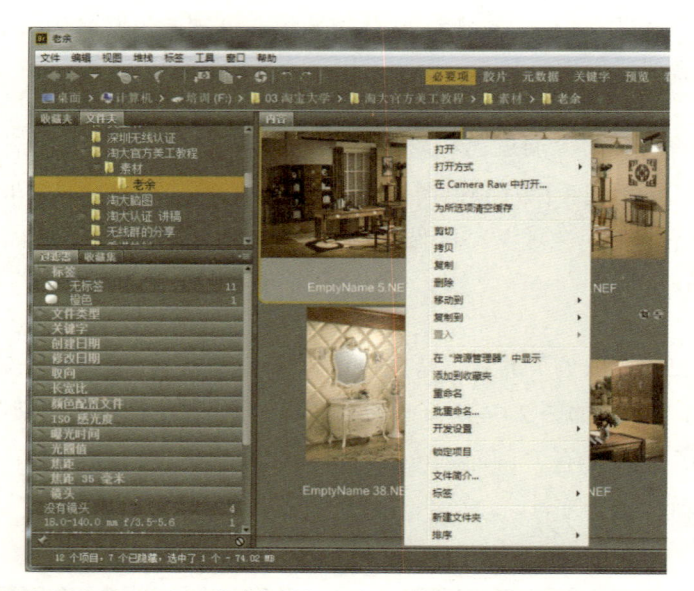

图 2-66　在快捷菜单中选择"在 Camera Raw 中打开"选项

启动 Camera Raw 后的界面如图 2-67 所示，其中显示了基本参数，能够调节的参数有很多，如色温、色调、曝光、对比度、高光、阴影和饱和度等，调节方法非常简单，只要左右拖动相应参数的滑块即可。

也可以切换到"色调曲线"的调节界面，如图 2-68 所示，可以分别对高光、亮调、暗调和阴影参数进行调整。

图 2-67　Camera Raw 界面

图 2-68　调节"色调曲线"

若需要单独调整某个颜色,可切换到"HSL/灰度"调节界面,能看到"色相"选项卡下有多达 8 种颜色的调整项,另外还有"饱和度"和"明亮度"选项卡,切换到相应的选项卡,分别调整即可,如图 2-69 所示。

图 2-69 "HSL/灰度"调节界面

## 2. 调整色阶

色阶是图片中黑、白、灰的指数标准。简单地说，在 RGB 通道中，通过调整色阶就可以调整图片的明暗度，但对色彩并不产生作用；若选择红色、蓝色、绿色通道调整其中任意一个通道色阶，那么图片的颜色混合参数就会发生变化，图片的颜色也会随之发生变化。按 Ctrl+L 组合键，启动"色阶"命令，打开"色阶"对话框，如图 2-70 所示。

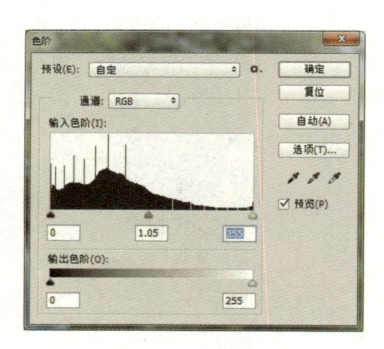

图 2-70 "色阶"对话框

"通道"下拉列表框中有 4 个选项：RGB、红色、绿色和蓝色。调整前，要确定是对 RGB 主通道还是对红、绿、蓝单色通道进行调整，然后确定使用黑、白、灰的滑块还是使用黑、白、灰的吸管工具进行调整。

调整色阶时要理解直方图所表达的含义。直方图的下方有三个滑块，从左到右分别代表黑色、灰色和白色，指向画面中的黑、灰、白。黑色和灰色滑块之间的区域指向画面中暗部到灰色的区域，灰色和白色滑块之间的区域指向画面中灰色到白色的区域。在直方图中，滑块在哪个区域的黑色面积大，就表示偏向滑块代表的明暗度。如图 2-71 所示，在黑色和灰色滑块对应的直方图中，黑色区域大，表示这张图片暗部区域偏多，如图 2-72 所示。

图 2-71　直方图　　　　　　　　　图 2-72　暗部区域偏多

调整图片的色阶时，可以拖动黑、白、灰三个滑块，使用较频繁的是灰色滑块。灰色滑块可以在不改变图片阴影和高光的情况下，调整画面的明暗度。如图 2-73 所示是原图，将灰色滑块向左边移动，画面变亮，如图 2-74 所示；将灰色滑块向右边移动，画面变暗，如图 2-75 所示。

图 2-73　原图

图 2-74　画面变亮 　　　　　　　　图 2-75　画面变暗

也可以用吸管工具来调整,这种方式叫做定场。黑色吸管工具定"黑场"(用黑色吸管工具单击画面中的黑色区域),如图 2-76 所示;白色吸管工具定"白场"(用白色吸管工具单击画面中的高光区域),如图 2-77 所示;灰色吸管工具定"灰场",可以调整白平衡(用灰色吸管工具单击画面中"中性灰"的区域)。

图 2-76　定"黑场" 　　　　　　　　图 2-77　定"白场"

三个吸管工具的用法相似,但变化不同,读者可多尝试,找到吸管工具的调色规律,从而准确、快速地调整画面效果。

### 3. 调整曲线

曲线实际上是一个坐标图,其中 $X$ 轴表示输入,$Y$ 轴表示输出。曲线的调节方法是上弦变亮,下弦变暗;也可以在曲线上选择一段进行单独调节,这一段用来界定画面上的亮部、灰部或暗部。调整图片的对比度可以让图片更具有层次,画面感更强、更丰富。按 Ctrl+M 组合键,调出"曲线"对话框,如图 2-78 所示。

与色阶类似,"通道"下拉列表框中依然有 RGB 主通道和红、绿、蓝三色通道,还有黑、灰、白三个吸管工具,使用方法和前面讲的色阶工具中的使用方法一样。

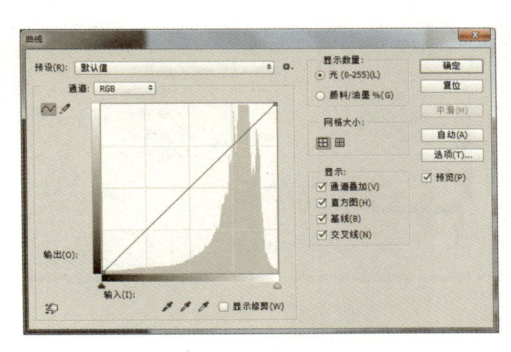

图 2-78 "曲线"对话框

曲线直方图下面只有黑、白两个滑块,黑色滑块对应画面的暗部区域,白色滑块对应画面的亮部区域。在图 2-78 中,直方图亮部区域的峰值面积最大,说明这是一张亮度很高的图片,如图 2-79 所示。这张图片明显有问题,画面感觉像罩了一层雾,不通透,看起来很难受。下面用"曲线"命令解决这个问题,将图片的对比度加大。在曲线直方图上设置两个点,一个在峰值最高的位置,将曲线往上拉;另一个在灰色调的位置,将曲线往下拉,如图 2-80 所示。调整后的图片效果如图 2-81 所示,主体和背景瞬间有了对比,更有层次。

图 2-79 原图

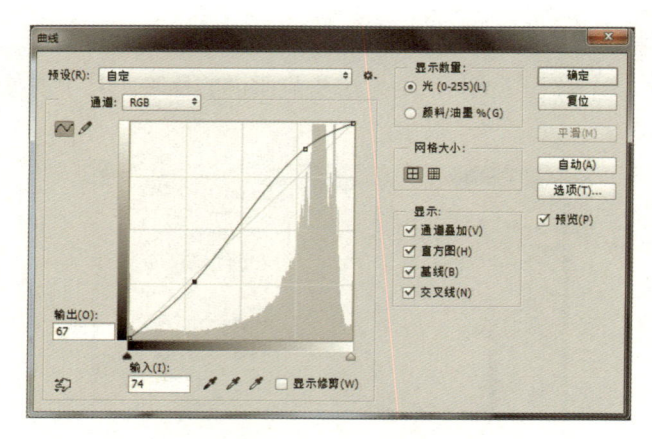

图 2-80　调整曲线

图 2-81　调整后的效果

### 4. 调整色相/饱和度

"色相/饱和度"命令更多地表现"调色"这种方式。按 Ctrl+U 组合键，会弹出"色相/饱和度"对话框，如图 2-82 所示。可以看到，调节的参数就是色彩的三个属性，分别是色相、饱和度和明度。在"颜色"下拉列表框中有"全图"和之前讲到的六种颜色选项，可以对单个颜色进行调整，也可以对整个图片的颜色进行调整。

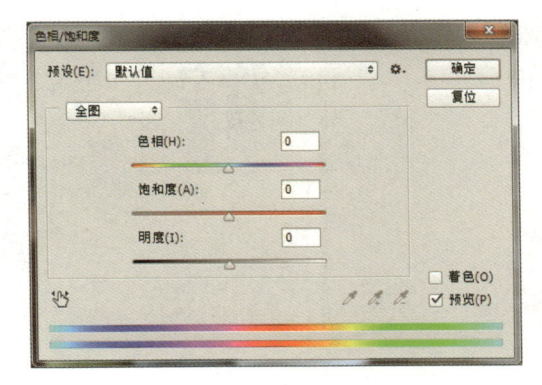

图 2-82 "色相/饱和度"对话框

（1）调整色相

下面对图片中的不同颜色进行调整，例如将蓝色调整成紫色，将整个图片颜色调到偏绿等。颜色调整最合理的使用状态是微调，过度的调整容易产生噪点，造成失真，降低图片质量。

打开一张图片，如图 2-83 所示。按 Ctrl+U 组合键，打开"色相/饱和度"对话框，默认情况下对全图调色，移动色相滑块，如图 2-84 所示，将色相参数调整为"22"，图片就会发生相应的色彩变化，如图 2-85 所示。

图 2-83　原图

图 2-84　移动色相滑块

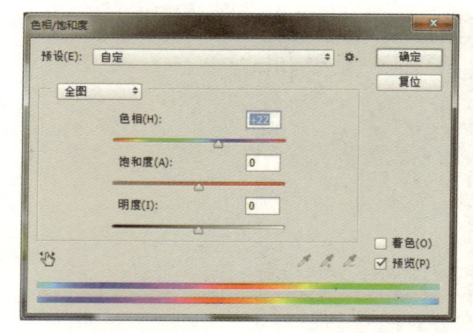

图 2-85　调整色相后的效果

下面进行单色调整，按 Ctrl+U 组合键，打开"色相／饱和度"对话框，选择"青色"通道，移动色相滑块，如图 2-86 所示，图片就会发生相应的色彩变化。如图 2-87 所示，蓝色桶发生了变化，对比原图，其他的颜色都没有改变。

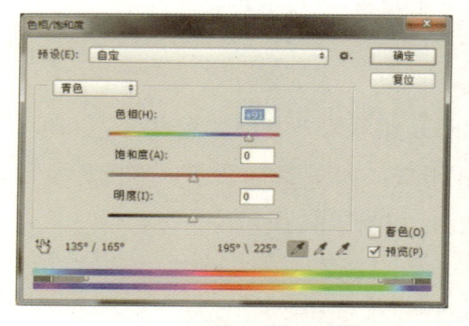

图 2-86　移动色相滑块

图 2-87　单色调整后的效果

单色调整时还可以使用吸管工具来定位某一种颜色，然后进行调色。按 Ctrl+U 组合键，打开"色相／饱和度"对话框，任意选择一个单色通道，激活吸管工具，用吸管工具在紫色桶上面单击，色相滑块的位置如图 2-88 所示，图片就会发生相应的色彩变化，如图 2-89 所示，紫色桶的颜色发生了变化，对比原图，其他的颜色都没有改变。

第 2 章　美化图片　83

图 2-88　"色相/饱和度"对话框　　　图 2-89　紫色桶的颜色发生了变化

（2）调整饱和度

饱和度的调整即色彩浓度的调整。当图片偏灰时，就需要调整其饱和度，调整图片饱和度的前提是图片的饱和度与实物的饱和度有差距。若某种颜色已经处在饱和状态，再去调整就会适得其反，颜色就会变得没有层次，降低图片质量。

如图 2-90 所示，这是用手机拍摄的一张水果照片，画面颜色灰暗。这种水果是江南特有的一种甜橙，叫做西港化红，它的特点是采摘前也保持一种绿色偏黄的高饱和度状态，所以为了体现采摘前的这种状态，就要调整画面的饱和度。

图 2-90　原图

启动 Photoshop 软件，打开图片，按 CTRL+U 组合键，打开"色相/饱和度"对话框，将饱和度滑块向右边拖动，如图 2-91 所示。这时能看到图片变得更加明亮，水果本身的黄色也呈现出来了，如图 2-92 所示。与之前的原图对比，颜色更明亮通透，有点馋涎欲滴了吧！

图 2-91　调整饱和度滑块　　　　　　　　图 2-92　调整饱和度后的效果

使用吸管工具也可以调整画面中的颜色。调整方法是选择吸管工具，在橙子的表面单击来定义要调整的颜色，通道就会变为黄色2，然后将饱和度滑块向右移动，如图 2-93 所示。这时图片就会发生相应的色彩变化，如图 2-94 所示，颜色更加靓丽，通透感更强。

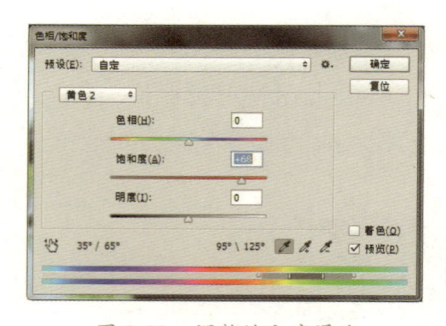

图 2-93　调整饱和度滑块　　　　　　　　图 2-94　调整饱和度后的效果

（3）调整明度

明度就是色彩的明暗度，也就是图片的黑、白、灰关系。

打开一张图片，如图 2-95 所示，按 Ctrl+U 组合键，打开"色相／饱和度"对话框。将明度滑块向左移动，如图 2-96 所示。这时画面颜色变暗，如图 2-97 所示。

图 2-95　原图

图 2-96　调整明度滑块

图 2-97　画面颜色变暗

若要调整画面中某个颜色的明度,可在"通道"下拉列表框中选择这个颜色通道,激活吸管工具,用吸管工具在画面中的某个颜色上单击来定义这个颜色,然后拖动明度滑块即可。例如,要将图 2-95 中的蓝色变暗,可用吸管工具在蓝色衣服上单击,然后将明度滑块向左拖动,如图 2-98 所示。这时图片中的蓝色就会变暗,其他颜色不发生变化,如图 2-99 所示。

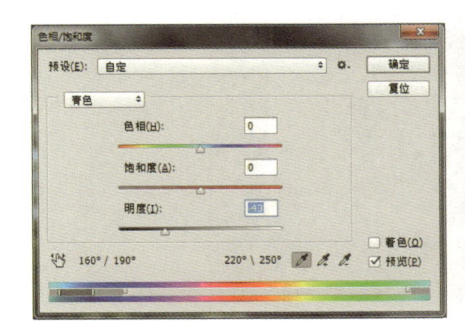

图 2-98　调整明度滑块

图 2-99　调整明度后的效果

## 2.2.4 调整图片清晰度

图片清晰度在 Photoshop 中称为锐化，随着软件命令的不断升级，锐化命令对调整图片清晰度有着极大帮助。当然，不是所有图片都能调整清晰度，所以在获取图片时，尽可能获得高质量的图片，若条件允许，要将图片输出为 RAW 格式，给后期清晰度调整提供更大的空间。

调整图片清晰度可以使用锐化滤镜，也可以使用 Camera Raw。打开原图，如图 2-100 所示，选择"滤镜"→"锐化"→"USM 锐化"命令，第一次锐化参数可设置得小一些，如图 2-101 所示。第二次锐化参数可设置得大一些，可以看到图片清晰度明显加强，如图 2-102 所示。

图 2-100　原图

图 2-101　第一次锐化

图 2-102　第二次锐化

调整图片清晰度，在 JPG 模式下一定要适可而止，若参数设置得过大，很容易产生明显的噪点。想得到一张清晰度高的图片，还得从源头抓起，拍照时尽可能输出 RAW 格式，即使有轻微的模糊，在 Camera Raw 中也可以还原回来。

例如，如图 2-103 所示是尼康 D800 相机拍摄的 RAW 格式原图，将图片放大后，发现有明显的抖动，解决办法是先在 Camera Raw 中调整清晰度，然后选择防抖滤镜纠正图片模糊，具体操作步骤如下。

图 2-103　原图

（1）在 Camera Raw 中打开图片，如图 2-104 所示。调整右下角的清晰度参数，如图 2-105 所示。调整后图片清晰度明显提高，单击"打开拷贝"按钮，图片就会在 Photoshop 中打开。

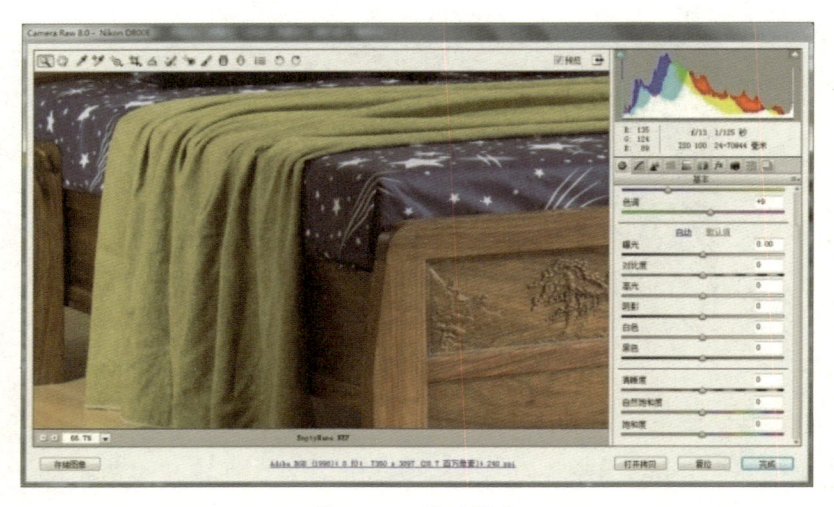

图 2-104 打开图片

图 2-105 调整图片清晰度

（2）在 Photoshop 中单击"滤镜"菜单，找到"锐化"命令中的"防抖滤镜"，启动防抖滤镜。这是一款专门针对拍照过程中产生轻微抖动导致照片模糊的修复滤镜，功能很强大。根据预览图片，调整相关参数，单击"确定"按钮即可，如图 2-106 所示。

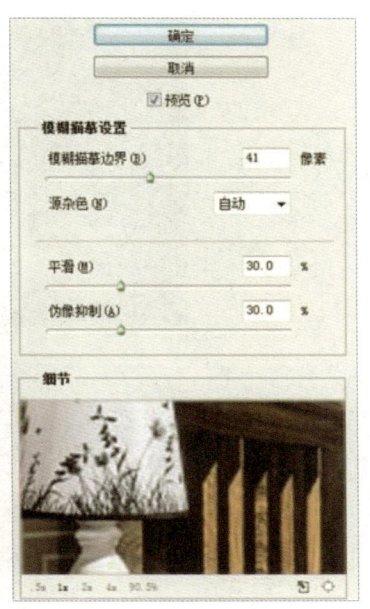

图 2-106　应用防抖滤镜

　　选择防抖滤镜是因为放大图片后能够看到图片有非常细微的抖动模糊，应用该滤镜可以提高图片的清晰度。在锐化滤镜的选择上，要根据不同的情况选择相应的锐化滤镜。例如，锐化滤镜可以将清晰度较高的图片再提升一个层次，使图片轮廓分明、细节丰富；智能锐化滤镜更具灵活性，图片越模糊，应用效果越明显，还提供对话框参数设置，可根据原图的模糊情况，设置合理的参数。

## 2.2.5　修复图片

　　获取的图片总会出现这样或那样的问题，例如污点、划痕、线头、褶皱、裂缝和水印等。遇到这样的问题，要及时进行处理。

　　如图 2-107 所示，这张图片看上去不太美观，上面有很多的痕迹、裂缝和污点，红色方框的位置就是图片存在问题的地方，下面就进行图片的修复工作。

图 2-107　原图

要修复这些问题，可使用 Photoshop 中的几个修复类工具：污点修复画笔工具、修复画笔工具、修补工具和仿制图章工具。有了这几个工具，完全能修复图片中的各种问题。先来看看修复好的图片效果，如图 2-108 所示，美化后的图片整体氛围和精致程度都远远超越了原图！美化后的图片更具吸引力，但这个过程需要时间，要非常细心地处理每一处瑕疵。假如拍摄后的图片不进行美化处理，直接上传到页面中，会给买家一种不认真的感觉，进而怀疑产品质量，无形中带来更多的疑问。

图 2-108　修复后的效果

## 1. 污点修复画笔工具

听名字或许会认为这个工具是针对"点"进行修复的，也就是小面积修复的工具，实际上经过多个版本的迭代更新，它的功能变得越来越全面，不仅能修复点，还能修复线条甚至大面积图片，而且对边界的处理能力也在加强。该工具的使用方法是：调整好笔刷大小，直接在污点处涂抹，即可消除污点。在本案例中，具体修图步骤如下。

（1）在工具箱中选择污点修复画笔工具，如图 2-109 所示。

图 2-109　选择污点修复画笔工具

（2）在污点上单击或涂抹，如图 2-110 所示，即可消除污渍。顽固的大面积污渍也能修复，效果如图 2-111 所示。

图 2-110　在污点上单击或涂抹

图 2-111　修复污点后的效果

## 2. 修复画笔工具

修复画笔工具与污点修复画笔工具类似，会混合计算背景颜色，进行智能融合。修复画笔工具也与仿制图章工具类似，需要按住 Alt 键在画面中取一个修复的取样点。使用修复画笔工具进行修复的具体步骤如下。

（1）在工具箱中选择修复画笔工具，若没有按住 Alt 键取色，就会弹出一个警示框，如图 2-112 所示，提示用户取样。

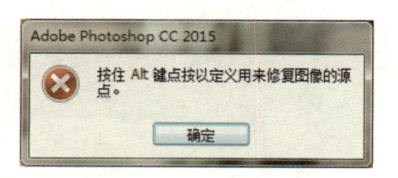

图 2-112　警示框

（2）根据需要修复的对象，在相应的位置按住 Alt 键取色，如图 2-113 所示。要修复的位置是 1，取色的位置是 2，在污点上涂抹即可完成修复，如图 2-114 所示。

图 2-113　按住 Alt 键取色 　　　　　　　图 2-114　修复完成后的效果

### 3．仿制图章工具

将仿制图章工具放在修复画笔工具后面讲解，是因为这两个工具有着非常相似的使用方式，都需要按住 Alt 键取色，将相似的背景覆盖到污点上。不同的是，修复画笔工具本质上是一个修复类工具，而仿制图章工具本质上是一个复制工具。仿制图章工具修图的原理就是将一个位置的内容覆盖到要修复的对象上，完成修图的目的。

使用仿制图章工具修复图片的操作步骤如下。

（1）在工具箱中选择仿制图章工具，若在画面中没有按住 Alt 键取色，就会弹出一个警示框，提示用户取样，如图 2-115 所示。

图 2-115　警示框

（2）根据需要修复的对象，在相应位置按住 Alt 键取色。如图 2-116 所示，要修复的位置是 1，取色位置是临近的 2。这条线没有使用修复画笔工具修复，是因为修复画笔工具会智能混合背景，无法完整保留对象的边界，而仿制图章

工具恰恰弥补了这个缺陷。修复完成后的效果如图 2-117 所示。

图 2-116　按住 Alt 键取色　　　　　图 2-117　修复后的效果

### 4．修补工具

使用修补工具修复图片的操作步骤是：用修补工具框选需要修补的对象，然后将鼠标指针移到选框中，拖动选框到取样位置，如图 2-118 所示，释放鼠标即可完成修复，如图 2-119 所示。

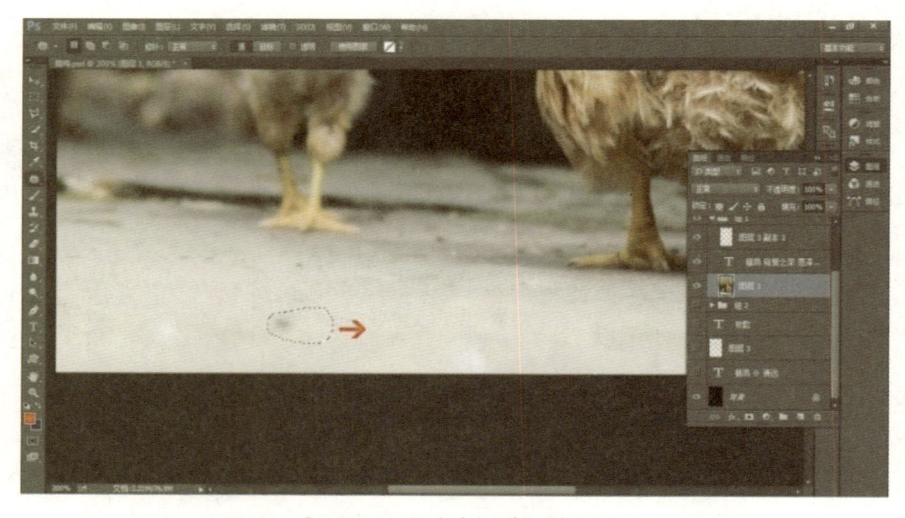

图 2-118　拖动选框到取样位置

图 2-119　修复后的效果

　　修补工具的使用方法非常简单，操作时要注意用于覆盖杂点的取样位置是否干净，若取样位置很复杂，就不适合使用修补工具。修补工具适合对背景比较单一的对象进行修补。

# 第 3 章

## 图像合成

图像合成是将多张图片有序、有目的地拼合在一起，组成独特的全新图片，在网店装修中有着至关重要的作用。图像合成是最具创意和想象空间的工作之一，一幅具有创意视觉吸引力的合成主图或广告图，在店铺推广中有着不可估量的作用。网店中的合成图像无处不在，常见且典型的合成图像有广告图、主图和海报等。将多张图片合成在一起，各元素的匹配度是合成图像成败的关键。影响匹配度的因素有：元素的大小、造型、颜色、光影和质感等，如图 3-1 所示。匹配度高的合成图像主题突出、层次丰富、画面美观。所以，在合成图像的准备期，收集合适的元素，充分构思方案，对最终形成的合成图像有重要作用。

图 3-1　影响匹配度的因素

（1）大小匹配

大小匹配是指各设计元素在画面中所占的比例，每个对象大小不一样，呈现给买家的感受也不一样。合理设计元素的大小和布局，才能使画面具有层次感、空间感和韵律感。画面的主体对象一定要突出，但并不是要把主体放大且占满整个画面，而是与其他的辅助元素相比，主体对象要相对大一些，或者显示位置要相对靠前，而且画面要有适当的留白，满屏的画面会使人很压抑。

（2）造型匹配

造型匹配就是产品本身或设计元素本身的形态在合成图像中尽量协调，不要产生造型上的冲突。例如，一个曲线外形的化妆用品，使用方正的线或粗直线来装饰画面，会显得非常的对立，无法体现出产品的柔性美。造型匹配是画面融合的天然因素。

（3）光影匹配

有颜色就会有光，有光就会有影子，有影子就会有方向，画面就会有黑、白、灰的关系，因此产品的光影和背景的光影应该保持相同方向和黑、白、灰的关系，这样两者才能融为一体，而不是将两个对象进行简单拼接。

（4）颜色匹配

有光就会有颜色，光影响的一定是整个画面，而不仅仅是画面的某个对象，整个画面的颜色也会相互影响。在合成图片时，选择素材的另外一个关键因素是这个素材的颜色是否能够匹配产品的颜色，或者烘托产品的颜色。

（5）质感匹配

每种材质都会传达不一样的观感，金属给人感觉硬朗冰冷，而皮毛材质给人感觉舒适温暖。在合成时，最大可能地让辅助元素承托主体材质。例如，透明玻璃水杯经常借用水来烘托画面感，而金属材质产品常使用高反差灰色调来衬托，这都是为了让产品的材质体现得更加明显。有些设计师为了体现产品主体的毛发材质，使用的背景和辅助元素都用毛发材质，这样就会让画面更加凌乱，喧宾夺主。

下面讲解图像合成的步骤。首先，确定图片主题，不可为了合成而合成，每合成一张图片，都需要经过缜密的构思，明确用途、尺寸、产品图片、背景、文字、色调和风格等；然后收集各类产品图片、图片背景、文字等设计素材，可以看一些类似的优秀案例；接着规划画面的版式；最后启动软件，合成图像，如图3-2所示。

确定主题　收集素材　规划版式　合成图像

图3-2　图像合成步骤

（1）确定主题

确定主题就是确定合成的图片将要在哪里使用，要传达的内容是什么。例如，如果要做一幅传播品牌的图片，那么这个图片的主题就是传递品牌核心价值；如果要做一幅产品海报，那么这幅海报的主题就围绕产品的最大特点来做。

（2）收集素材

这是合成图像前很关键的一步，获取合适的素材，可以大大提高后期的工作效率。例如，体现品牌价值的最准确的元素是什么？是形象代言人、LOGO，还是产品？产品的最大特点是什么？是价格、功能，还是材质？找到这些核心内容，思考最佳的展现方式，获取图片素材。辅助素材的获取可以通过素材网购买版权后下载，也可以自己拍摄获得需要的素材。

（3）规划版式

图片的版式有很多种，在本书第 2 章中介绍了几种重要的构图方式。规划版式最重要的是找到适合体现主题的构图方式并灵活运用。

（4）合成图像

需要熟练掌握 Photoshop 的操作，如调整图像大小、建立选区、使用蒙版、选择文件格式和存储方式等。

## 3.1 图像尺寸调整

调整图像尺寸是指缩小或放大图片的长和宽，在正常使用的情况下，要保持长宽比例。大尺寸图像缩小，质量不会降低；小尺寸图像放大，图片质量就会降低，会显得模糊，有极为明显的锯齿状。因此，为了保证画面质量，调整前的图像尺寸要尽可能大于需要调整的目标图像尺寸。

例如，如图 3-3 所示是宽度为 790 像素的图片，将它放大到 790 像素后，同样 100% 显示，原图细节质量没有变化，如图 3-4 所示。而放大细节后的图片显得很模糊，有明显的锯齿状，如图 3-5 所示。

图 3-3　原图

图 3-4　原图放大　　　　　　　图 3-5　放大细节显示

在设计制作中，会遇到各种不同的图片尺寸需求。例如，在制作产品详情页时，需要对诸多大小不一的产品图片和素材图片进行缩放，以符合详情页的宽度。调整图像尺寸是设计制作中需要掌握的最基本的技能之一。图像尺寸调整有单个图像尺寸精确调整、批量尺寸调整和图像文件内设计元素的缩放。Photoshop 中的"图像大小"命令、图像处理器和自由变换工具都可以实现图像尺寸的调整。

## 3.1.1 调整图像大小

调整图像大小的具体操作步骤如下。

（1）启动 Photoshop 软件，单击"文件"→"打开"命令，弹出"打开"对话框，选择一张产品图片，如图 3-6 所示，然后单击"打开"按钮。

（2）单击"图像"→"图像大小"命令，如图 3-7 所示。

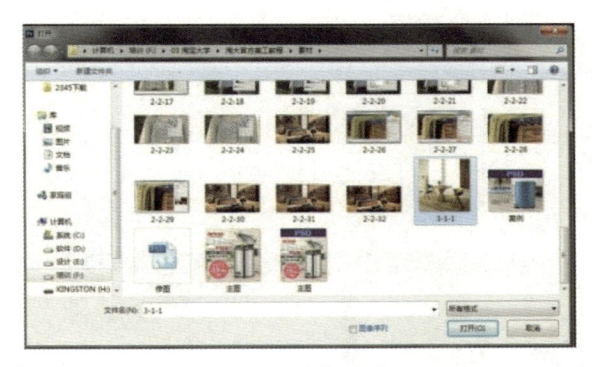

图 3-6 选择图片

图 3-7 单击"图像"→"图像大小"命令

（3）弹出"图像大小"对话框，可以在其中设置参数。需要注意的参数有宽度、高度、单位、分辨率和"等比缩放"按钮，如图3-8所示。假设需要将这张图片的宽度修改为620像素，分辨率修改为72像素/英寸，则先将宽度和高度的单位修改为"像素"，单击"等比缩放"按钮，然后在"分辨率"文本框中输入72，在"宽度"文本框中输入620，如图3-9所示，最后单击"确定"按钮完成图像大小的修改。

要保证产品图片不变形，就需要锁定"等比缩放"按钮，只要调整高度或宽度其中一个参数，另外一个参数就会发生相应变化。使用这种方法，其中一个高度或宽度的尺寸无法控制，如果宽度和高度都需要修改为不同尺寸，例如要将这个图片的大小修改成800×800像素的主图，产品图片又不能变形，就需要用到其他调整尺寸的命令，可以使用裁剪工具或"新建文件"命令。

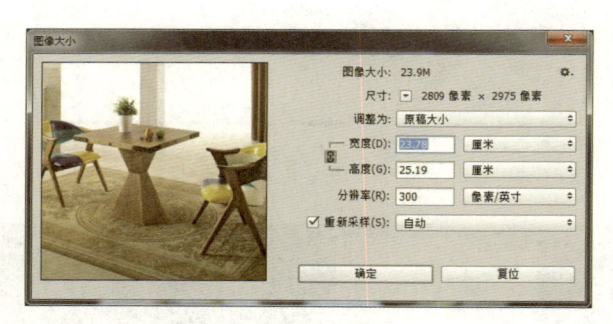

图3-8 "图像大小"对话框

图3-9 修改图像参数

## 3.1.2 裁剪图像大小

裁剪图像大小的具体操作步骤如下。

(1) 启动 Photoshop 软件，单击"文件"→"打开"命令，弹出"打开"对话框，选择一张产品图片，如图 3-10 所示，然后单击"打开"按钮。

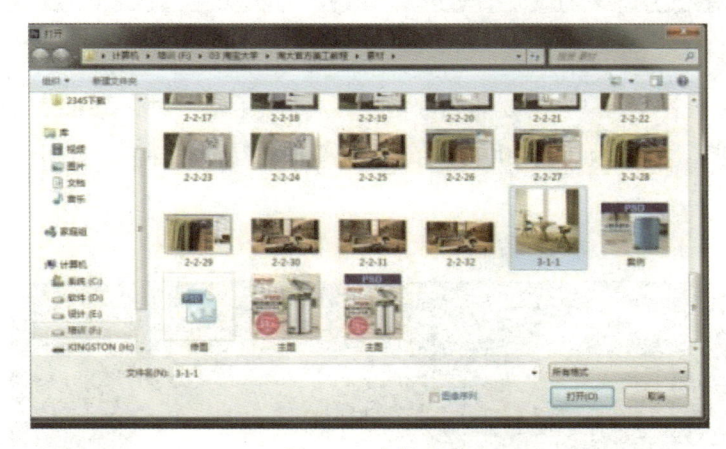

图 3-10 选择图片

(2) 在工具箱中选择裁剪工具，如图 3-11 所示。

图 3-11 选择裁剪工具

(3)在工具属性栏中选择"宽×高×分辨率",在后面的参数文本框中分别输入"800像素""800像素""72",分辨率单位选择"像素/英寸",如图3-12所示。注意,单位容易出错,如果不输入"像素",默认情况有可能是"厘米"或"毫米",分辨率的单位有可能是"像素/厘米"。

图 3-12　工具属性栏

(4)拖动画面,得到需要的构图效果,双击鼠标左键或按 Enter 键即可确认,这样就得到了尺寸为 800×800 像素、分辨率是 72 像素/英寸的图片,如图 3-13 所示。

图 3-13　裁剪图像后的效果

### 3.1.3　新建文件

新建文件的具体操作步骤如下。

（1）启动 Photoshop 软件，单击"文件"→"新建"命令，如图 3-14 所示，弹出"新建"对话框，如图 3-15 所示。

图 3-14　单击"文件"→"新建"命令

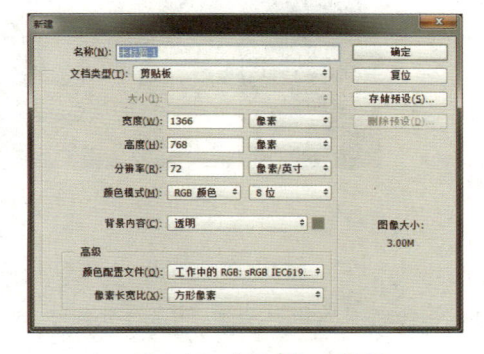

图 3-15　"新建"对话框

（2）新建一个 800×800 像素的主图文件，设置的参数如图 3-16 所示，然后单击"确定"按钮。

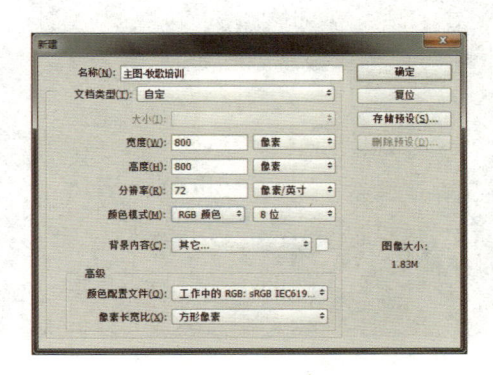

图 3-16　设置参数

（3）单击"文件"→"置入嵌入的智能对象"命令，将图片以智能对象的方式在新建的文件中打开，如图 3-17 所示。

图 3-17 以智能对象的方式打开图片

（4）按住 Shift 键，将鼠标指针移动到四个角中的任意一个角上并拖动，等比缩放到需要的大小，如图 3-18 所示。将鼠标指针移动到画面中间，按住鼠标移动图片到需要的位置，最后双击鼠标确认，如图 3-19 所示。

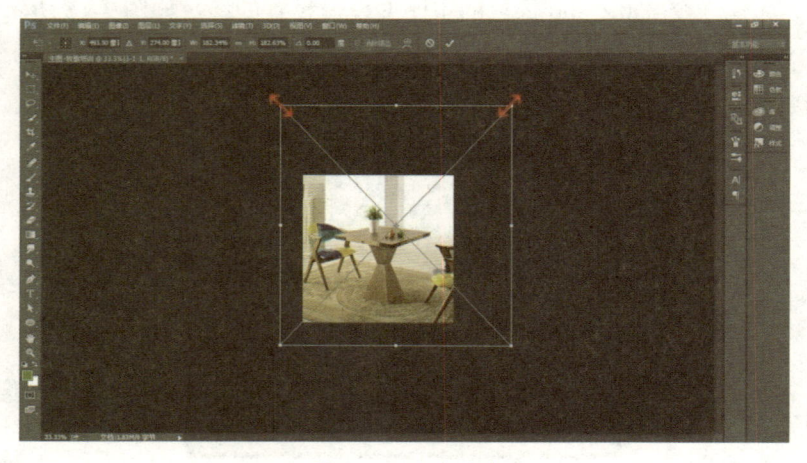

图 3-18 缩放图片

图 3-19　调整图片后的效果

## 3.1.4　批量调整图片尺寸

当需要将大量图片快速调整到相应的尺寸时，可以使用批量调整图片尺寸功能。Photoshop 中至少有两种方式可以快速批量调整尺寸，第一种方式是使用图像处理器，第二种方式是使用"动作"面板。

### 1. 使用图像处理器

这种方式适合图片数量众多、需要的尺寸比较统一的情况。例如，为产品拍摄了很多的细节、颜色图片，为快速提高工作效率，就可以使用批处理方式将图片尺寸进行统一调整，具体操作步骤如下。

（1）启动 Photoshop，单击"文件"→"脚本"→"图像处理器"命令，如图 3-20 所示，打开"图像处理器"对话框。

（2）在"图像处理器"对话框中，需要特别调整的相关参数如图 3-21 所示（已框选）。首先，选择要调整尺寸的图片所在的文件夹，然后选择图片的存储位置，可以是相同的文件夹或另外一个文件夹，再确定转换的格式、图片的品质和图片的大小，设置好这些参数后单击"运行"按钮。

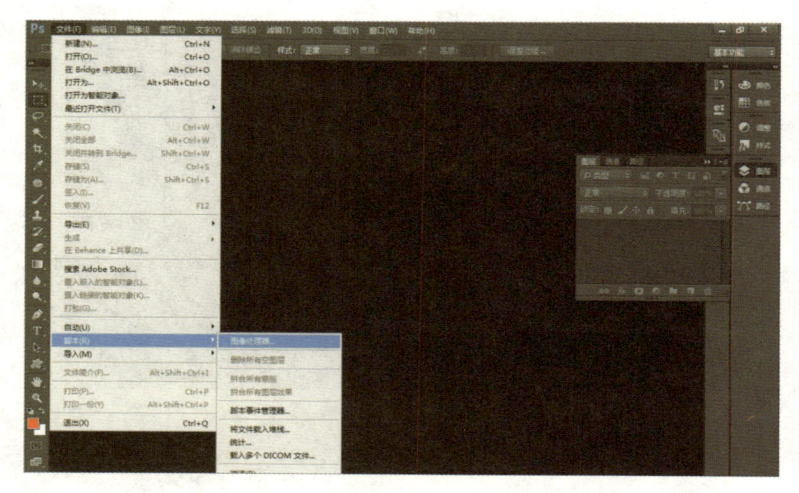

图 3-20 选择菜单命令

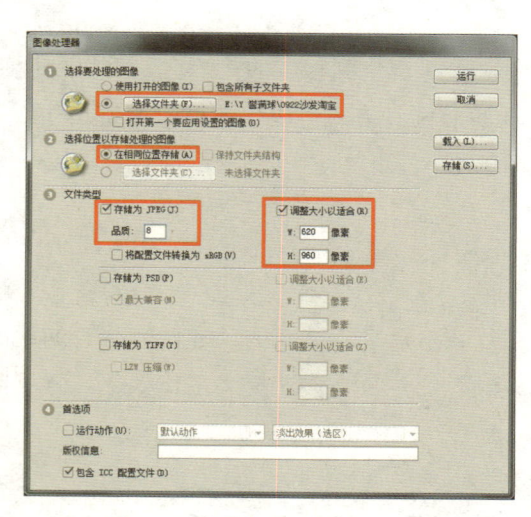

图 3-21 "图像处理器"对话框

（3）单击"运行"按钮后，图片就会相继在 Photoshop 中打开，然后自动调整参数并保存，整个过程不需要人为操作，全部由软件完成。运行结束后，在选定的文件夹中会自动生成一个名称为 JPG 的文件夹，调整尺寸后的图片都会存储在这个文件夹中。

## 2. 使用"动作"面板

使用"动作"面板批量处理图片就是将改变图像大小的动作记录下来，然后直接播放之前的动作来改变其他图像的大小，不需要做大量的重复工作，只要单击"播放"按钮就可以快速改变图像大小。

（1）启动 Photoshop，打开一张图片，如图 3-22 所示。

图 3-22　打开图片

（2）单击"窗口"→"动作"命令，如图 3-23 所示，打开"动作"面板。

图 3-23　单击"窗口"→"动作"命令

（3）在"动作"面板中，单击"新建动作"按钮，弹出"新建动作"对话框，可直接单击"记录"按钮，此时"动作"面板上的"记录"按钮变成红色，如图 3-24 所示，表示软件开始记录动作。

图 3-24 "记录"按钮变成红色

（4）单击"图像"→"图像大小"命令，在打开的对话框中设置参数，如图 3-25 所示，完成后单击"确定"按钮。

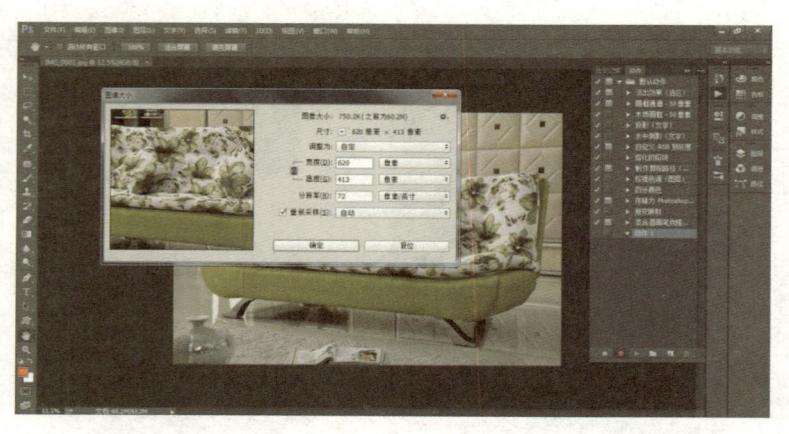

图 3-25 设置图像参数

（5）单击"文件"→"另存为"命令，如图 3-26 所示，将图像保存到新的文件夹中，然后单击图片右上角的"关闭"按钮关闭图片，再单击"动作"面板中的"停止记录"按钮，如图 3-27 所示。

图 3-26　选择"另存为"命令

图 3-27　单击"停止记录"按钮

（6）打开需要调整尺寸的图片，选择刚才记录的动作，单击"播放"按钮，如图 3-28 所示。打开一张图片单击一次"播放"按钮，即可批量化修改图像的大小。

使用"动作"面板不仅可以记录图像大小的调整步骤，还可以记录其他操作的所有步骤，例如调色、添加文字、裁剪等。

图 3-28　单击"播放"按钮

## 3.1.5　自由变换工具调整对象大小

在图像合成操作中，自由变换工具是使用率较高的工具之一，因为图片来源不尽相同，可以是拍摄的，也可以是素材网站下载的或相关工作人员提供的，造成图片尺寸大小不一，所以在制作图像时，经常需要将图像进行缩放。前面讲解的图像大小缩放都是针对整个文件的，而自由变换工具可以对文件任意图层中的对象进行缩放。

例如，如图 3-29 所示是一个宽屏海报的 PSD 原始文件，文件中产品图片占用的空间有点大，需要适当缩小产品图片，留出更多的空白，使画面更加通透、更有秩序感，也让前面两把椅子显示得更加完整一些。这个缩小图像元素的操作，就需要用到自由变换工具。

图 3-29　宽屏海报文件

（1）启动 Photoshop，按 Ctrl+O 组合键，在打开的对话框中选择海报文件，如图 3-30 所示，然后单击"打开"按钮。

图 3-30　选择海报文件

（2）按 F7 键，打开"图层"面板，找到产品图层，如图 3-31 所示。

图 3-31　找到产品图层

（3）单击"编辑"→"自由变换"命令，如图 3-32 所示，或者按 Ctrl+T 组合键，启动自由变换功能。

（4）按 Shift+Alt 组合键（以中线为基准等比缩放），将鼠标指针移动到四个角的任意一个角上，按在鼠标左键向画面中心拖动来缩小对象，如图 3-33 所示。

图3-32 单击"编辑"→"自由变换"命令

图3-33 缩小产品图像

(5) 双击确认变换或按Enter键确认变换，自由变换操作即可完成，如图3-34所示。

图3-34 完成自由变换操作后的效果

使用自由变换工具进行等比缩放可以在属性栏中设置，也可以设置缩放的百分比和旋转的角度，如图 3-35 所示。

图 3-35　工具属性栏

## 3.1.6　建立选区

在处理图片时，建立选区是一件非常重要的工作，有了选区就可以提取画面中的某个对象，例如提取拍摄的模特和产品。使用提取的对象，合成图像可以增加更大的设计空间，如 3.1.5 小节中所编辑的餐桌，之所以能单独对其进行缩放，是因为之前已经将对象单独抠取出来。

在 Photoshop 中，建立选区和抠图的工具、命令、方法有很多，如自由套索工具、快速选择工具、钢笔工具、"色彩范围"命令、通道结合调色方法等。

### 1. 自由套索工具

使用自由套索工具可以进行一些较为随意的选取，在某种情况下，自由套索工具可以配合其他命令如"羽化"和"删除"命令，快速制作合成效果。下面举一个例子，将图 3-36 和图 3-37 所示的两张图片合成在一起。

图 3-36　图片 1　　　　　　　　　图 3-37　图片 2

（1）启动 Photoshop，打开图 3-36 和图 3-37 两张图片，使用移动工具将图 3-36 拖动到图 3-37 中，如图 3-38 所示。

（2）选择自由套索工具，按住鼠标进行拖动，绘制选区，如图 3-39 所示。

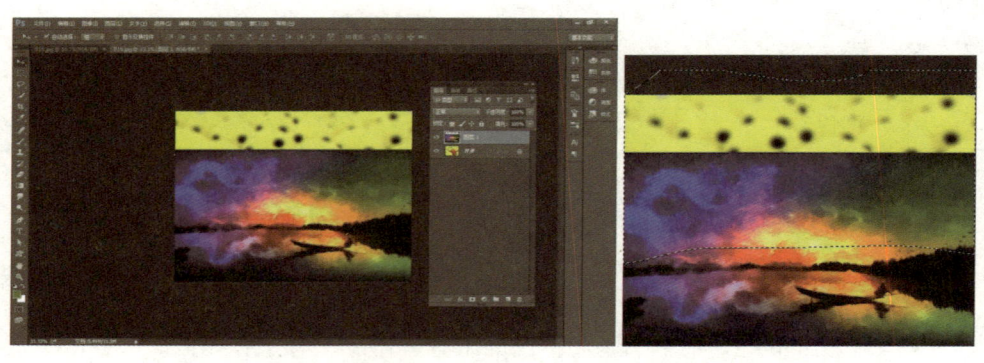

图 3-38　拖动图片　　　　图 3-39　绘制选区

（3）按 Shift+F6 组合键，打开"羽化选区"对话框，参数设置如图 3-40 所示（参数的大小和图片大小有关，参数不一样，应用的羽化值也不一样）。单击"确定"按钮，然后按 Delete 键完成操作，合成效果如图 3-41 所示。

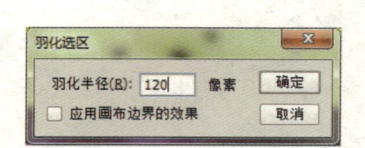

图 3-40　"羽化选区"对话框　　　　图 3-41　合成效果

## 2. 快速选择工具

快速选择工具是一个强大的选择类工具，它集合了磁性套索、魔术棒工具的优点，能够快速、智能地找到对象的边界。它的使用方法是调整合适的笔刷大小，按住鼠标左键，在对象上移动即可，如图 3-42 所示。选取对象可以使用多种工具，而使用快速选择工具是最高效的一种方式。

图 3-42　使用快速选择工具

在 Photoshop 中打开图 3-42 所示的图片，选择快速选择工具，调整笔刷的大小，如图 3-43 所示。在主体对象上拖动，选区就会慢慢地在画面中扩大，若选中了主体外的区域，按住 Alt 键在多余的选区中移动，即可减去选区，如图 3-44 所示。

图 3-43　调整笔刷的大小　　　　图 3-44　选择选区

### 3. 钢笔工具

钢笔工具 ✐ 是抠图操作中精确度最高的工具，它使用两点成线原理和贝塞尔控制柄调节线，分别生成直线和曲线路径，路径的形态可以通过控制柄任意调节，能够勾画出复杂的外形，达到精确抠图的目的。路径的形态由锚点、线段和控制柄组成，如图 3-45 所示。

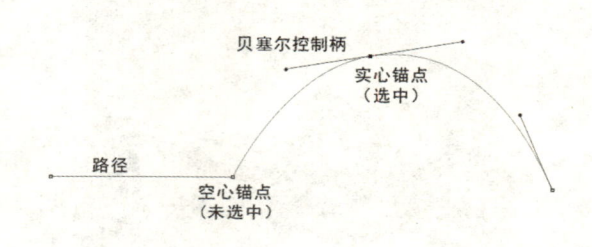

图 3-45　路径的形态

使用钢笔工具抠图时经常需要放大或缩小画面、用抓手工具移动画面，还需要调节控制柄，这些命令都可以在钢笔工具状态下使用快捷键来切换。快捷键如下：

Ctrl+ 空格键 = 放大　　　　Ctrl+Alt+ 空格键 = 缩小

空格键 = 抓手工具　　　　Alt 键 = 转换点工具（可调节单个控制柄）

Ctrl 键 = 直接选择工具（可调节锚点之间的路径和双控制柄）

例如，要精确抠出图 3-42 中的主体，可在工具面板中选择钢笔工具，在边界上单击生成第一个锚点，在曲线边缘单击鼠标后拖动，就能将直线转换成曲线，并出现两条控制柄，便于调整路径的弧度；直线边缘可直接单击。在抠图时，路径位于边缘内 2～3 个像素，就不会留下背景痕迹而影响抠图效果，也不会破坏主体外形，如图 3-46 所示。

路径从第一个点开始，最后还要回到第一个点，这时钢笔工具的右下角会出现一个小圆圈，单击后就能合并路径。

路径抠取完成后，按 Ctrl+Enter 组合键，即可将路径转换为选区，在"编辑"菜单中分别单击"拷贝"和"粘贴"命令，就能提取对象并隐藏背景图层，可以看到去除背景后的产品图像，如图 3-47 所示。

图 3-46 精确抠图　　　　图 3-47 抠图后的效果

### 4．蒙版

蒙版对图层起保护作用，也可以将蒙版理解为选区的另一个概念，或者理解为蒙在图片上的一块板子。蒙版呈现黑、白、灰三种颜色，黑色是受保护区域，灰色为半透明区域，白色为选区。蒙版比选区更具编辑性。下面以如图 3-48 所示的图片为例，使用蒙版更加精准地合成图片。

打开图 3-48 所示的图片，在"图层"面板中选择图层 1，单击"添加图层蒙版"按钮，如图 3-49 所示。

在工具箱中选择画笔工具，选择硬度为 0 的柔边圆笔刷，将工具属性栏中的不透明度和流量分别调整为 24%，将前景色切换为黑色，如图 3-50 所示。

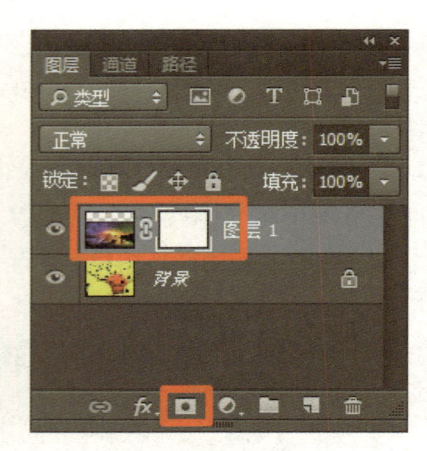

图 3-48 原图　　　　　　　　　　　图 3-49 添加图层蒙版

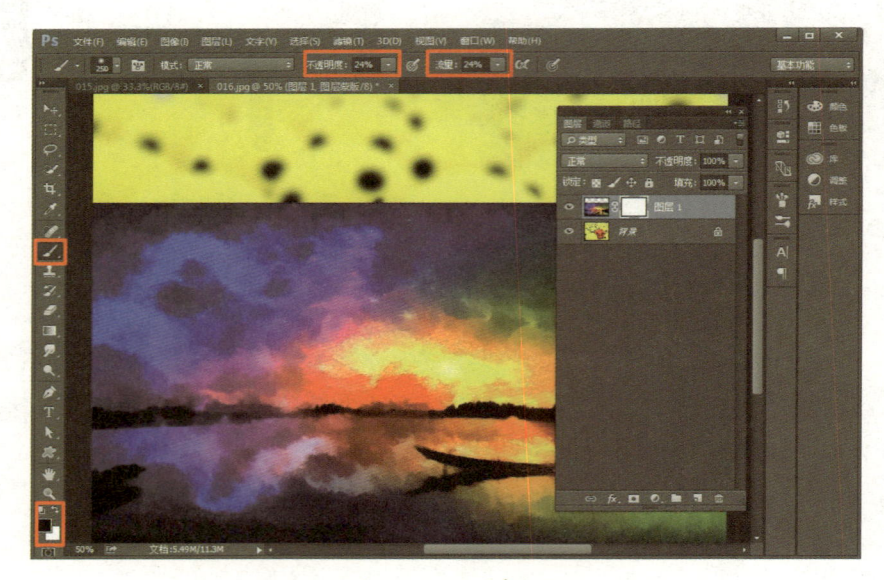

图 3-50 设置参数

在图层 1 的上半部分涂抹，涂抹区域的背景被显示出来，如图 3-51 所示。这时蒙版缩略图中就有了黑、白、灰三种颜色。若涂抹效果不满意，可以将前景色切换为白色进行涂抹，还原回来。

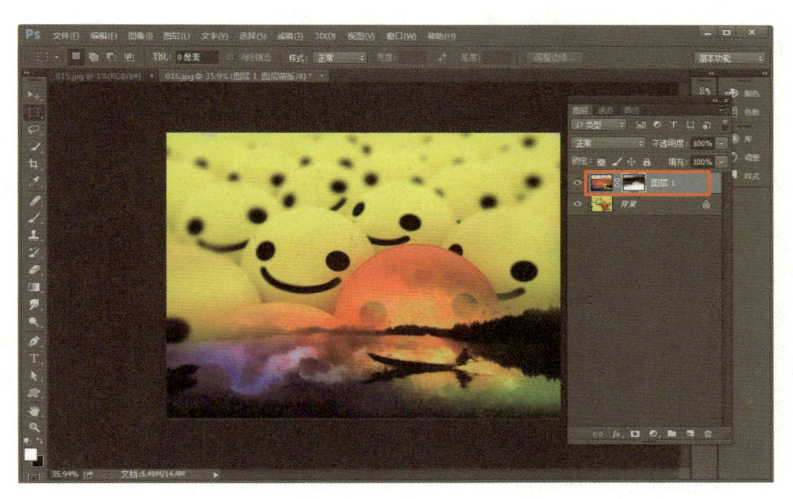

图 3-51 涂抹效果

## 3.2 图像合成与处理

图像合成就是将两个或两个以上的图像合成到一张图片中。图像合成方式在网店图片制作中能够起到点睛之笔的作用。在进行创意图片设计、海报设计、主图设计时经常会用到图像合成，合成图像无处不在。

如图 3-52 所示是一种很简单的图像合成案例，笔者把它称之为"移花接木换脸术"，左边的图片是原图，右边的图片将蒙娜丽莎的脸换成了其他人物的脸。这就是图像合成，在合成的过程中涉及到元素大小的变化、明暗度调整、颜色调整和脸部纹理合成等。

如图 3-53 所示的这张海报在前面的章节中出现过，它的合成元素相对来说比较多，至少超过了 6 张图像组合在一起，背景是一幅风景画，左侧有一棵树和一匹白马，右侧有一栋别墅建筑，中间是产品图片，还有一个地面素材。这么多元素组合，需要协调它们的大小、颜色、摆放的位置、画面中的层次和空间关系等。主体对象只有一个，其他元素都是为了衬托和突出主体对象。

图 3-52　图像合成效果

图 3-53　海报合成效果

如图 3-54 所示是一张产品主图，笔者将左侧的文字隐藏了，以便更加清晰地看到图像合成后的效果。合成原始元素只有三个，即产品图、室内背景图和树叶。

为了营造家居氛围，将产品图放置在背景图的地板上，夸张放大，尽可能突出产品。为了不让背景分散产品焦点，将背景虚化，而树叶在画面中起点缀作用，让画面更具生气。

图像合成的每一个元素都不是独立存在的，而是有各自的功能，即元素功能化。换言之，没有功能的元素尽量避免在图像中出现。例如，如图 3-54 中各元素的关系是：产品是在家居环境中使用的，而树叶代表的是健康、环保、绿色，树叶和产品功能产生了看不见的关联。

图 3-54 产品主图合成效果

有创意、有吸引力的合成广告对装修一个高质量的店铺有着重要的意义。下面通过一个案例逐步讲解如何合成图像。

有三张图片，如图 3-55~图 3-57 所示，需要将它们合成在一起，制作一张宽屏海报，尺寸为 1920×520 像素。

图 3-55　图片 1 　　　　图 3-56　图片 2 　　　　图 3-57　图片 3

（1）启动 Photoshop，打开产品图片，用钢笔工具对沙发产品进行抠图，按 Ctrl+Enter 组合键将路径作为选区载入，如图 3-58 所示。

图 3-58 载入选区

（2）在"编辑"菜单中先后单击"拷贝"和"原位粘贴"命令，再单击"图层"面板，回到背景图层，如图 3-59 所示。

图 3-59 背景图层

（3）用多边形工具框选沙发投影，然后进行复制、粘贴，如图 3-60 所示。

（4）单击"文件"→"新建"命令，在打开的对话框中设置参数，如图 3-61 所示，完成后单击"确定"按钮。

图 3-60　复制并粘贴沙发投影

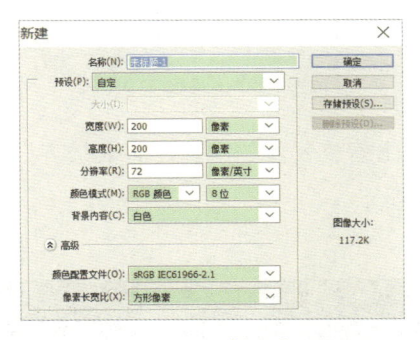

图 3-61　"新建"对话框

（5）切换到产品文件，同时选中图层 1 和图层 2，用工具箱中的移动工具将它们拖动到新建的文件中，如图 3-62 所示。

图 3-62　拖动图层 1 和图层 2

（6）在"文件"菜单中选择"置入嵌入的智能对象"命令，在打开的对话框中选择欧式背景图片，如图3-63所示。

图3-63　选择背景图片

（7）按住Shift键等比缩放置入的图片，将其边界贴紧文档边界，然后将它移动到底层，如图3-64所示。

图3-64　移动到底层

（8）回到图层2，降低不透明度到80%左右，选择图层模式为"正片叠底"，同时选中投影图层2和沙发图层3，用自由变换工具等比缩放，如图3-65所示。

（9）回到最下面的图层，在工具箱中选择矩形工具，在画面背景位置拉出一个矩形选框，单击"选择"→"修改"→"羽化"命令，如图3-66所示，然后将羽化大小设置为50。

图 3-65　等比缩放

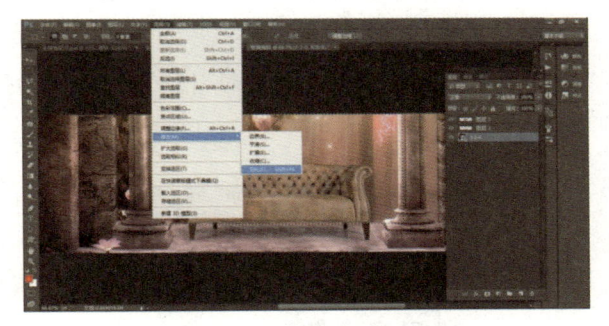

图 3-66　选择菜单命令

（10）单击"图像"→"调整"→"曲线"命令，打开"曲线"对话框，在斜线上增加一个点并向上拖动，如图 3-67 所示，完成后单击"确定"按钮，即可调整背景亮度。

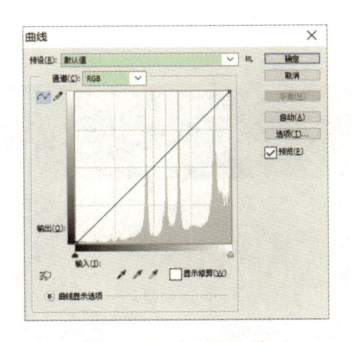

图 3-67　调整曲线

（11）按住 Ctrl 键，单击智能滤镜图层，载入刚才消失的选区，然后新建一个图层，填充为白色，将图层不透明度调整到 45% 左右，效果如图 3-68 所示。

图 3-68　新建图层并调整不透明度

（12）单击"文件"→"打开"命令，在打开的对话框中选择人物图片，如图 3-69 所示，再单击"确定"按钮。

图 3-69　选择人物图片

（13）选择移动工具，拖动人物图片到宽屏海报文件中，如图 3-70 所示。

图 3-70　拖动人物图片

（14）调整人物图片的位置并添加阴影，如图 3-71 所示。

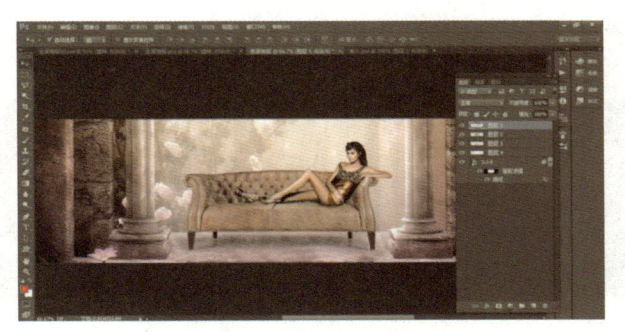

图 3-71　调整图片位置并添加阴影

（15）在"图层"面板中单击"调整图层"按钮，在打开的下拉菜单中选择"曲线"命令，如图 3-72 所示。

图 3-72　选择"曲线"命令

（16）在打开的对话框中对合成的图片做整体调整，如图 3-73 所示。

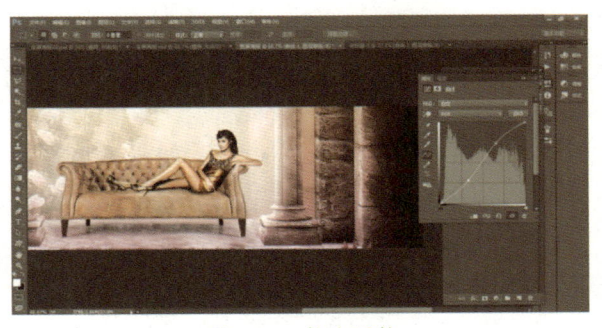

图 3-73　整体调整

最终效果如图 3-74 所示。使用 Photoshop 的各种工具和命令将看似互无关系的图片进行精心的组合，达到画面的协调统一。

图 3-74　最终效果

## 3.3　存储文件

文件制作中的最后一步就是存储文件。其实新建文件后就应该存储文件，存储格式为 PSD，之后在制作过程中，应该不定时地存储，只要按下 Ctrl+S 组合键就可以了。若不对文件进行存储，关闭后就找不回来了。文件制作完成后，若要输出图片或上传到图片空间，可以使用"存储为"或"存储为 Web 所用格式"命令。

### 3.3.1　"存储" / "存储为"命令

"存储"和"存储为"命令相似，区别在于，"存储为"命令不管之前文件是否进行了存储，都将其作为一个新的文件存储，可以对其重新命名；而"存储"命令，若之前进行了存储，再单击"存储"命令就不会弹出对话框。

单击"文件"→"存储"（"存储为"）命令，如图 3-75 所示，或者按 Ctrl+S（Ctrl+Shift+S）组合键，弹出"另存为"对话框，选择存储的位置，输入文件名并选择文件格式，如图 3-76 所示。若是存储原始文件，则选择 PSD 格式；若是需要上传到图片空间，则选择 JPG 格式，如图 3-77 所示。

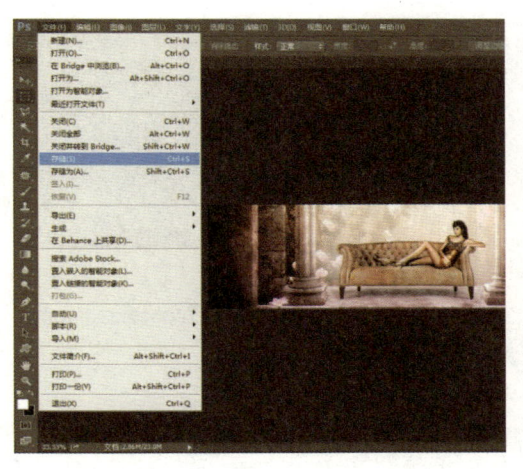

图 3-75　单击"文件"→"存储"命令

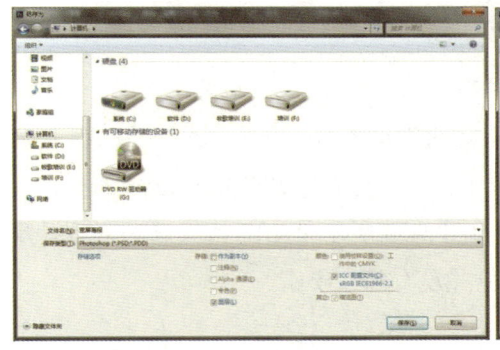

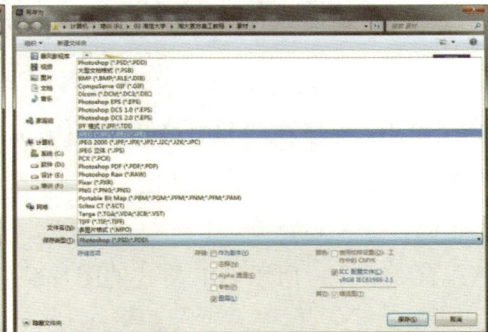

图 3-76　"另存为"对话框

图 3-77　选择 JPG 格式

## 3.3.2　存储为 Web 所用格式

"存储为 Web 所用格式"是存储为网页图片的专用命令，功能强大，可以针对不同的格式、不同的图片进行不同的参数设置。常见的产品详情页设计完成后，通过切片工具分好图片，就可以使用这个命令将一张长长的图片存储成多张图片。这个命令还能将图片存储成网页（HTML）格式。

单击"文件"→"导出"→"存储为 Web 所用格式"命令，如图 3-78 所示。

图 3-78　单击"文件"→"导出"→"存储为 Web 所用格式"命令

打开"存储为 Web 所用格式"对话框，在"格式"下拉列表框中有 JPG、GIF、PNG 等格式。格式不一样，能调整的参数也不一样，最重要的参数如图 3-79 和图 3-80 所示的红色框区域。如图 3-79 所示是 JPG 格式选项面板，品质越高，图片越清晰，图片大小越大。如图 3-80 所示是 GIF 格式选项面板，颜色只有 256 色，所以 GIF 格式的图片颜色并没有那么丰富。

图 3-79　JPG 格式选项面板

图 3-80　GIF 格式选项面板

设置好各项参数后,单击"存储"按钮,弹出"将优化结果存储为"对话框,在"格式"下拉列表框中有三个选项,即"HTML 和图像"、"仅限图像"和"仅限 HTML",如图 3-81 所示,分别表示存储为网页和图片格式、仅存储为图片和仅存储为网页。

图 3-81　"将优化结果存储为"对话框

# 第4章

## 快速制作店铺首页

众所周知，淘宝（天猫）店铺的 UV 大部分是通过单品页进入的，而单一的页面，跳失率是很大的。现在引入一个 UV 很贵，卖家想向顾客展示更多的东西，就需要做成一个流量的循环（由单品页、首页、分类页所组成的一个封闭的"圆"，让顾客在这个"圆"里无障碍跳转）以减少店铺跳失率，增加店铺成交额。这时，首页就成了一个很好的载体。

本章将按如图 4-1 所示的内容，讲解首页的装修方法。

什么是首页

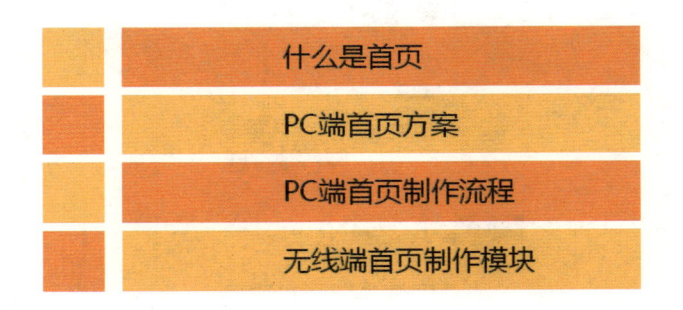

PC端首页方案

PC端首页制作流程

无线端首页制作模块

图 4-1　本章主要讲解的内容

## 4.1　什么是首页

### 4.1.1　首页的概念

店铺的首页相当于一家实体店的门面，用于体现店铺形象，展示商品和导购信息。首页装修的好坏将直接影响顾客的购物体验和店铺的转化率。如图 4-2 所示是一个店铺的首页。

图 4-2　店铺的首页 1

　　那么，如何才能装修好一个店铺呢？怎么布局，如何规划才能有一个不错的首页呢？很多新手卖家都有这样的疑惑，面对自己的店铺不知从何下手。

　　下面首先分析一下店铺首页的作用。

## 4.1.2 首页的作用

店铺首页有以下几个作用。

(1)以视觉传递品牌形象。首页会给顾客留下印象,用于塑造店铺品牌,如图4-3所示,品牌形象可以通过首页传递给顾客。

图4-3 店铺的首页2

(2)配合营销活动。店铺活动信息对于只是随便浏览的顾客可以起到激发兴趣的作用,同时还有可能促使客单价提高,如图4-4所示。

图4-4 店铺的首页3

(3)展示商品、引导分流。如图4-5所示的店铺首页,依据人群的喜好,对产品进行合理分类和导向性分流,让顾客高效、快速地找到自己想要的宝贝,减少顾客因不耐烦而跳失的概率。在此，首页承载了顾客进店后的流量中转站的作用。

图 4-5　店铺的首页 4

在了解首页的重要性之后，再来了解一下店铺首页常见的尺寸（在淘宝网店中，一钻以下卖家可以免费使用旺铺专业版，一钻以上卖家则需要购买使用。本章首页装修以旺铺专业版为例）。

### 4.1.3　首页常见的尺寸

首页常见的尺寸如图 4-6 所示。

图 4-6　首页常见的尺寸

店招尺寸：宽度（淘宝）950px ／（天猫）990px× 高度 120px（px 即像素）。

导航尺寸：宽度（淘宝）950px ／（天猫）990px× 高度 30px。

海报尺寸：宽度（淘宝）950px ／（天猫）990px（借助 CSS 代码可实现全

屏海报效果，最大宽度可设置为 1920px）。

那么，首页到底该如何呈现呢？

### 4.1.4　首页的呈现

这里要提到一屏论的概念，就是将最重要的信息放在第一屏展示，以实现在最短的时间内吸引顾客。计算机端的一屏体现为横屏的效果，如图 4-7 所示，而手机端的一屏则体现为竖屏的效果。

图 4-7　计算机端一屏的效果

第一屏的海报为了在视觉上带给买家最大的冲击，一般会完整呈现，而海报作为第一屏的主体部分，设计的主流高度为 550 ～ 650px。优惠券、红包作为重要信息有时也会在第一屏进行展现。

下面详细讲解如何对一个店铺的首页进行规划布局，以便让卖家更好地把握自己店铺的风格，提高店铺转化率。

## 4.2　PC端首页方案

店铺的框架就像商场中的布局，顾客进入商场，先看到什么，后看到什么，必须有逻辑，符合浏览习惯，如图4-8所示。

图4-8　店铺框架和商场布局

### 4.2.1　首页的框架布局

一个正常营业的店铺首页一般会有店铺招牌、导航、海报、产品分类、客服旺旺、产品展示、店铺页尾、店铺背景这几部分。

在装修首页之前，先绘制首页的框架，如图4-9所示，以明确各部分内容所处的位置。

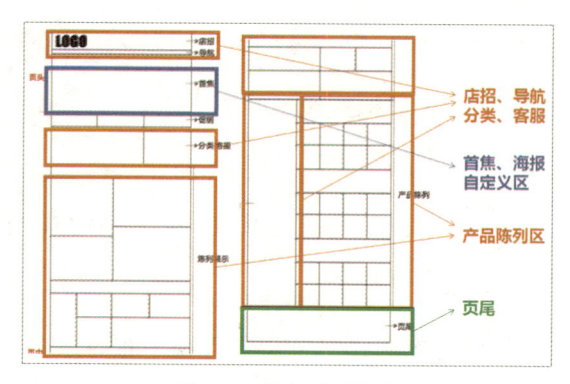

图4-9　绘制首页框架

## 4.2.2　后台的布局管理

根据一屏论原则，我们需要明确页头、页中、页尾包含的内容，并在店铺装修后台添加对应模块，进行首页布局，如图 4-10 所示。

首先是店招、导航、海报和优惠券，这些信息一般放置在第一屏进行展示。

接下来是分类、客服、产品陈列区，这是首页的主体展示部分。

最后是分类、页尾，作为末屏展示。

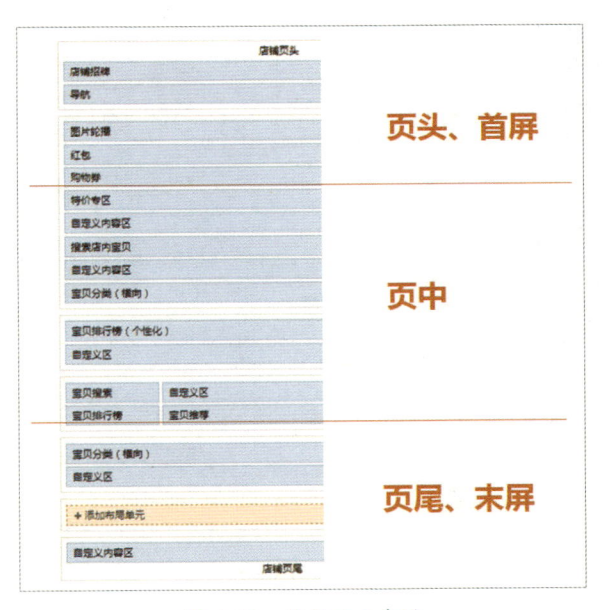

图 4-10　店铺后台布局

## 4.2.3　首页框架布局呈现

新手卖家面对首页装修时常有困惑，首页是不是装修得越长越好？是不是所有模块都需要塞满？

1. 首页是否越长越好

　　首页的设计长度与店铺类目、商品数和粉丝数有关。例如，较知名的服装、零食店铺，其受众、商品款式、品类较多，为了更好地分类导购，也为了有效提高客单价，其商品陈列区的分类楼层较多，首页就会做得相对长一些，如图4-11所示。

　　对于一般店铺而言，如果不能完全做到吸引受众，就不要盲目追求过长的首页描述，如果能在一两屏内完整传达，则短小精悍更合适，如图4-12所示。

图 4-11　较长的首页　　　　　　　　图 4-12　简短的首页

### 2. 所有模块都要塞满吗

模块是否全部使用，取决于页面长度及产品是否需要这样的模块来进行层层递进。例如，首页因需要做了大量活动、热销推荐，在较多分类楼层的情况下，顾客很容易在读完促销信息后便失去耐心而关闭店铺页面。为了最大程度地挽留顾客，在促销信息结束后适时加入"回到顶部"按钮，可使顾客重新聚焦主推产品、优惠活动，避免顾客因浏览疲劳而导致的跳失；而对于想继续浏览的顾客，则在页中设置"分类导航"及"搜索栏"，可以更好地为顾客导购，让顾客在了解基础促销信息后迅速找到自己想要的宝贝。页面中加入"客服旺旺"可引导有疑虑的顾客适时提问，促进成交。反之，当店铺产品较少的情况下，就没有必要添加过多模块做多次分类，否则容易产生冗长的感觉。

## 4.3 首页的风格色调

### 4.3.1 色彩方案——色彩的语言

根据人们的心理感受，可将颜色分为暖色调（红、橙）、冷色调（蓝、绿）和中性色调（紫、黄、黑、灰、白），如图 4-13 所示。

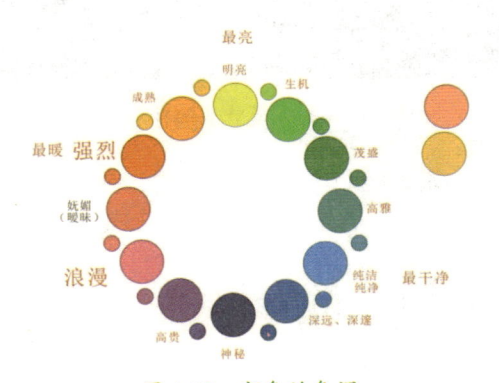

图 4-13 颜色的色调

不同的颜色有不同的寓意，如图 4-14 所示。

图 4-14　颜色的寓意

如图 4-15 所示，新款服装使用棕咖、灰蓝色作为主色调，突显高端、品质，作为辅色的黄色表达了阳光、有生命力。整体画面既体现了女装的典雅品质，又表达了商品上新带来的冲击力。

图 4-15　服装店铺首页

如图 4-16 所示，水果用绿色表达了自然、安全，淡绿色与淡蓝色的配合使画面充满生机，而红色文字突显了大促、折扣，聚焦了人们的视线。

一般来说，颜色越少，画面越简洁，首页会显得更成熟，如图 4-17 所示。颜色越多，画面越活跃、热闹（如节日宣传、儿童产品），同时更难控制，容易混乱，控制好比例是关键。

图 4-16　水果店铺首页

图 4-17　服装店铺首页

另外，黑色、白色、灰色作为万能调和色被普遍运用。

## 4.3.2　色彩方案—配色技巧

色调应控制在 3 种以内（比如，深红色和暗红色可视为同一种色调），以其中一个主色作为主宰色调的核心，与其他两种色调按照 70∶25∶5 的比例配置，如图 4-18 所示。文案、背景可以挑选某一种主色来延伸。

图 4-18　色调配置

如图 4-19 所示的商品图片，主色调为天蓝色，辅助色为白色，点缀色为绿色、橘色，整体画面干净清爽。

图 4-19　商品图片

### 4.3.3　字体方案—常用字体

"类黑体"和"类宋体"是清晰、简单的字体，看起来比较舒适，在大部分类目的店铺装修中被广泛使用。当读者在为选择字体而迷惘时，不妨采用这两种字体，如图 4-20 所示。

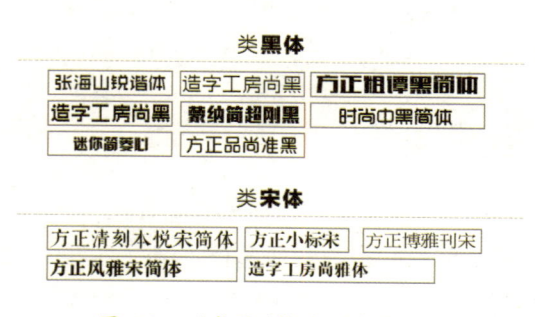

图 4-20　"类黑体"和"类宋体"

## 4.3.4 字体方案—字体选择

不同的字体有着不同的寓意。

纤细字体就像女性的音色一样尖细柔和，代表高冷、精致，适用于化妆品、饰品等精致、文艺的女性用品，如图4-21所示。推荐字体：汉仪纤细、造字工房悦圆及字库中所有的细圆体。

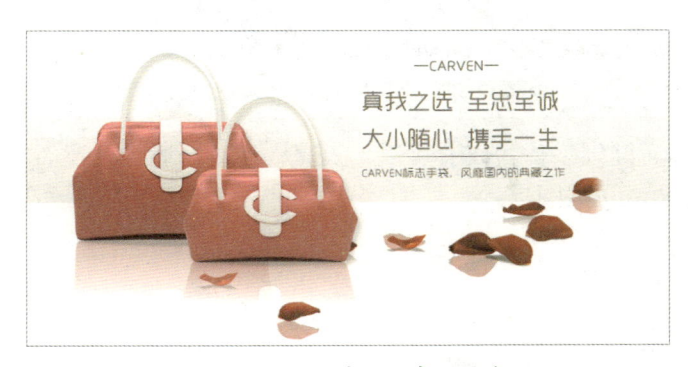

图4-21 纤细字体的商品图片

厚实的字体类似男性粗犷、雄浑的音色，代表力量、刚硬、震撼，适用于代表着力量的男性器材类商品，如图4-22所示。推荐字体：方正超粗黑、黑体、黑体的变体等。

图4-22 厚实字体的商品图片

书法字体体现了中国风，代表古典、大气、飘逸的风格，中国风风格的店铺尤为适合，如图4-23所示。推荐字体：叶友根毛笔行书、博洋行书等书法字体。

图 4-23　中国风风格的商品图片

少女字体、娃娃字体代表着可爱、天真、活泼，适合儿童类、少女类、零食类的商品使用，如图 4-24 所示。

图 4-24　儿童类商品图片

在首页的制作中，新手特别易犯以下几个错误，如图 4-25 所示。

（1）配色凌乱，毫无美感。在对色彩的运用没有把握时，建议使用的色彩不要超过三种，不妨多使用同一个色系的深浅变化。

（2）乱用素材。新手在设计和装修店铺时特别喜欢加入自己喜爱的元素，并认为其很美，而忽略了元素与产品、表达主题是否一致。这里请记住：新手设计少即是多，美是基于卖货的。

（3）字体过多。漂亮的字体单独使用是很美、很突出的，但很多漂亮的字体堆杂在一起运用只能说是"灾难"。

（4）版面堆砌。产品、字体、版面之间也是需要有呼吸空间的，堆砌只会产生透不过气的零乱效果，会打破阅读的舒适感。

图 4-25　新手易犯的错误

## 4.4　PC 端首页制作流程

### 4.4.1　首页店招

1. 店招的位置

店招位于网店页面的最上端，店招模块是全店显示的，是店铺的招牌，如图 4-26 和图 4-27 所示。

图 4-26　店铺首页最上端为店招

图 4-27　店招模块

## 2. 店招传递的信息

店招传递的信息有如下几点。

（1）品牌信息：店铺是什么品牌，有什么口号，店招作为全店显示的"头部"，会潜移默化地影响顾客，如图 4-28 所示。

图 4-28　店招中的品牌信息

（2）商品信息：能够快速传递店铺卖什么商品，以及最近有什么主推款。

（3）价格定位：快速传递某款商品的打折信息，拨动顾客心弦，如图 4-29 和图 4-30 所示。

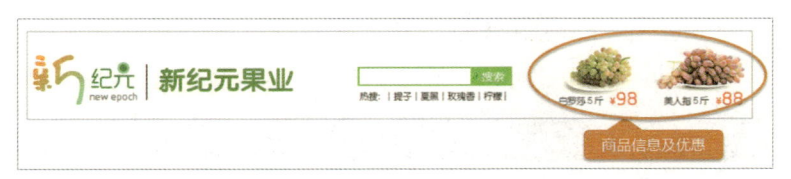

图 4-29　店招中的价格信息 1

图 4-30　店招中的价格信息 2

（4）营销推广信息：店招既能展示店铺实力，又能引导顾客收藏，还能方便顾客快速搜索，如图 4-31 所示。这样的店招可以积累老顾客，为引流导购做好铺垫，实现小招牌、好位置、大作用！

图 4-31　店招中的营销推广信息

### 3．店招的布局技巧

对于宽度为 950px 或 990px 的店招，推荐布局如图 4-32 所示。

图 4-32　店招的布局

为店招中的商品添加热点链接，可使用 Dreamweaver 软件或借助在线布局工具完成，如图 4-33 所示为在线布局工具。

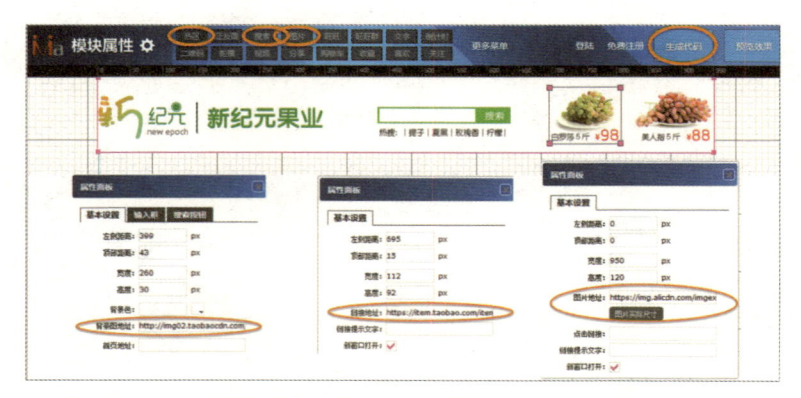

图 4-33　用在线布局工具为店招添加热点链接

## 4.4.2　首页导航及分类

### 1. 导航的位置

店铺导航位于店招的下方，和店招一样是整店显示的，如图 4-34 所示。

店铺导航是店铺商品的索引，高度是 30px。

图 4-34　首页中的导航

## 2. 导航传递的信息

店铺导航中一般包括以下内容，如图 4-35 所示。

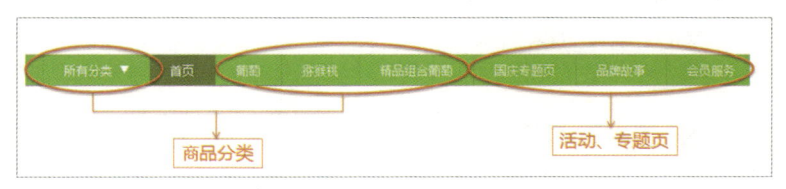

图 4-35　导航信息

（1）商品分类：链接店铺商品分类（一般热销类靠前），方便顾客快速到达自己想要的商品页面。在设置分类时要合理，按照人群需求进行设置。不同类目都有其一定的规律性，对于新手来说不妨先参考一下同行的类目设置。

（2）自定义页：链接至二级页面（含商品活动页、品牌宣传页、会员页、常见问答页），这些页面都需要自定义设置，非必须存在，适合有一定顾客体量的店铺，并且设计人员要有相当好的 Photoshop 操作能力。

（3）自定义链接：一般链接旗下相关品牌店或友情店铺，是品牌连锁性质的店铺为了促进联合销售设置的。

## 3. 导航的布局技巧

对于宽度为 950px 或 990px 的导航，推荐布局如图 4-36 所示。

图 4-36　导航的布局技巧

导航的项目排列要考虑商品情况和顾客浏览习惯，特价和新品分类尽量靠前放，同时注意打开页面后不要出现白页。

### 4．分类的技巧

店铺分类可以在首页的页头、页中、页尾按照需要出现，同时还会展现在更多页面的左侧（如详情页、搜索页等），如图 4-37 所示。店铺分类起到与导航同样的引导分流的作用。

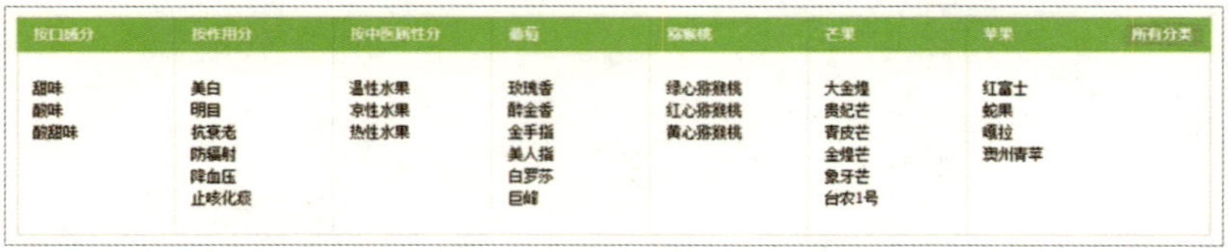

图 4-37　店铺的分类

店铺分类的设置技巧如下。

（1）充分考虑商品属性和顾客浏览习惯。

（2）新品、特价和热门商品尽量靠前放。

（3）分类不是越多越好，清晰明了是基本要求。

（4）不要出现无宝贝的分类。

## 4.4.3　大屏海报

### 1．大屏海报的位置

海报位于店铺导航的下方，大多以轮播图形式呈现，如图 4-38 所示。海报宽为 950px（淘宝）或 990px（天猫），也可以用 CSS 代码或在线布局软件来实现全屏 1920px 的效果，主流高度为 600～650px。海报呈现于首屏，是首页的黄金广告。

图 4-38　大屏海报

## 2. 大屏海报的重要性

大屏海报呈现于首屏，又称为首焦，可以用来展示品牌、新品和活动。首屏内要尽可能展现完整的海报，专业版旺铺及以上可设置大屏海报，还可以用轮播形式循环播放（基础版和专业版旺铺借助在线布局工具可实现大屏海报最大宽度 1920px 及轮播图效果）。

## 3. 大屏海报的作用

（1）展示活动，包括官方大促活动、节庆活动和店铺日常活动。

其中，大屏海报的组成部分如下。

a．活动主题和活动时间，如图 4-39 所示。

图 4-39　大屏海报中的活动主题和活动时间

b. 商品图片，如图 4-40 所示。

图 4-40 大屏海报中的商品图片

c. 优惠信息，如图 4-41 所示。

图 4-41 大屏海报中的优惠信息

d. 引导标签，如图 4-42 所示。

图 4-42 大屏海报中的引导标签

（2）推广新品，如图 4-43 所示。

商品上新的同时，往往也是优惠活动进行时，如新品首发折扣、新品预售等。

图 4-43 推广新品的大屏海报

**4. 大屏海报的设计原则**

（1）主题明确突出。

（2）色彩层次分明。

（3）元素关联烘托。

（4）设计简明清晰。

## 4.4.4 左侧栏及自定义模块

**1. 左侧栏大小及位置**

左侧栏宽度为 190px，一般位于店铺首页页中下方的左侧，如图 4-44 所示。在首页装修中广泛见于旺铺基础版，目前已经很少运用在旺铺专业版及旺铺智能版中。

**2. 左侧栏传递的信息**

左侧栏包含搜索栏、客服咨询、商品分类、商品推荐、自定义等模块，可以引导顾客在店铺中进行搜索、咨询、选择，以提高点击转化率。左侧栏可在后台进行添加，如图 4-45 和图 4-46 所示。

图 4-44 左侧栏的位置

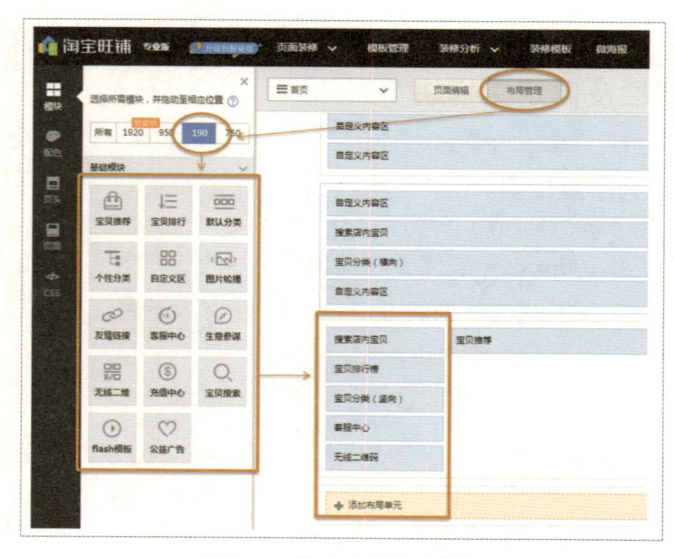

图 4-45 在后台添加左侧栏

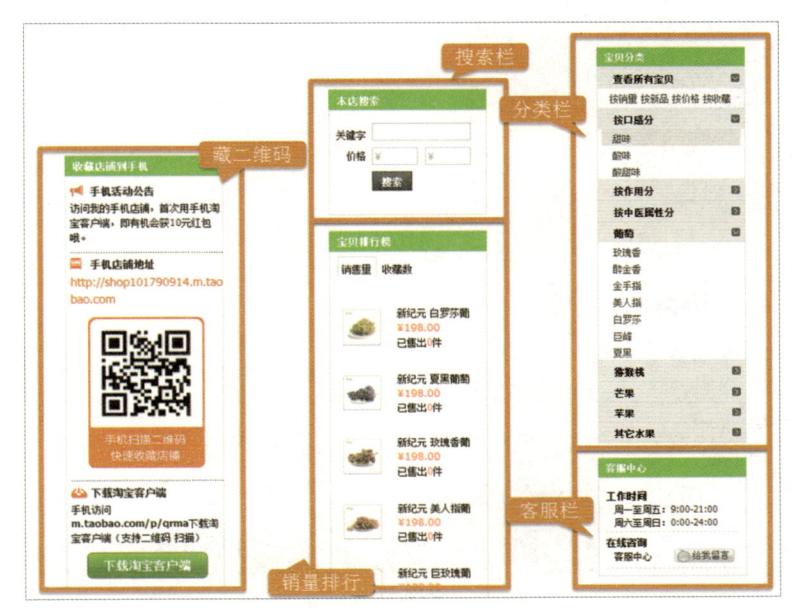

图 4-46 添加好的左侧栏

### 3. 自定义模块的大小及位置

自定义模块可随意置入导航下方至页尾中，可安插在左侧栏或右侧栏中，或者作为通栏使用。出现在左侧栏中宽度为 190px，出现在右侧栏中宽度为 750px，通栏制作宽度为 950～1920px。可实现图文自定义编辑或编辑 HTML 源码，打造更具个性的首页。

### 4. 自定义模块传递的信息

（1）左侧栏宽度为 190px 的自定义模块，可自由放置店铺收藏、店铺相关信息、商品展示等，如图 4-47 所示，可使店铺左侧栏内容更丰富，导购更精准。

（2）右侧栏宽度为 750px 的自定义模块，可放置自定义商品海报和精确的内容分类，如图 4-48 所示，以引导顾客并提升顾客的购物体验。

图 4-47　左侧栏自定义模块　　　　　　图 4-48　右侧栏自定义模块

（3）以通栏方式制作的自定义模块如图 4-49 所示。

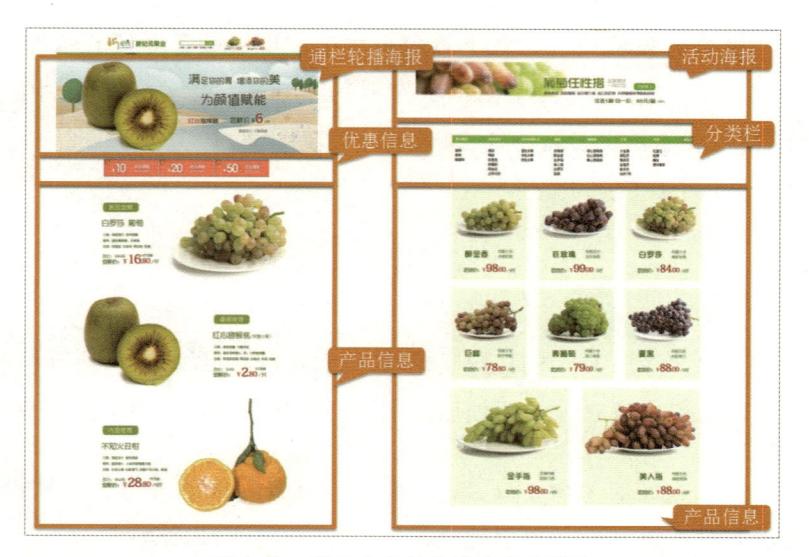

图 4-49　通栏方式制作的自定义模块

## 4.4.5 首页底部通栏

### 1. 底部通栏的大小及位置

首页底部通栏也称页尾，位于网店页面的最下端。与店招一样，底部通栏也可以全店显示。合理布局的页尾可以让即将离开店铺的顾客继续浏览店铺内容，在增加顾客浏览时长的同时起到继续回流导购的作用，如图 4-50 所示。

页尾宽度为 950px。自定义设计页尾需要具备一定的 Photoshop 和 Dreamweaver 操作能力，或者通过 Photoshop 和在线布局软件实现。

图 4-50　首页的底部通栏

## 2. 底部通栏传递的信息

底部通栏是全店显示的，所以也会显示在详情页中。底部通栏传递的信息是为了让顾客在购物时排除疑虑、方便浏览商品，同时吸引顾客成为会员。

因此，底部通栏传递的信息大致包括客服中心（随时接待）、售后说明（购物更安心）、导购（浏览更方便）、关注（互动更频繁）和收藏（买家与卖家关系更牢固）等，如图 4-51 和图 4-52 所示。

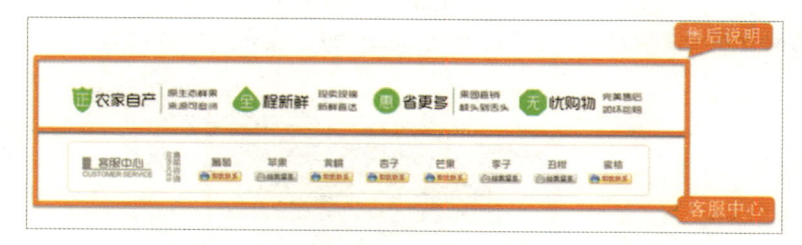

图 4-51　底部通栏 1

图 4-52　底部通栏 2

随着手机的普及、4G 网络的加速、Wi-Fi 大面积覆盖，我们随时随地都可以使用手机。相较于计算机上网，手机上网对操作技能要求更低、使用更便捷。因此，一大波流量涌向手机淘宝。

前面提过，PC 端（计算机端）装修讲究一屏论。在这里，同样的，一屏论也适用于无线端（手机端）。无线端装修需要手机上的图文信息更大、更清晰，让顾客有更好的购物体验，以提升店铺的转化率。

## 4.5 无线端首页模块

无线端又称为"手机端"，如图 4-53 所示。下面讲解无线端首页的装修。

图 4-53 无线端店铺首页

## 4.5.1 店标(LOGO)

店标是店铺的识别和标志。

### 1. 店标的位置

店标主要出现在以下几个地方。

(1)店标会出现在 PC 端店铺的店招上,如图 4-54 所示。

图 4-54 PC 端店铺的店招

(2)店标会出现在 PC 端店铺的搜索页上,如图 4-55 所示。

图 4-55 PC 端店铺的搜索页

(3)店标会出现在手机端店铺首页的店招上,如图 4-56 所示。

(4)店标会出现在手机端店铺的搜索页上,如图 4-57 所示。

第 4 章　快速制作店铺首页 | 165

图 4-56　手机端店铺首页

图 4-57　手机端店铺的搜索页

## 2. 店标的呈现

（1）店标可以按设计形态进行分类，如图 4-58 所示。

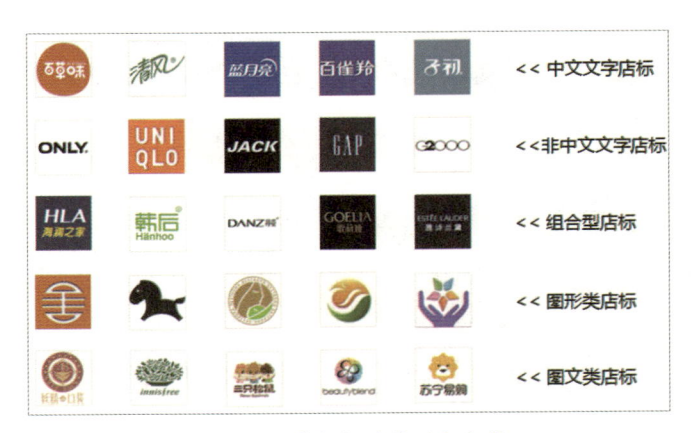

图 4-58　店标按设计形态分类

（2）店标可以按不同类目设计风格进行分类，如图4-59所示。

图4-59 店标按不同类目设计风格分类

一般而言，运动服、男装、五金工具类目的店标设计较为阳刚，女装、美容护肤、家居类目的店标设计较为柔美，童装、尿片洗护等儿童相关类目的店标设计比较可爱。

另外，随着怀旧风盛行，传统、复古、特色的商品逐渐风靡，男装、女装、饰品、乐器、个性定制等类目的民族风店标设计大行其道，这种设计较为飘逸、大气。

下面先来熟悉一下无线端装修的后台。

### 4.5.2 无线端店招

在PC端，单击"卖家中心"，在左侧分类中找到"店铺管理"区域，单击其中的"手机淘宝店铺"，如图4-60所示。在"无线店铺"中单击"立即装修"，如图4-61所示。在打开的页面中单击"店铺首页"，如图4-62所示。

第 4 章　快速制作店铺首页 | 167

图 4-60　单击"手机淘宝店铺"

图 4-61　单击"立即装修"

图 4-62　单击"店铺首页"

进入后可以看到如图 4-63 所示的界面。

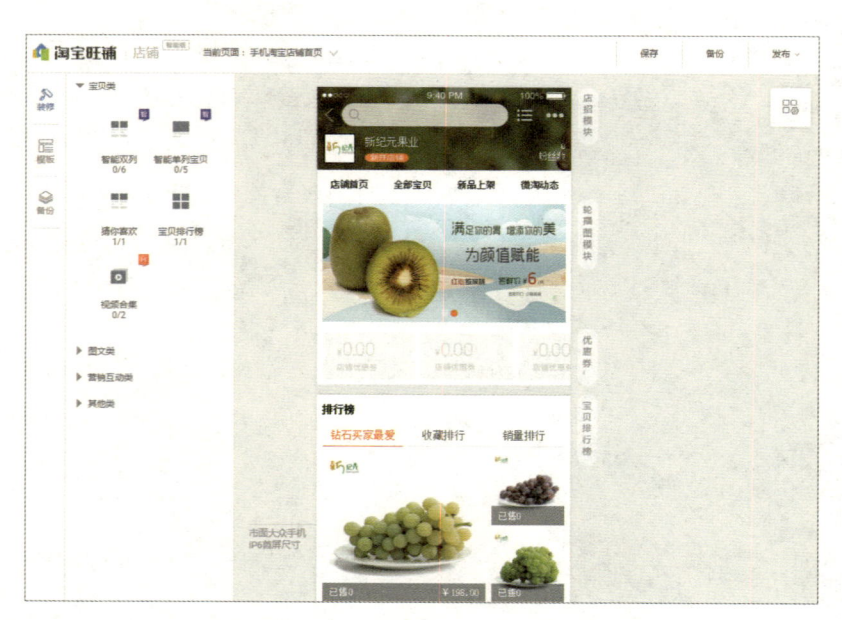

图 4-63　手机淘宝店铺首页的装修页面

单击店招部分后,在页面右侧会显示可填写的店铺相关信息,在这里可以对店铺名称进行修改、对店铺的店标进行更改和上传,如图 4-64 所示。

图 4-64 修改手机淘宝店铺首页的店招

新版店招可以使用官方推荐的背景，如图 4-65 所示。

为了让店铺的店招更有特色，可以选择"自定义上传"单选按钮，然后上传处理好的图片，其尺寸为 750px×254px，如图 4-66 所示。无线端店铺的店标、店名和相关信息会自动显示，在设计时如果不能准确地掌握店招中产品元素所在的位置，不如简化或模糊处理背景，专注店招与店铺整体风格的和谐统一。

图 4-65 使用官方推荐的店招　　图 4-66 自定义上传店招

## 4.6 无线端首页框架及对应模块的填充

与 PC 端首页布局的原理相同，无线端的首页布局同样要考虑顾客的购物逻辑。店招及海报呈现于第一屏，接下来展现店铺的日常活动及产品。当产品较多时，需要在此设置合理的分类，便于顾客选购。然后是普通的产品楼层，便于顾客进一步了解店铺更多的产品。在页面底部再配以合理的导购，让顾客在店铺内停留更长的时间，如图 4-67 所示。

图 4-67 无线端的首页布局

确定店铺框架后，进入无线端店铺首页装修后台，按照上面整理出的框架选中左侧相应模块，将其拖动到右侧（手机装修页面）对应的位置中。

相对于 PC 端首页，无线端首页的装修更加方便和智能化。

页面左侧的可选装修类目包括宝贝类、图文类、营销互动类和其他类。根据店铺商品的多少、排列逻辑的需要，可以自行添加相应模块。

（1）宝贝类包括宝贝排行榜、猜你喜欢模块和视频合集模块，另外还有供智能版旺铺使用的智能单列宝贝模块和智能双列宝贝模块，如图 4-68 所示。

图 4-68 店铺装修中的宝贝类

（2）图文类包括视频模块、轮播图模块、定向模块、动图模块、单列图片模块、双列图片模块、标题模块、文本模块、多图模块、左文右图模块、辅助线模块、新老客模块和自定义模块（可自定义设置所见即所得的图片大小），另外还有供智能版旺铺使用的智能海报、美颜切图和标签图模块，如图 4-69 所示。

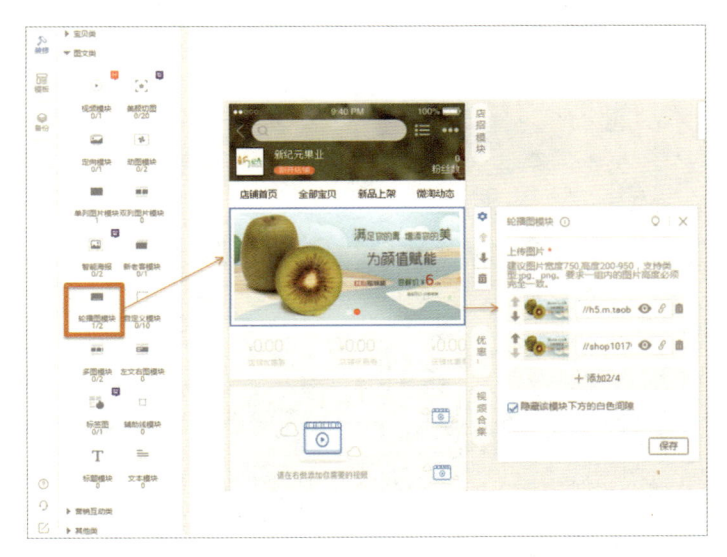

图 4-69　店铺装修中的图文类

（3）营销互动类可展示店铺已设置的相应模块，包括优惠券模块、搭配套餐模块、活动组件模块、电话模块、会员卡模块、店铺后花园模块和淘宝群模块。另外，还有供智能版旺铺使用的倒计时模块，如图 4-70 所示。

（4）其他类包括单列左图右文推荐商品、双列带推荐文案商品和留边轮播图模块，如图 4-71 所示。

想要装修好店铺首页，除掌握本章讲解的装修技巧外，在技能方面还要掌握图片拍摄和使用 Photoshop 的技巧，更进一步还要掌握 CSS 语言基础、Dreamweaver 软件操作或灵活利用在线布局工具。只要不急不燥、一步步认真学习，就能学好店铺装修。

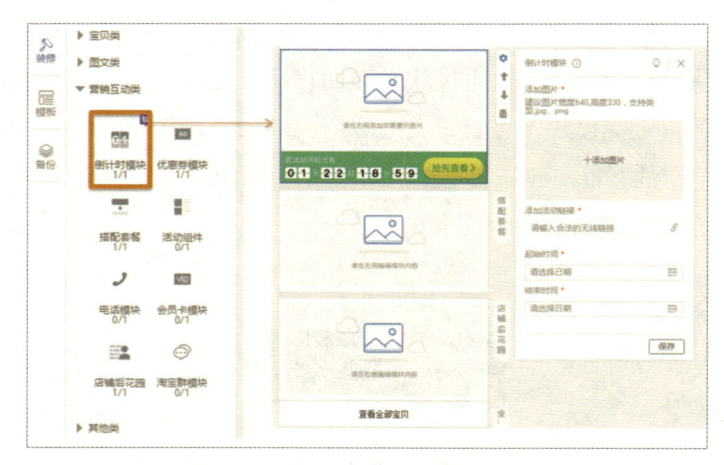

图 4-70　店铺装修中的营销互动类

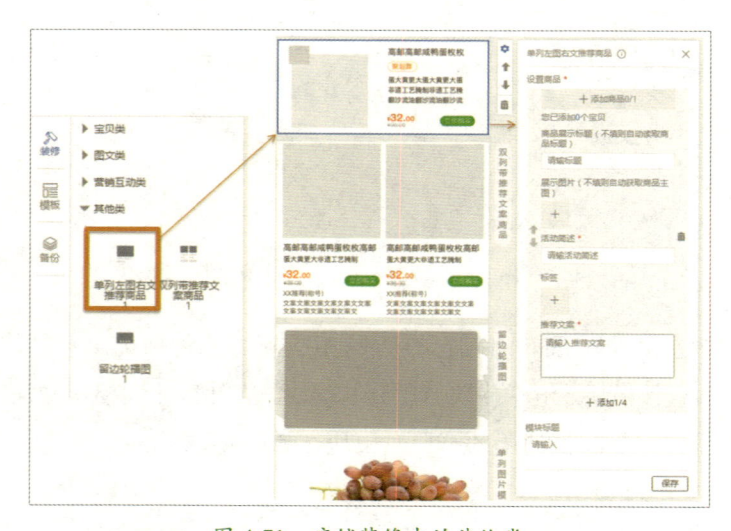

图 4-71　店铺装修中的其他类

# 第 5 章

## 产品详情页设计

## 5.1 产品详情页的作用

产品详情页也称为宝贝描述页或单品页，如图 5-1 所示是红糖的详情页。

众所周知，顾客一般都是通过搜索宝贝、点击主图进入产品详情页的。详情页直面顾客，可谓是流量的承接体，是店铺留给顾客的第一印象。详情页设计得好就能提高宝贝转化率，甚至提高客单价；反之，顾客就可能跳失。

图 5-1　红糖的详情页

网购有看得见、摸不着的特性，详情页就相当于产品的解说员、说明书。它可以向顾客展示并介绍商品，传达促销信息，同时能树立店铺的品牌形象，还能减少顾客的咨询量等。因此，好的宝贝描述就相当于一位优秀的售货员，可以让顾客感受到产品带来的好处。如图 5-2 所示是一款面包机的详情页的图片。

图 5-2　面包机的详情页

下面将从多个方面对详情页的设计进行详细讲解。

## 5.2　详情页的基本结构

如图 5-3 所示，红框标出来的部分就是需要自行设计的模块。

PC 端产品详情页的基本尺寸是：宽度为 790 像素（天猫）或 750 像素（淘宝），高度没有限制，如图 5-4 所示。在碎片化时代选择越来越多的情况下，顾客浏览页面的耐心有限，因此页面并非越长越好，而是在有效传达产品信息的基础上越精炼越好。

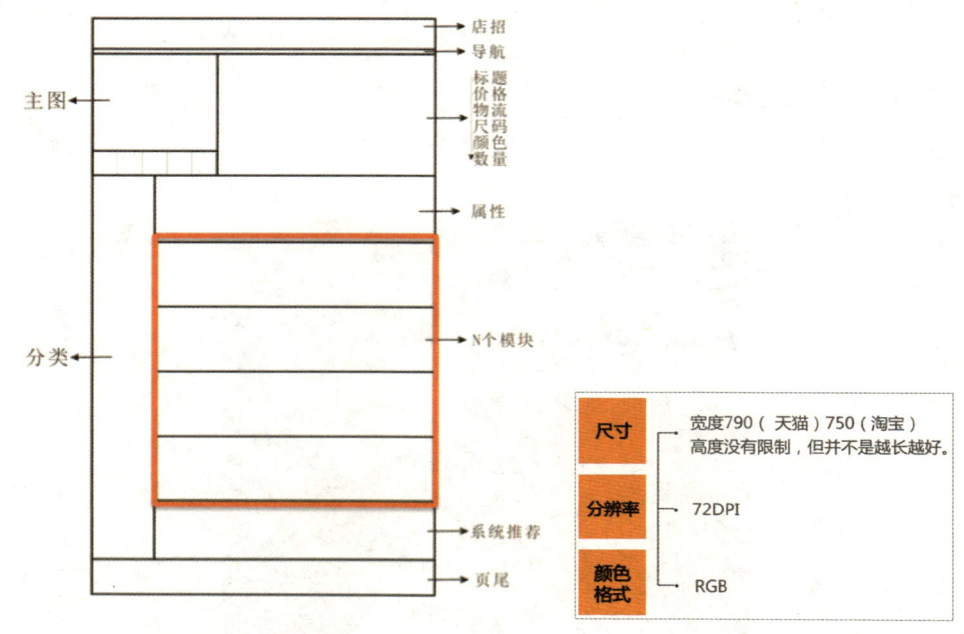

图 5-3　红框部分为需要自行设计的模块

图 5-4　PC 端产品详情页

无线端（手机端）详情页的宽度为 480~1242 像素，高度小于等于 1546 像素。若考虑 PC 端与无线端通用，则可直接设置宽度为 790 像素（天猫）或 750 像素（淘宝）。这里请注意，由于手机屏幕相对于电脑小很多，所以无线端设计应考虑将图片竖放，字号也应更大一些。

在用 Photoshop 制作详情页时，还要注意将分辨率设置为 72 像素／英寸，颜色模式为"RGB 颜色"，如图 5-5 所示。

图 5-5　设置分辨率和颜色模式

## 5.3 详情页的四大板块

### 5.3.1 主图

主图包含主图视频和 5 张主图（服装类目还有第 6 张长图）。

#### 1. 主图视频

在碎片化时代，顾客缺少耐心与时间去看大量的图文信息，短视频的优势在于它比图文更简短、直观、真实，如图 5-6 所示。

主图视频的制作长度应小于等于 60 秒，9~30 秒之间的视频可优先在"猜你喜欢""有好货"等推荐频道展现。

视频长宽比支持 16：9 或 1：1，建议长宽比为 1：1，这样有利于提升顾客在主图位置的视频观看体验。

在画质方面，清晰度（分辨率）应大于等于 72 像素／英寸，码率在 2~3MB 之间。

在拍摄内容方面，建议突出商品 1~2 个核心卖点，如图 5-7 所示。

图 5-6　主图视频

图 5-7　主图视频的制作提示

目前，全网所有商家都可以直接发布主图视频（限权类目除外），无需再申请审核，视频已实现 PC 端与手机端同时展现，如图 5-8 所示。拍摄时可借助千牛端加载的淘拍专用软件（如图 5-9 所示）进行简单的后期制作并上传，能够降低主图视频的制作难度。

图 5-8　全网所有商家都可以直接发布主图视频

图 5-9　淘拍专用软件

好的主图视频不仅能给顾客带来真实感，还能增加顾客的平均浏览时长、提升转化率，减轻客服压力。

### 2. 主图

主图的设计内容必须与标题保持一致，是产品重要信息的基本呈现。

主图共有 5 张，第 1 张主图是向顾客展示产品的窗口图，也是产品搜索的入口图，因此该图的制作和选择至关重要。第 1 张主图在设计时要以美观、清晰为原则，还要注意选取最能够表现出产品特色、功能和卖点的图片，如图 5-10 所示。

图 5-10　第 1 张主图

## 5.3.2　详情模块导航

### 1. 左侧栏关联模块

左侧栏关联模块有两种，分别是通用模块和自定义模块。

（1）通用模块

通用模块的宽度和自定义模块的宽度都为 150px，高度无限制。通用模块以展示产品数量为主，展示图为产品主图，单击编辑模块，就可以设置需要推广的宝贝。典型的通用模块如图 5-11 所示。

（2）自定义模块

自定义模块以自主设计为主，其展示图的高度可自由设置，更为灵活，内容可以根据运营的推广要求来设计，如图 5-12 所示。

### 2. 详情页关联模块

详情页关联模块一般放在详情模块的顶端，宽度为 790px（天猫）或 750px（淘宝）。详情页关联模块以展示主推产品、促销信息或引导广告为主，可减少顾客跳失率，增加顾客浏览时长，提升客单价，如图 5-13 所示。

图 5-11　通用模块　　　　　　　图 5-12　自定义模块

图 5-13　详情页关联模块

## 5.3.3 详情主要内容模块

详情主要内容模块会按一定的逻辑关系放置相关的图片来介绍商品，如图 5-14 所示。详细的模块及逻辑关系将在后面的章节中详细介绍。

图 5-14 详情主要内容模块

## 5.3.4 详情页页尾

详情页页尾主要放置一些店铺公用信息或如图 5-15 所示的分类，顾客看到这里可以跳转到其他宝贝分类继续浏览。

图 5-15 详情页页尾

## 5.4 详情页的设计制作流程

### 1. 店铺美工制作详情页的工作流程

店铺美工制作详情页，其工作流程分为以下8个步骤（如图5-16所示）：接受任务——解析文案——准备图片——处理素材——确认模块及顺序——绘制内页草图——用PS制作内页——提交相关人员进行修改。

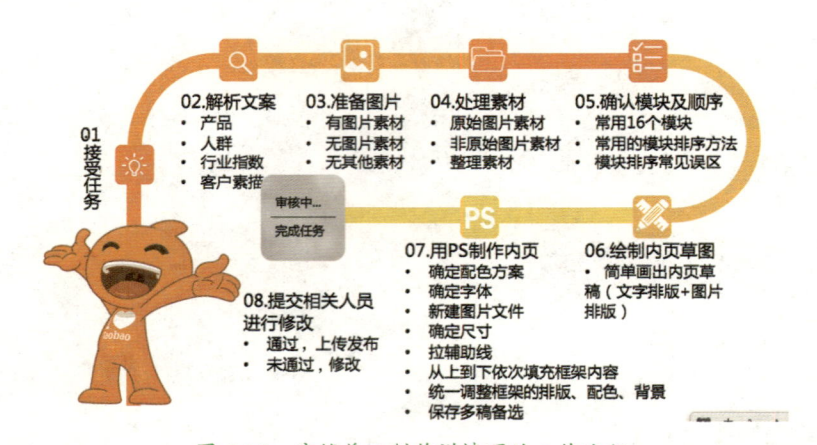

图5-16 店铺美工制作详情页的工作流程

### 2. 采集详情页文案

为了制作"详细的说明书"，我们必须了解产品及其消费人群，这里我们需要对产品进行解析，步骤如下。

（1）了解产品的功能、特色和亮点。

（2）了解目标人群的期望、爱好、焦虑和痛点。

（3）参考行业指数，分析做得好、销量好的同行，与其进行主题对比、品牌对比、卖点对比和服务对比。

（4）知晓目标人群的画像，包括年龄、性别、城市、爱好、职业、消费水平、购物习惯和家庭情况等，如图 5-17 所示。

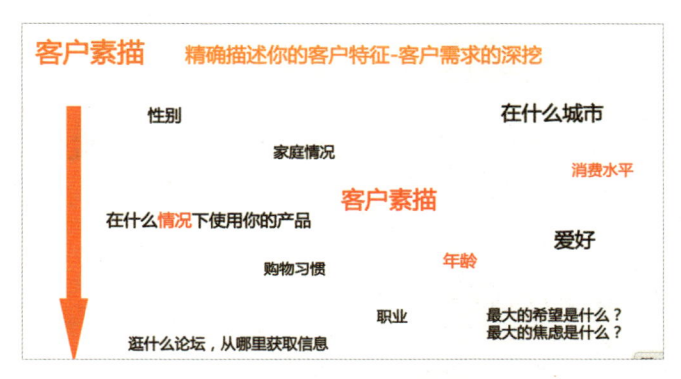

图 5-17　目标人群的画像

通过以上分析，最终得出以下结果，如图 5-18 所示。

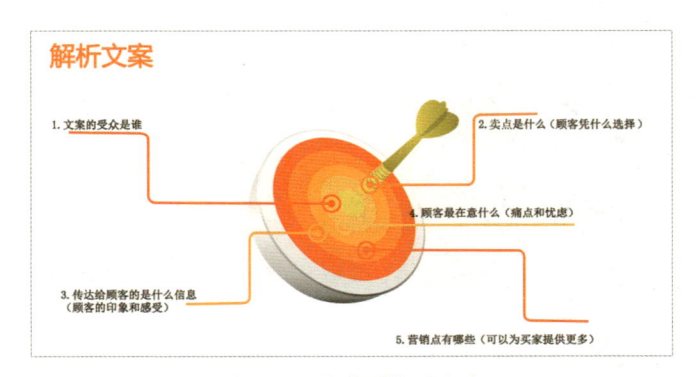

图 5-18　采集详情页文案

（1）文案的受众是谁。

（2）产品的卖点是什么（顾客凭什么选择你的产品）。

（3）详情页传达给顾客的是什么信息（详情页留给顾客的印象和感受是什么）。

（4）顾客最在意什么（顾客的痛点和忧虑是什么）。

（5）产品的营销点有哪些（是否可以为顾客提供更多服务）。

### 3．制作详情页的注意事项

根据前面采集的文案，在制作详情页时应尽量做到以下几点。

（1）我比同行描述得更详细。

（2）我有压倒性的核心竞争力。

（3）我的描述更有逻辑，顾客更容易购买。

（4）我提供的服务比同行提供的服务好。

（5）我给顾客更多的利益点。

（6）我让顾客在货比三家时，给了顾客一个不得不选择我们家产品的理由。

### 4．详情页的排版

详情页在排版时应注意以下几点。

（1）文字团块化。

（2）文字不干扰商品。

（3）文字不能破坏营造的意境。

（4）文字信息有主次、分层级。

（5）文字图片化，尽量用图片表达。

5．用 Photoshop 制作详情页

在用 Photoshop 制作详情页时，其设计步骤如下。

（1）依据 LOGO 或产品确定配色方案，如图 5-19 所示。

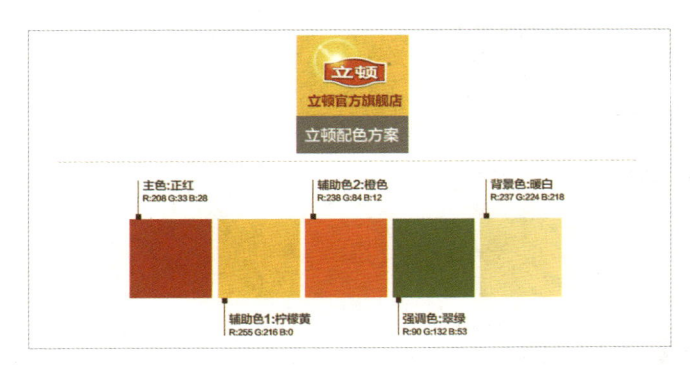

图 5-19　确定配色方案

（2）确定字体。详情页的文字是对产品图片的解释说明，对阅读起到引导作用，在字体选择上一般沿用店铺已有的标准，重点部分要突出，字体颜色要有深浅，不宜过于复杂，色彩不超过三种。如果无字体标准，可参考首页制作中的字体。

（3）在用 Photoshop 设计时，要确定页面尺寸，拉辅助线，从上到下依次填充框架内容。

（4）统一调整框架的排版、配色、背景，使整个详情页有统一的色调。

（5）设计多稿保存备选，便于日后测试修改时使用。

6．详情页的布局

在详情页的布局方面，我们不妨依据消费心理学进行排序。

（1）引发兴趣

方法：促销信息、核心卖点、情感需要。

（2）激发需要

方法：痛点、品牌宣传。

（3）从信任到信赖

方法：产品详情、产品展示、卖点宣传、文化宣传和细节图（如图 5-20 和图 5-21 所示）。

图 5-20　细节图 1

图 5-21　细节图 2

（4）从依赖到想拥有

方法：核心竞争力、真假对比、资质证书、服务承诺。

（5）帮顾客做决定

方法：产品对比、服务和实力展示。

## 5.5 详情页设计的主要模块和排序玩法

### 5.5.1 详情页设计的主要模块

详情页常用的模块有 16 个，分别是：基本信息、商品展示、细节展示、卖点提炼、商品对比、核心竞争力、情感营销、承诺铺垫、客户体验、企业文化、实力展现、生产流程、包装展示、资质证书、问与答和关联销售，如图 5-22 所示。

图 5-22　详情页常用的模块

**1. 基本信息模块**

基本信息模块是产品详情页最常用的模块之一，主要内容包括商品属性、规格、日期等信息，可以帮助顾客了解产品信息，避免售前疑问及售后纠纷导致的退货等，如图 5-23 所示。

图 5-23 基本信息

## 2. 商品展示模块

商品展示模块从各个角度来展示商品，包括模特展示、包装展示和场景展示等。我们要站在顾客的角度，将顾客希望看到的商品图片展示出来，令顾客体验到商品近在眼前，如图 5-24 所示。

图 5-24 商品展示

## 3. 细节展示模块

细节很多时候也是卖点的一种展现。放大商品的细节图，能让顾客看清她最想了解的部分，我们可以对细节进行引导性的解释，增强买家的体验感。细节图能突出产品优势，提升产品价值，增强顾客的购买欲，如图 5-25 所示。

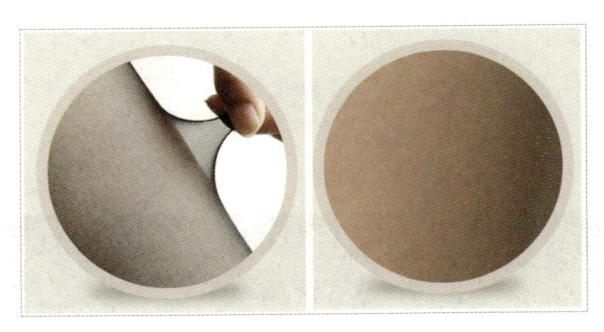

图 5-25　细节展示

### 4．卖点提炼模块

在卖点提炼模块要针对目标人群深挖卖点，以合理的逻辑点明卖点，并依次展开卖点进行排版。排版的表达要直接、精准、有效。如与同行对比，那么产品要有压倒性的优势，可列出优势并加以说明，能够有效提升产品价值，增强顾客的购买欲，如图 5-26 和图 5-27 所示。

图 5-26　卖点提炼 1　　　　　　　图 5-27　卖点提炼 2

### 5．商品对比模块

与同类产品进行对比，可突出产品的优势，加深顾客对产品的认同。

### 6．核心竞争力模块

同质化竞争最容易引起价格战，在削薄利润的同时，使产品在顾客心中变得无足轻重。要挖掘我们的产品和别人的产品不一样的地方或我们能做得更好的地方，文案要有杀伤力，能突出差异化优势，给顾客一个值得购买的理由，如图5-28所示。

图5-28 产品的核心竞争力

### 7. 情感营销模块

情感是产品的附加价值，非使用价值（情感价值）。抓住"情义"，待顾客如亲朋好友般，获得顾客的情感共鸣，如图5-29所示。

图5-29 情感营销

### 8. 承诺铺垫模块

详情页是一个不断说服顾客购买的页面，承诺铺垫能打消顾客的疑虑，将顾客的购买欲推向高潮，促使顾客下单购买，可谓"强效药、定心丸"。

### 9. 客户体验模块

客户体验模块要做到让顾客感觉商品就在眼前，给顾客提供人性化的服务，引导消费（顾客想看到的和还没有想到的，页面上都完整展示了，顾客体验感就增加了）。

### 10. 企业文化（品牌故事）模块

企业文化是对品牌的相关介绍，旨在展示品牌实力，传达企业的服务意识、品牌愿景等，树立品牌的正面形象，让顾客认同品牌、认同店铺、认同产品（可从品牌故事、历史、规模、服务、愿景等多方面进行阐述）。

### 11. 实力展现模块

实力展现模块旨在展示品牌实力，可通过生产规模、品牌历史、品牌销量、品牌权威等多方面进行展示，进一步提升产品的价值，增加顾客的购买欲望（页面排版要做到简单有序、色调统一、避免杂乱，不要让顾客感觉有作假嫌疑）。

### 12. 生产流程模块

生产流程模块的主要目的是加强顾客对产品的信任感，如同线下生产的监控管理流程，给顾客看得到的放心（生产流程图片的统一性要高，如拍摄角度一致、产品和详情产品一致、制作流程图一致、生产空间一致等）。

### 13. 问与答模块

问与答模块是常见问题的解答，常以说明或问答的形式展现，可以减轻客服人员的压力，同时让顾客放心购物。问与答模块要求问题图形化、文字简洁明了、模块清楚简单、逻辑清晰。

### 14．关联销售模块

在详情页最后通过关联其他商品，做二次营销，让顾客有更多的选择，从而提高客单价（注意不要密密麻麻的，顾客喜欢舒适的感觉）。

注意，并非每个模块都要用上，可以根据商品进行选择。

## 5.5.2 详情页模块的排序

详情页模块的排序有规律可循吗？

详情页模块的排序是对前期产品分析、定位、核心卖点、产品信息、品牌信息、服务体系、好评、买家秀等信息进行分类、重组，并且进行有序、有条理的排列，以达到提高转化率的目的。有三种常用的详情页模块的排序方法，如图5-30所示。

图 5-30　三种常用的详情页模块的排序方法

### 1．标品逻辑

以标品逻辑进行排序的顺序是：店铺活动——商品参数——商品展示——品牌介绍——品质保障——包装图示——物流快递——服务质量。

## 2. 购物心理分析逻辑

通过分析顾客的购物心理变化，从感性到理性再到感性，如图 5-31 所示。

在第一个感性阶段不断通过诱导痛点等来吸引顾客，引导渴求，给顾客一个不得不买的理由，激发顾客的购物欲。

在中间的理性部分切身关注顾客的利益点，增加情感营销，让顾客继续浏览。

在最后的感性阶段再次通过诱导痛点等来吸引顾客，激发顾客的购物欲，促成购买。

根据顾客的购物心理逻辑，挑选合适的模块进行排序，引起兴趣、激发需求、从信任到信赖、从信赖到想拥有，最后促成顾客下单。

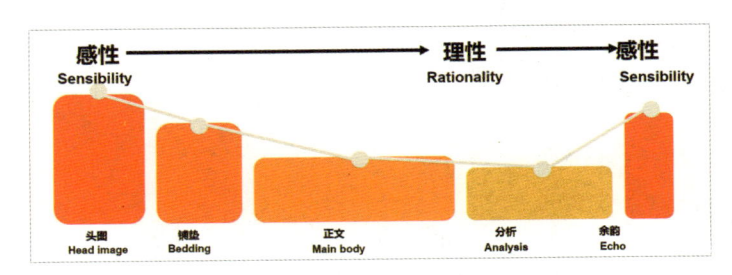

图 5-31 购物心理分析逻辑

## 3. 问题解决方案逻辑

问题解决方案逻辑就是描述顾客正在面临的问题（痛点），然后通过提问解决问题。

比如，你是否正在被雾霾所困扰？现在只要你使用某品牌的防雾霾口罩，在户外再也不用担心雾霾问题，如图 5-32 所示。以提出问题、解决问题的逻辑挑选适合的模块进行排序。

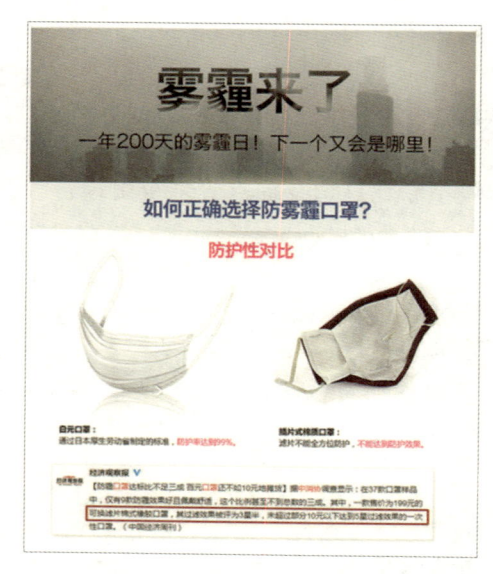

图 5-32　问题解决方案逻辑

## 5.5.3　模块排序常见误区

（1）宝贝描述越长越好

网上有商家设计了 10 米长的详情页，其实宝贝描述并不是越长越好，能在短短几屏展现完整、准确的信息，做到快、准、狠，是最好不过的。

（2）16 个模块都要用上，并按规定顺序排列

并非 16 个模块全部都要用上，可以根据自己产品的需要选用合适的模块进行排序。

总之，详情页的设计力求做到有数据、有保障、有对比、有逻辑、够详情、图片化，围绕着突出利益点，强化购买理由，增强顾客购买的欲望，促进转化。

# 第 6 章

## 后台操作及上传发布

本章涉及的后台操作，笔者会根据淘宝网店铺装修后台进行教学截图与演示，可能随着时间的推移，网站平台方会对后台设置进行调整，请读者以后台实际功能使用情况为准。

## 6.1 店铺后台

### 6.1.1 图片空间

#### 1. 图片空间是什么

图片空间是淘宝网提供给卖家的独有的图片网络存储空间，卖家可以用来存储店铺装修图片及产品描述的图片，方便顾客在网店中顺畅地浏览图片。

#### 2. 图片空间的作用

（1）可以存储大量的图片供网店使用。

（2）提高图片的打开速度。

（3）除商品主图外的商品描述及店铺装修图片，均需使用已上传到图片空间中的图片。

#### 3. 图片空间入口在哪里

（1）打开淘宝网首页，单击右上方的"卖家中心"，如图6-1所示。

（2）在打开的页面中输入卖家账号及密码，如图6-2所示，然后单击"登录"按钮。

第 6 章　后台操作及上传发布 | 197

图 6-1　淘宝网首页

图 6-2　用账号和密码登录

（3）登录后在左侧栏中单击"店铺管理"中的"图片空间"，如图 6-3 所示。

图 6-3　单击"图片空间"

（4）进入图片空间页面，即可看到图片管理的相关选项，如图 6-4 所示。

图 6-4　图片空间页面

## 6.1.2　图片上传及归类

### 1. 图片上传

如何将已经制作好的图片或可以直接使用的图片上传到图片空间呢？在网店后台有两种方法可以进行上传，第一种方法为通用上传，第二种方法为高速上传。第一种上传方式主要支持单张或多张图片一起上传，不支持文件夹上传。第二种上传方式主要支持文件夹上传，同时最多支持 200 张图片上传，不支持使用 Mac 电脑。淘宝平台可能会对图片上传功能进行调整，请以平台提供的为准。

提示：

（1）图片单张大小支持 3MB 以下，若超过该大小，系统会自动压缩；

（2）自动压缩和宽度调整可能会使图片失真；

（3）支持的图片格式有 JPG、JPEG、PNG 和 GIF。

通用上传的具体操作步骤如下。

（1）在图片空间页面中，单击"图片管理"中的"上传图片"按钮，如图 6-5 所示。

图 6-5 单击"上传图片"按钮

（2）在打开的对话框中，单击"通用上传"区域中的"点击上传"按钮，如图 6-6 所示。

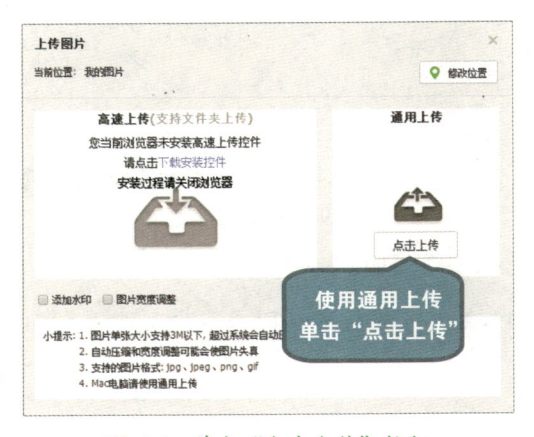

图 6-6 单击"点击上传"按钮

（3）在打开的对话框中，选择计算机中所需上传的图片的存储位置，如图 6-7 所示。

（4）选中需要上传的图片，然后单击"打开"按钮，如图 6-8 所示。

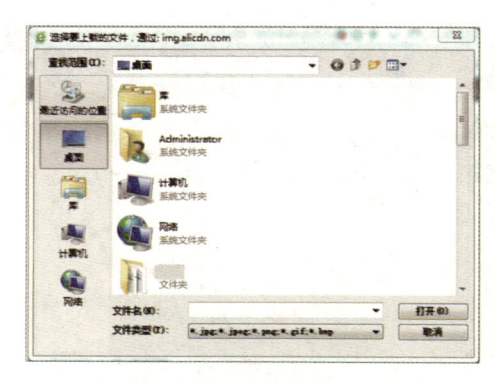

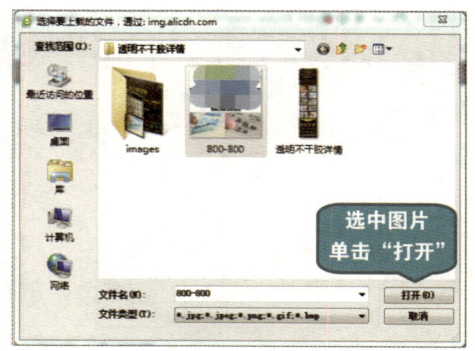

图 6-7　选择上传图片的存储位置　　　　图 6-8　选中图片后单击"打开"按钮

（5）图片被成功上传至图片空间，如图 6-9 所示。

图 6-9　成功上传图片

高速上传的具体操作步骤如下。

（1）在图片空间页面中，单击"图片管理"中的"上传图片"按钮，如图 6-10 所示。

图 6-10　单击"上传图片"按钮

（2）打开"上传图片"对话框，系统提示需要计算机安装高速上传的控件，单击"高速上传"区域中的"下载安装控件"链接，如图6-11所示。

（3）在打开的对话框中选择控件在计算机中的存储位置，如图6-12所示，然后单击"下载"按钮。

图 6-11　单击"下载安装控件"链接　　图 6-12　选择控件的存储位置

（4）下载完成后单击"运行"按钮，如图6-13所示，系统开始安装控件。

（5）按F5键刷新网页，即可看到"高速上传"区域中的"点击上传"按钮，如图6-14所示，单击该按钮上传图片。

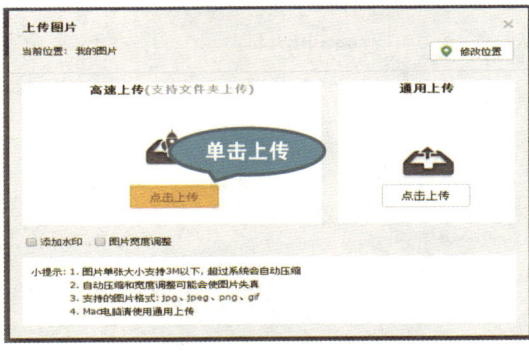

图 6-13　单击"运行"按钮安装控件　　图 6-14　单击"高速上传"区域中的"点击上传"按钮

（6）打开"添加文件"对话框，如图6-15所示，选择需要上传的图片文件夹的存储位置并勾选文件夹，然后单击"选好了"按钮。

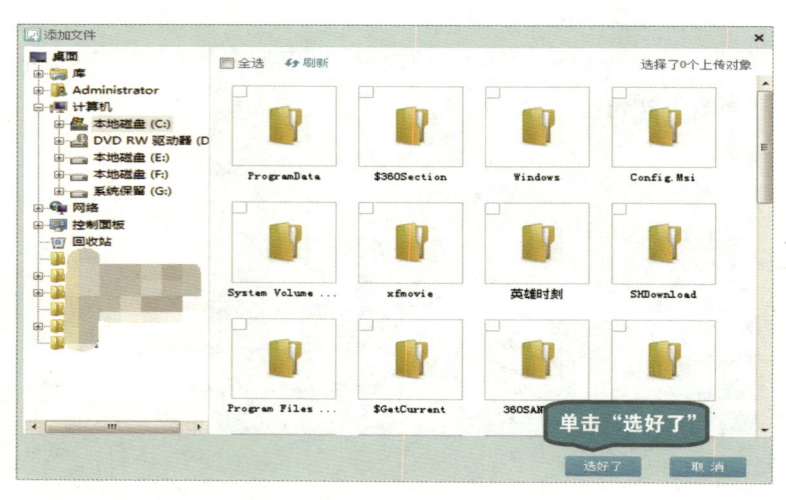

图 6-15 "添加文件"对话框

（7）如果需要继续添加图片文件夹，可以单击"还要添加"按钮；如果无需添加其他图片文件夹，可以直接单击"立即上传"按钮，如图 6-16 所示。

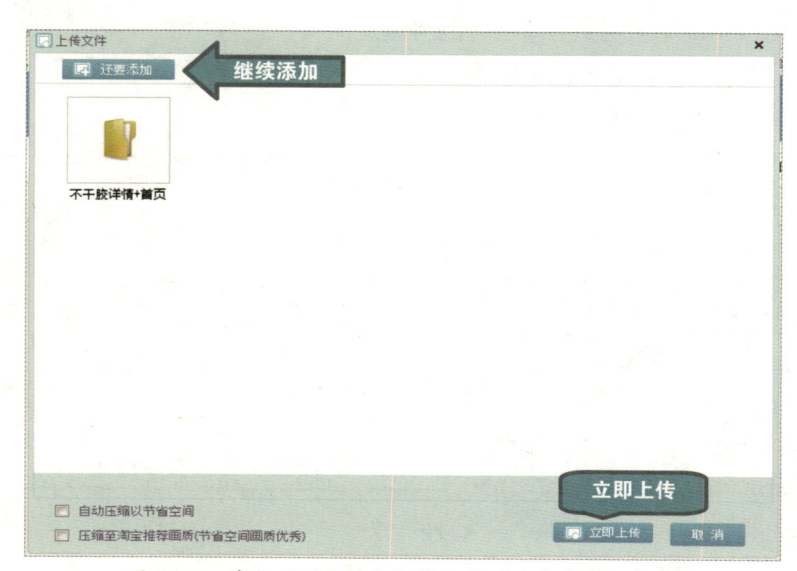

图 6-16 单击"还要添加"按钮或"立即上传"按钮

（8）通过以上步骤即可高速上传图片，上传成功后系统会给出提示，如图 6-17 和图 6-18 所示。

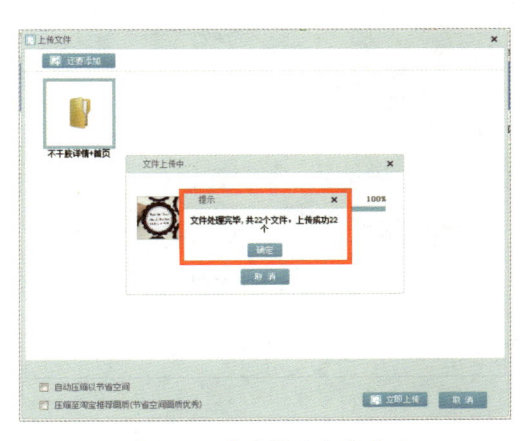

图 6-17　系统提示上传成功

图 6-18　上传完成的图片文件夹

## 2. 图片归类

图片上传至图片空间后，为了方便后续的使用需要进行归类整理，那么如何归类整理这些已上传的图片呢？具体操作步骤如下。

（1）在图片空间中，单击"图片管理"中的"新建文件夹"按钮，如图 6-19 所示。

图 6-19　单击"新建文件夹"按钮

（2）在打开的对话框中输入需归类的文件夹名称，如图 6-20 所示，然后单击"确定"按钮。

图 6-20　输入文件夹名称

（3）在图片空间中双击已经建立好的文件夹，然后进行图片上传，如图 6-21 所示。

图 6-21　双击文件夹后进行文件上传

对已上传至图片空间中的图片进行归类的操作步骤如下。

（1）选择需要归类的已上传的图片，如图 6-22 所示。

图 6-22　选择需要归类的图片

（2）单击"移动"按钮，如图 6-23 所示。

图 6-23　单击"移动"按钮

（3）在打开的对话框中选择需要归入的文件夹，如图 6-24 所示，然后单击"确定"按钮完成归类。

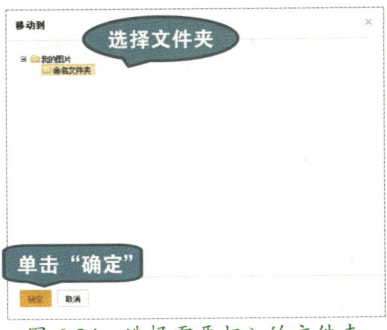

图 6-24　选择需要归入的文件夹

### 6.1.3 装修入口

**1. PC 端装修入口**

1）首页装修入口

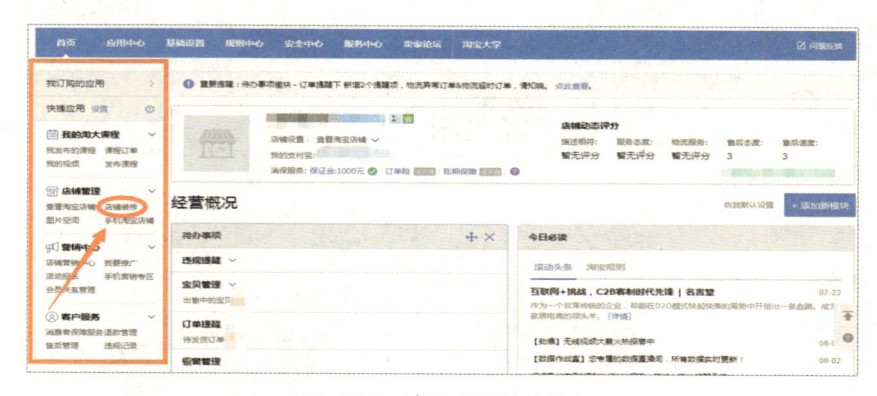

（1）在淘宝网首页单击"卖家中心"，如图 6-25 所示。

图 6-25　单击"卖家中心"

（2）进入卖家中心页面后，在左侧栏中找到"店铺管理"，单击其中的"店铺装修"，如图 6-26 所示。

图 6-26　单击"店铺装修"

2）分类页装修入口

（1）在淘宝网首页单击"卖家中心"。

（2）进入卖家中心页面后，在左侧栏中找到"店铺管理"，单击其中的"店铺装修"。

（3）在打开的页面中单击"页面装修"下拉按钮，如图6-27所示。

（4）在打开的下拉列表中选择"页面管理"选项，如图6-28所示。

图6-27　单击"页面装修"下拉按钮

图6-28　选择"页面管理"

（5）单击"店内搜索页"右侧的"页面装修"链接，如图6-29所示，即可进入分类页的装修页面。

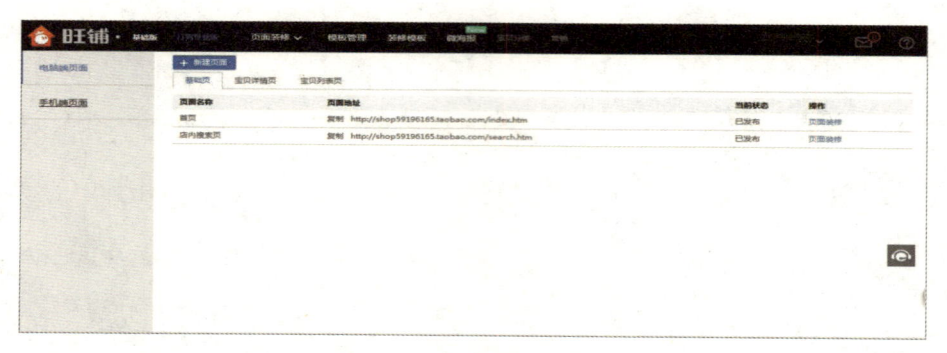

图 6-29 单击"页面装修"

3)专题页装修入口

(1)在淘宝网首页单击"卖家中心"。

(2)进入卖家中心页面后,在左侧栏中找到"店铺管理",单击其中的"店铺装修"。

(3)在打开的页面中单击"页面装修"下拉按钮,在下拉列表中选择"页面管理"选项。

(4)在打开的页面中单击"新建页面"按钮,如图 6-30 所示。

图 6-30 单击"新建页面"按钮

（5）在打开的页面中对新建的页面进行命名，如图 6-31 所示。

图 6-31　命名页面

（6）完成后单击"保存"按钮保存新建的页面，如图 6-32 所示。

图 6-32　保存页面

（7）选择需要装修的专题页即可进入装修页面，如图 6-33 所示。

图 6-33　选择专题页进入装修页面

4）详情页装修入口

(1) 在淘宝网首页单击"卖家中心"。

(2) 进入卖家中心页面后，在左侧栏中找到"店铺管理"，单击其中的"店铺装修"。

(3) 在打开的页面中单击"页面装修"下拉按钮，在下拉列表中选择"页面管理"选项。

(4) 在打开的页面中单击"宝贝详情页"选项卡，如图 6-34 所示。

图 6-34　单击"宝贝详情页"选项卡

(5) 单击页面名称右侧的"页面装修"链接即可进入宝贝详情页装修页面，如图 6-35 所示。

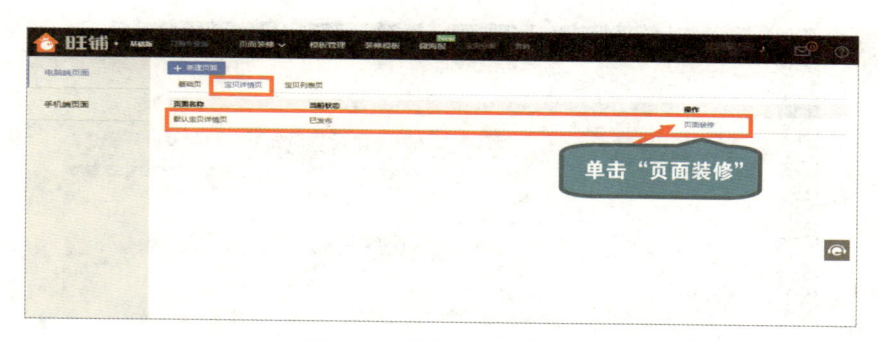

图 6-35　单击"页面装修"

2. 无线端装修入口

1)无线端首页装修入口

(1)在淘宝网首页单击"卖家中心"。

(2)进入卖家中心页面后,在左侧栏中找到"店铺管理",单击其中的"店铺装修"。

(3)在打开的页面中单击"页面装修"下拉按钮,在下拉列表中选择"页面管理"选项。

(4)在打开的页面的左侧栏中单击"手机端页面"链接,如图6-36所示。

图6-36 单击"手机端页面"链接

(5)在打开的页面中单击"手机淘宝店铺首页"右侧的"页面装修"链接,如图6-37所示。

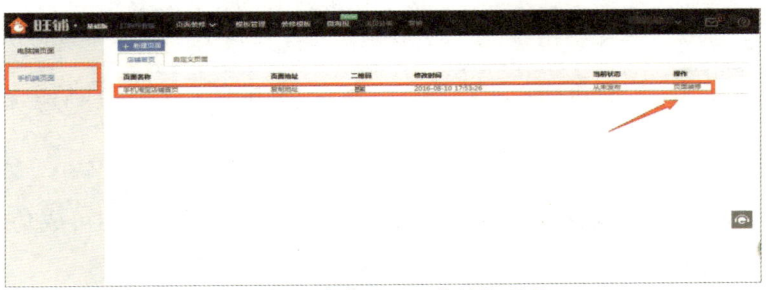

图6-37 单击"页面装修"链接

(6) 成功进入手机端首页装修页面，如图 6-38 所示。

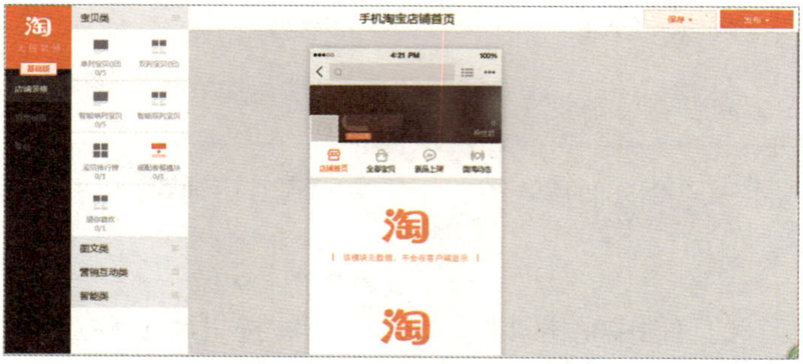

图 6-38　进入手机端首页装修页面

2）无线端专题页装修入口

(1) 在淘宝网首页单击"卖家中心"。

(2) 进入卖家中心页面后，在左侧栏中找到"店铺管理"，单击其中的"店铺装修"。

(3) 在打开的页面中单击"页面装修"下拉按钮，在下拉列表中选择"页面管理"选项。

(4) 在打开的页面的左侧栏中单击"手机端页面"链接。

(5) 在打开的页面中单击"新建页面"按钮，如图 6-39 所示。接着，在打开的页面中再次单击"新建页面"按钮，如图 6-40 所示。

(6) 在打开的对话框中对页面进行命名，如图 6-41 所示，完成后单击"确定"按钮。

(7) 单击专题页右侧的"编辑"链接，如图 6-42 所示，即可成功进入专题页装修页面，如图 6-43 所示。

图 6-39 单击"新建页面"按钮

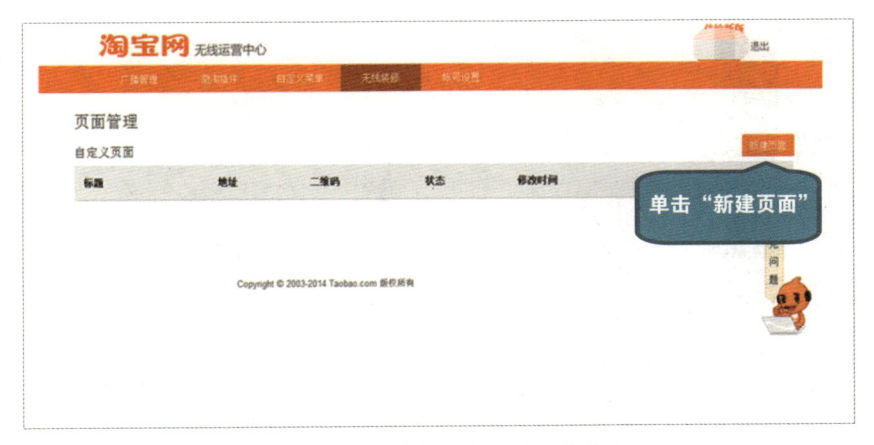

图 6-40 再次单击"新建页面"按钮

图 6-41 命名页面

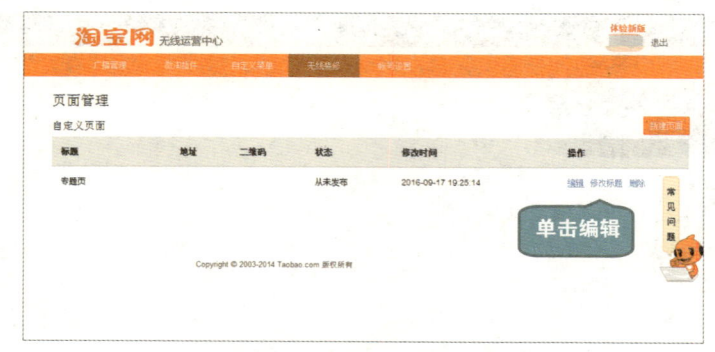

图 6-42　单击"编辑"链接

图 6-43　专题页装修页面

3）无线端详情页装修入口

（1）输入网址 wuxian.taobao.com 进入无线运营中心页面，如图 6-44 所示。

图 6-44　无线运营中心页面

（2）在左侧栏中单击"详情装修"，如图 6-45 所示。

图 6-45　单击"详情装修"

（3）在打开的页面中单击"宝贝详情管理"，如图 6-46 所示。

图 6-46　单击"宝贝详情管理"

（4）在打开的页面中单击"关联手机模板"下面的"编辑"按钮，如图 6-47 所示，即可成功进入手机端详情页编辑页面。

图 6-47　单击"编辑"按钮

### 6.1.4 版本设置

#### 1. 旺铺基本版

旺铺基本版的特点是：无需购买，免费使用；无需设置，直接使用；模块与布局的自定义有局限性。

#### 2. 旺铺专业版

旺铺专业版的特点是：需购买，店铺星级一钻以下免费使用，店铺星级一钻以上50元/月，模块与布局的自定义较为开放，容易根据自己的需要进行页面装修。

旺铺专业版的设置步骤如下。

（1）在淘宝网首页单击"卖家中心"。

（2）进入卖家中心页面后，在左侧栏中找到"店铺管理"，单击其中的"店铺装修"。

（3）在打开的页面中单击"订购专业版"链接，如图6-48所示。

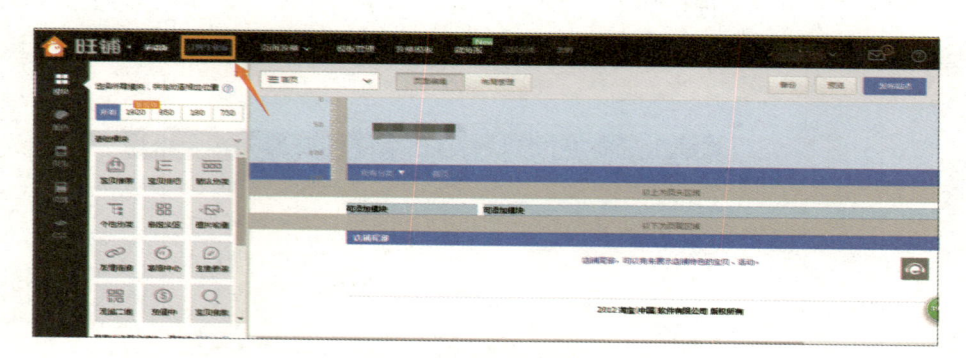

图6-48 单击"订购专业版"链接

（4）在打开的页面中选择"专业版"，然后选择购买周期，如图6-49所示，单击"立即订购"按钮即可完成购买。

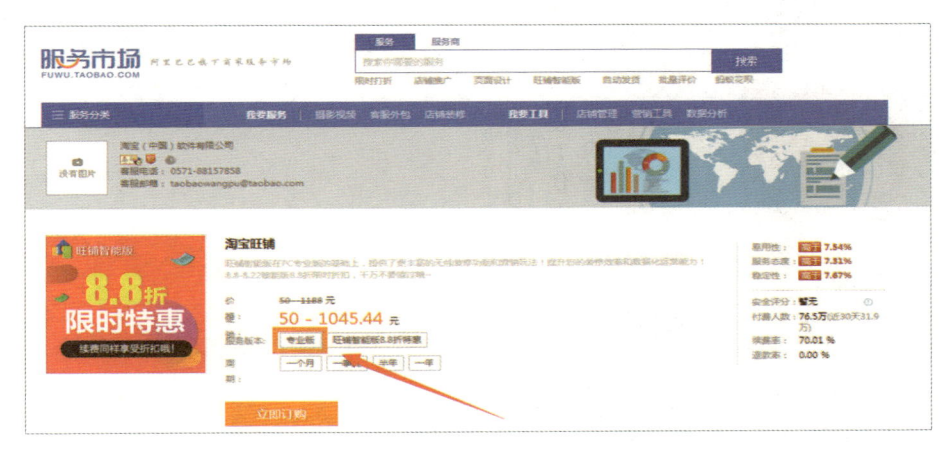

图6-49　选择"专业版"和购买周期

### 3．旺铺智能版

旺铺智能版的特点是：需购买，可根据店铺各项数据及顾客浏览数据自动进行产品的摆放和布局。

旺铺智能版的设置步骤如下。

（1）在淘宝网首页单击"卖家中心"。

（2）进入卖家中心页面后，在左侧栏中找到"店铺管理"，单击其中的"店铺装修"。

（3）在打开的页面中单击"订购专业版"链接。

（4）在打开的页面中选择"旺铺智能版"，然后选择购买周期，如图6-50所示，单击"立即订购"按钮即可完成购买。

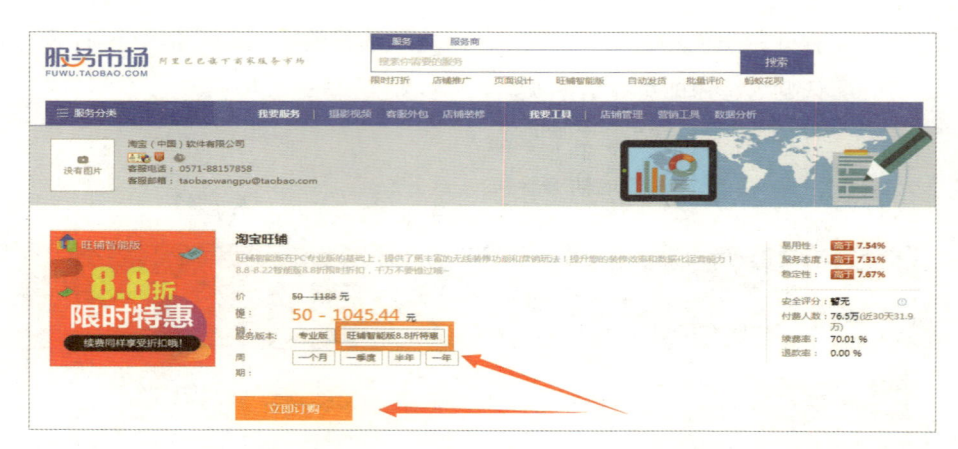

图 6-50　选择"旺铺智能版"和购买周期

## 6.1.5　PC 端模板购买

### 1．模板的作用

从装修市场购买装修模板的主要作用是：提升装修设计效率，避免因设计能力不足导致的店铺档次下降；模板可实现较多功能，方便后续更改和维护。

### 2．购买模板

购买模板的具体操作步骤如下。

（1）在淘宝网首页单击"卖家中心"。

（2）进入卖家中心页面后，在左侧栏中找到"店铺管理"，单击其中的"店铺装修"。

（3）在打开的页面中单击"装修模板"，如图 6-51 所示。

（4）根据左侧分类选择适合自己店铺装修风格的类别，如图 6-52 所示。

图 6-51　单击"装修模板"

图 6-52　选择装修类别

（5）在打开的页面中选择自己喜欢的模板，如图 6-53 所示。

图 6-53　选择模板

（6）查看模板描述详情，如图 6-54 所示，单击"立即购买"按钮，付款后即可购买成功。

图 6-54 模板描述详情

3. 管理模板

管理模板的具体操作步骤如下。

(1) 在淘宝网首页单击"卖家中心"。

(2) 进入卖家中心页面后,在左侧栏中找到"店铺管理",单击其中的"店铺装修"。

(3) 在打开的页面中单击"模板管理",如图 6-55 所示。

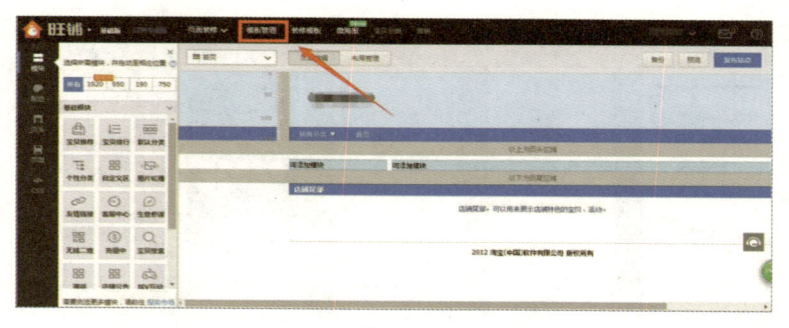

图 6-55 单击"模板管理"

(4) 选择官方模板的颜色或已购买的模板,如图 6-56 所示,然后单击"备份和还原"按钮。

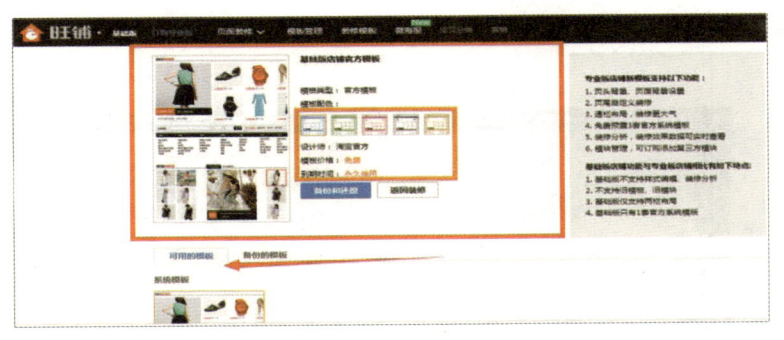

图 6-56　选择官方模板的颜色或已购买的模板

（5）在打开的对话框中对模板进行命名，如图 6-57 所示，然后单击"确定"按钮。

（6）选择需要应用的已备份模板，如图 6-58 所示，完成后单击"应用备份"按钮。

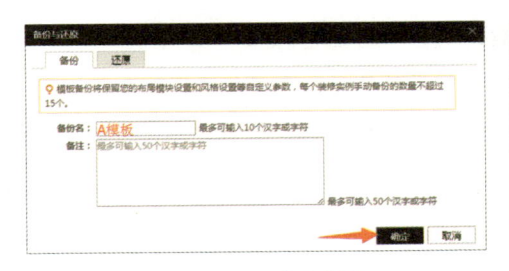

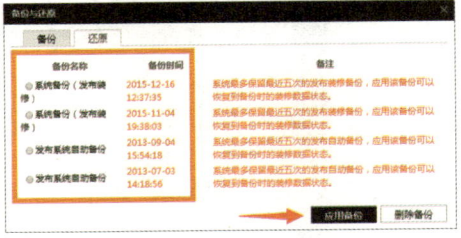

图 6-57　命名模板　　　　　　　图 6-58　应用已备份模板

## 6.1.6　PC 端首页布局

PC 端首页布局的具体操作步骤如下。

（1）在淘宝网首页单击"卖家中心"。

（2）进入卖家中心页面后，在左侧栏中找到"店铺管理"，单击其中的"店铺装修"。

(3)在打开的页面中单击"布局管理"按钮,如图 6-59 所示。

图 6-59　单击"布局管理"按钮

(4)在需要移动的模块上按住鼠标左键进行拖动,如图 6-60～图 6-62 所示。

图 6-60　拖动模块 1

图 6-61　拖动模块 2

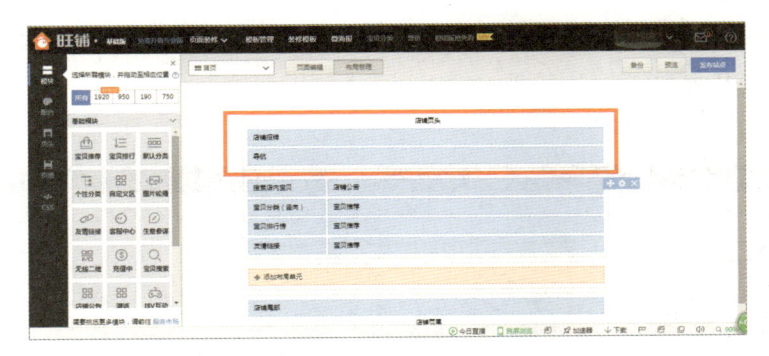

图 6-62　拖动模块 3

## 6.1.7　PC 端模块添加及编辑

**1．页面模块添加**

首页模块添加的具体操作步骤如下。

（1）在淘宝网首页单击"卖家中心"。

（2）在进入卖家中心页面后，在左侧栏中找到"店铺管理"，单击其中的"店铺装修"。

（3）在打开的页面中单击"布局管理"按钮，如图 6-63 所示。

图 6-63　单击"布局管理"按钮

（4）按住鼠标左键将左侧栏中的模块拖动到右侧的布局栏中，如图6-64所示，即可完成模块添加。

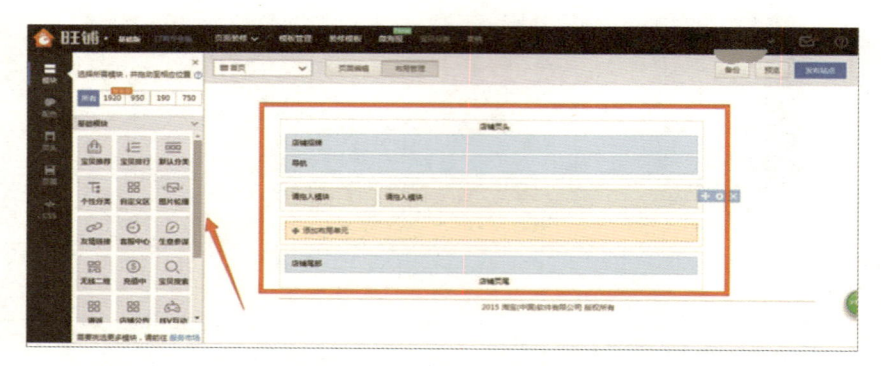

图 6-64　拖动模块到布局栏中

详情页页面模块添加的具体操作步骤如下。

（1）在淘宝网首页单击"卖家中心"。

（2）进入卖家中心页面后，在左侧栏中找到"店铺管理"，单击其中的"店铺装修"。

（3）打开店铺装修页面，在页面顶端的下拉列表框中选择"默认宝贝详情页"，然后单击"布局管理"按钮，如图6-65所示。

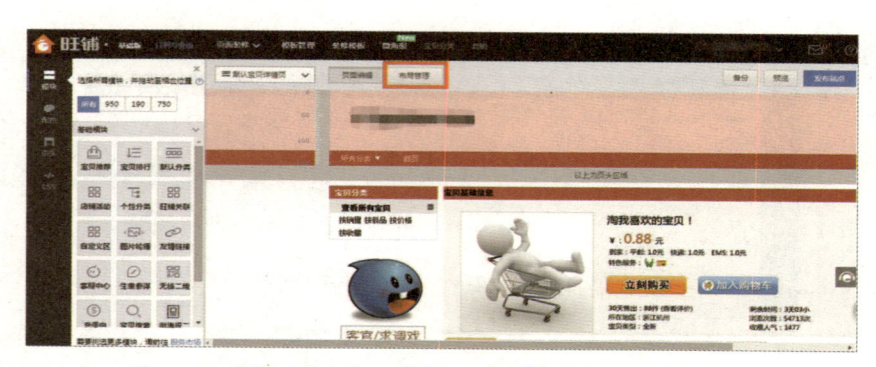

图 6-65　选择"默认宝贝详情页"后单击"布局管理"按钮

（4）打开布局管理页面，按住鼠标左键拖动模块到右侧布局栏中的可放置区域，如图 6-66 所示，即可完成模块的添加。

图 6-66　添加模块

### 2. 编辑页面模块

编辑店铺招牌模块的具体操作步骤如下。

（1）在淘宝网首页单击"卖家中心"。

（2）进入卖家中心页面后，在左侧栏中找到"店铺管理"，单击其中的"店铺装修"。

（3）在打开的页面中单击"页面编辑"按钮，如图 6-67 所示。

图 6-67　单击"页面编辑"按钮

（4）单击店铺招牌模块中的"编辑"按钮，如图6-68所示。

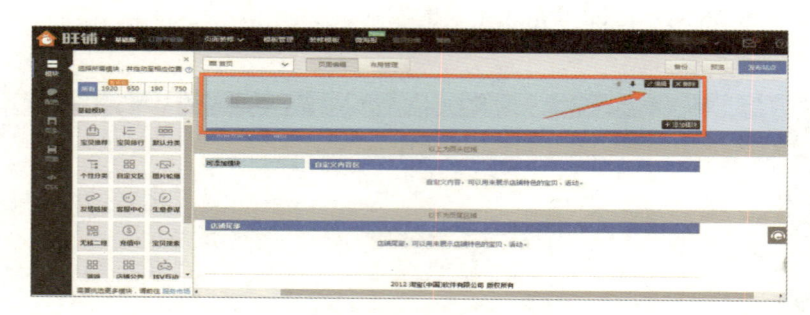

图6-68　单击"编辑"按钮

（5）打开"店铺招牌"对话框，如图6-69所示。

图6-69　"店铺招牌"对话框

（6）选择"自定义招牌"单选按钮，如图6-70所示。

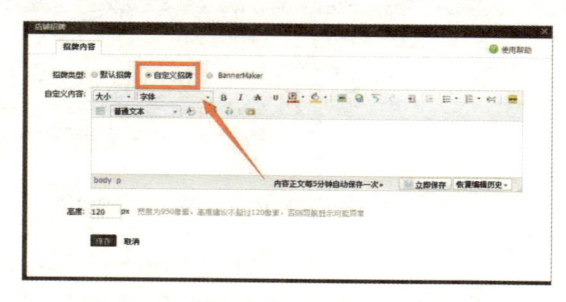

图6-70　选择"自定义招牌"单选按钮

（7）单击"插入图片空间图片"按钮，如图 6-71 所示。

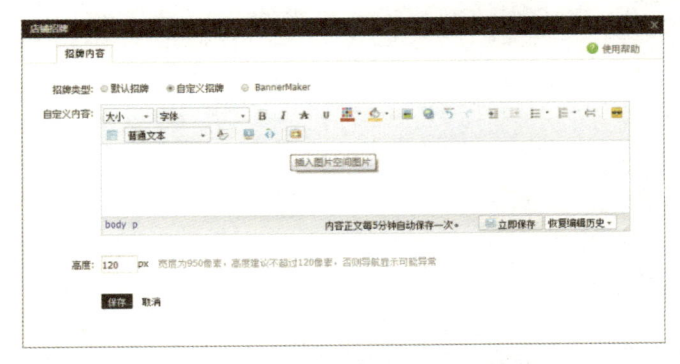

图 6-71　单击"插入图片空间图片"按钮

（8）选择已经上传到图片空间中的店铺招牌图片，如图 6-72 所示。

图 6-72　选择店铺招牌图片

（9）分别单击"插入"按钮和"完成"按钮，完成图片的插入，如图 6-73 和图 6-74 所示。

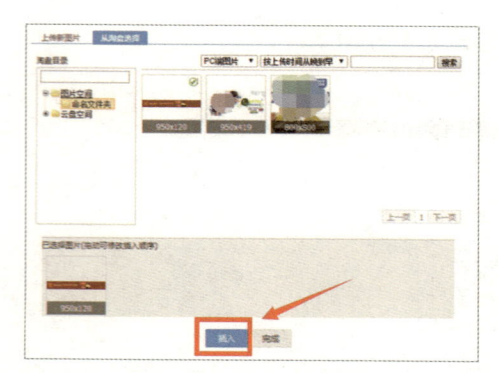

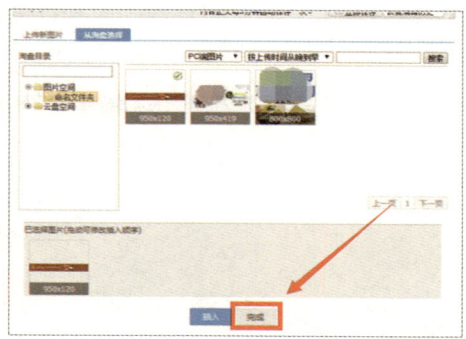

图 6-73　单击"插入"按钮　　　　　图 6-74　单击"完成"按钮

（10）单击"保存"按钮完成店铺招牌模块的编辑，如图 6-75 所示。

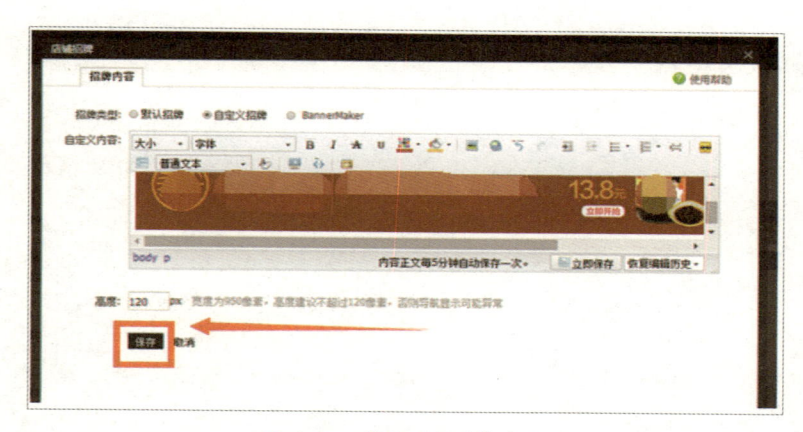

图 6-75　单击"保存"按钮

编辑导航模块的具体操作步骤如下。

（1）在淘宝网首页单击"卖家中心"。

（2）进入卖家中心页面后，在左侧栏中找到"店铺管理"，单击其中的"店铺装修"。

（3）在打开的页面中单击"页面编辑"按钮，如图 6-76 所示。

图 6-76 单击"页面编辑"按钮

（4）单击导航模块中的"编辑"按钮，如图 6-77 所示。

图 6-77 单击"编辑"按钮

（5）在打开的对话框中单击"添加"按钮，如图 6-78 所示。

图 6-78 单击"添加"按钮

（6）在打开的对话框中勾选要添加的分类，然后单击"确定"按钮，如图 6-79 所示。

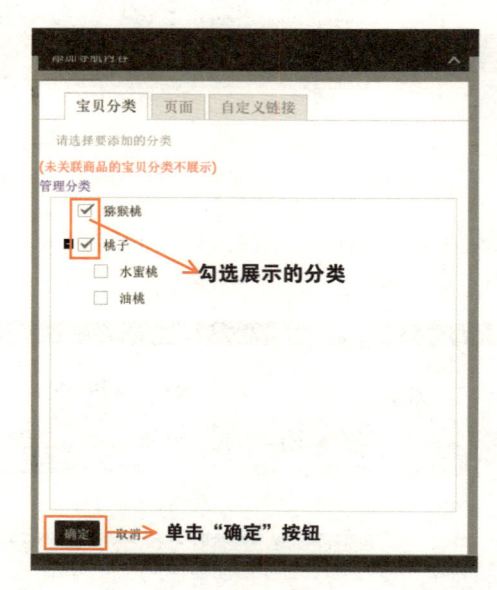

图 6-79　选择要添加的分类

（7）返回上一个对话框，可以上下调整展现顺序，如图 6-80 所示。

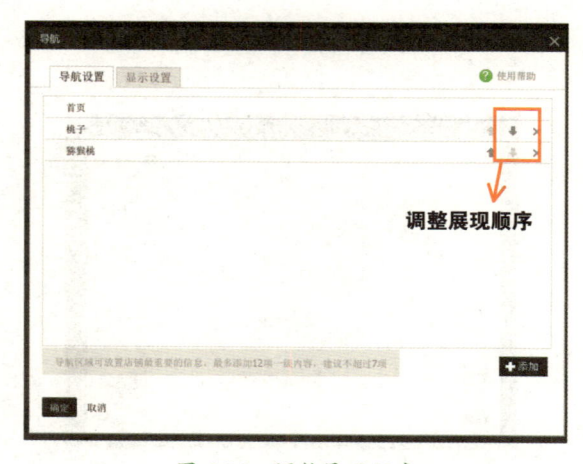

图 6-80　调整展现顺序

(8)单击"确定"按钮完成模块的编辑,如图 6-81 所示。

图 6-81 单击"确定"按钮

编辑轮播模块的具体操作步骤如下。

(1)在淘宝网首页单击"卖家中心"。

(2)进入卖家中心页面后,在左侧栏中找到"店铺管理",单击其中的"店铺装修"。

(3)在打开的页面中单击"页面编辑"按钮,如图 6-82 所示。

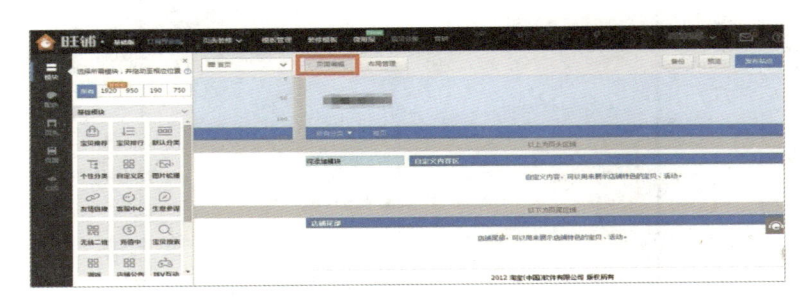

图 6-82 单击"页面编辑"按钮

(4) 单击轮播模块中的"编辑"按钮,如图 6-83 所示。

图 6-83 单击"编辑"按钮

(5) 在打开的对话框中单击"插入图片"按钮,如图 6-84 所示。

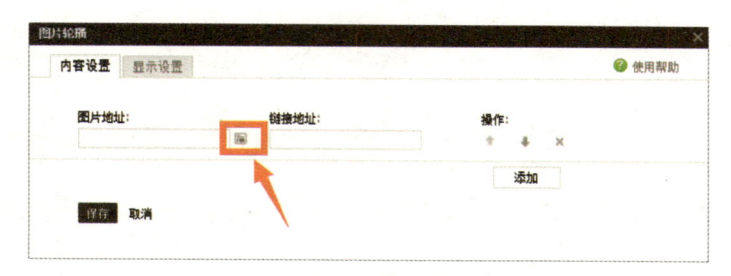

图 6-84 单击"插入图片"按钮

(6) 选择要添加的图片所在的图片空间文件夹,如图 6-85 所示。

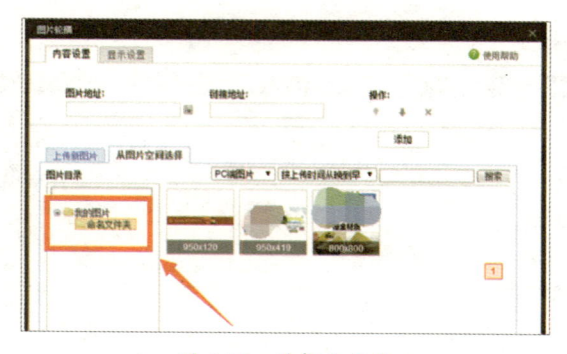

图 6-85 选择文件夹

（7）选择需要在轮播模块中进行展现的图片，如图6-86所示。

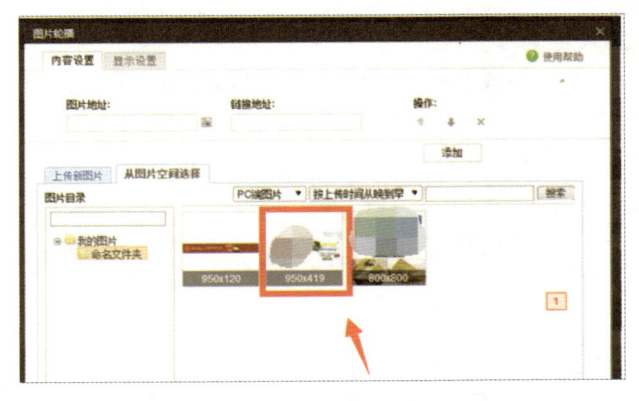

图6-86　选择图片

（8）单击"显示设置"选项卡，如图6-87所示。

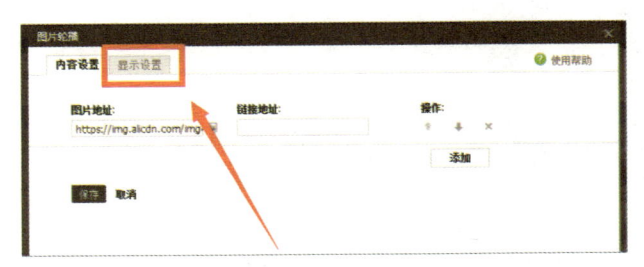

图6-87　单击"显示设置"选项卡

（9）根据需要选择是否显示此模块的标题，如图6-88所示。

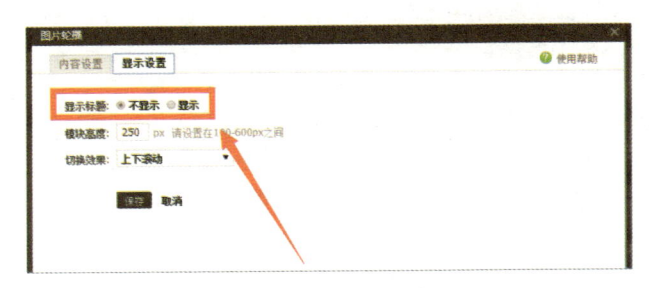

图6-88　设置是否显示标题

（10）根据图片的尺寸，设置模块高度，高度范围是 100px ～ 600px，如图 6-89 所示。

图 6-89　设置模块高度

（11）根据需要选择轮播展示的切换效果，如图 6-90 所示。

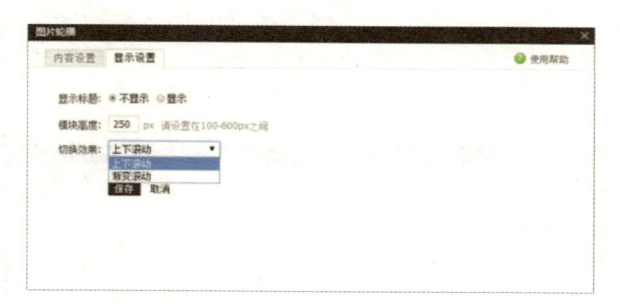

图 6-90　设置切换效果

（12）单击"保存"按钮完成轮播模块的编辑，如图 6-91 所示。

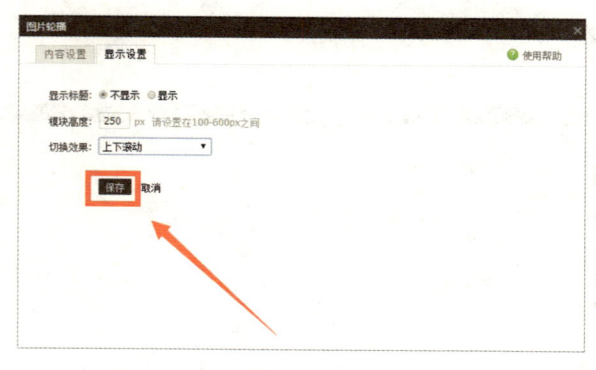

图 6-91　单击"保存"按钮

## 6.2 代码链接

### 6.2.1 使用 Dreamweaver 制作热点

在没有为图片添加热点前，将鼠标指针移动到图片上时会显示箭头，无法单击，也无法到达商品对应的页面，如图 6-92 所示。

为图片添加热点后，将鼠标指针移动到图片上时会显示手形图标，可以单击图片进入商品对应的页面，如图 6-93 所示。

图 6-92 没有添加热点的图片

图 6-93 添加热点后的图片

这是怎么做到的呢？下面就讲解为图片添加热点的方法。

#### 1. 初识 Dreamweaver

打开 Dreamweaver 软件，启动界面如图 6-94 所示。

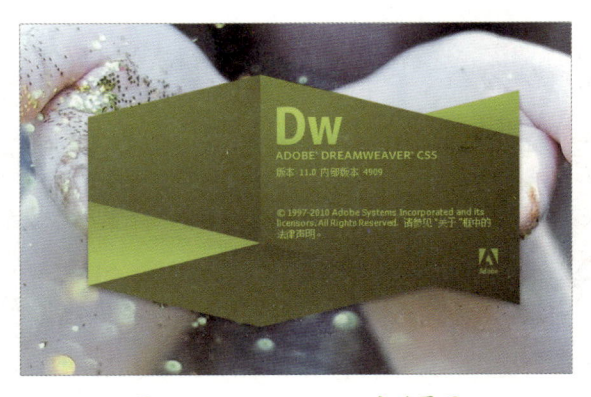

图 6-94 Dreamweaver 启动界面

Dreamweaver 界面如图 6-95 所示，界面最上方为菜单栏（红色框中的区域）。

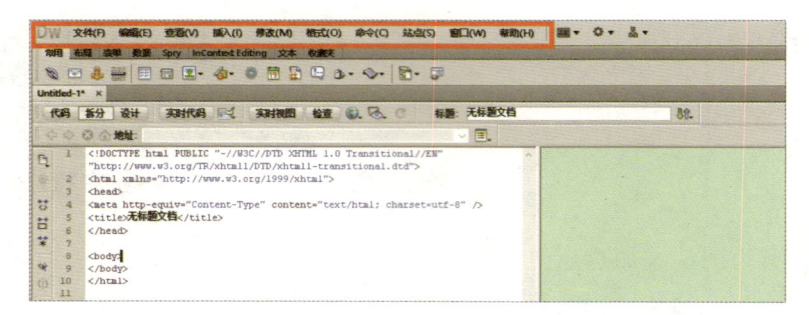

图 6-95　Dreamweaver 界面

Dreamweaver 工具栏（红色框中的区域）如图 6-96 所示。

图 6-96　Dreamweaver 工具栏

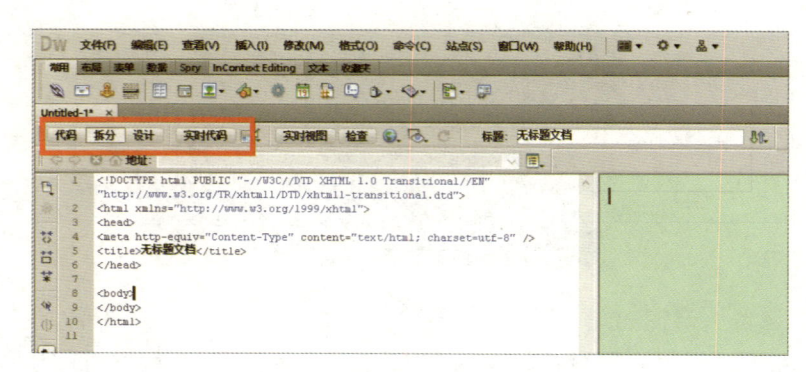

Dreamweaver 视图模式选项（红色框中的按钮）如图 6-97 所示。

图 6-97　Dreamweaver 视图模式选项

Dreamweaver 编辑区（红色框中的区域）如图 6-98 所示。

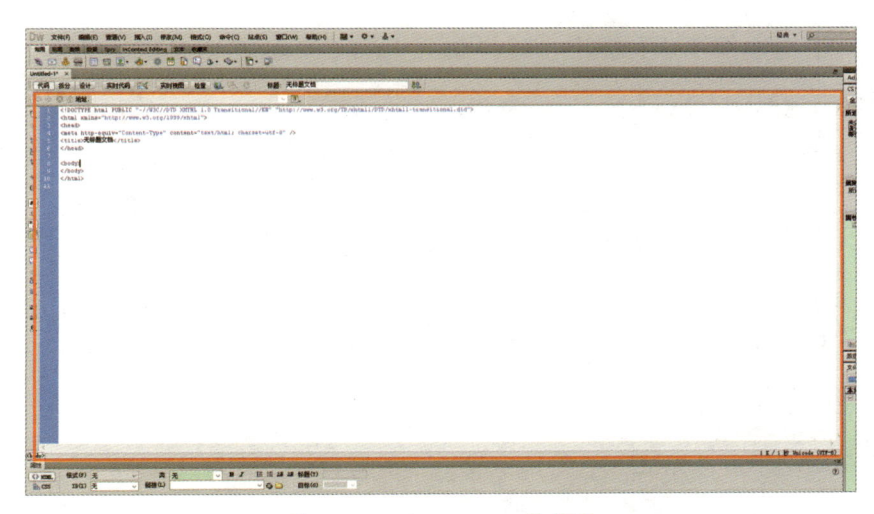

图 6-98　Dreamweaver 编辑区

Dreamweaver 状态栏（红色框中的区域）如图 6-99 所示。

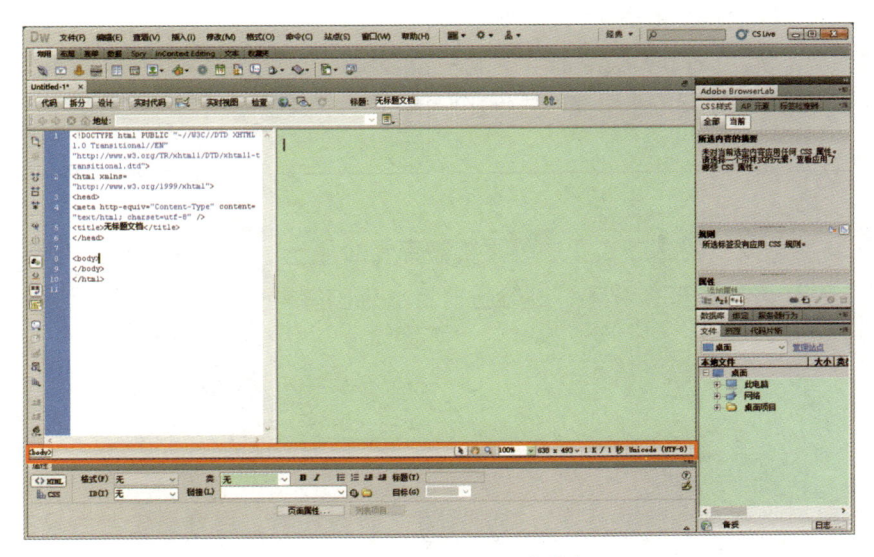

图 6-99　Dreamweaver 状态栏

Dreamweaver 属性面板（红色框中的区域）如图 6-100 所示。

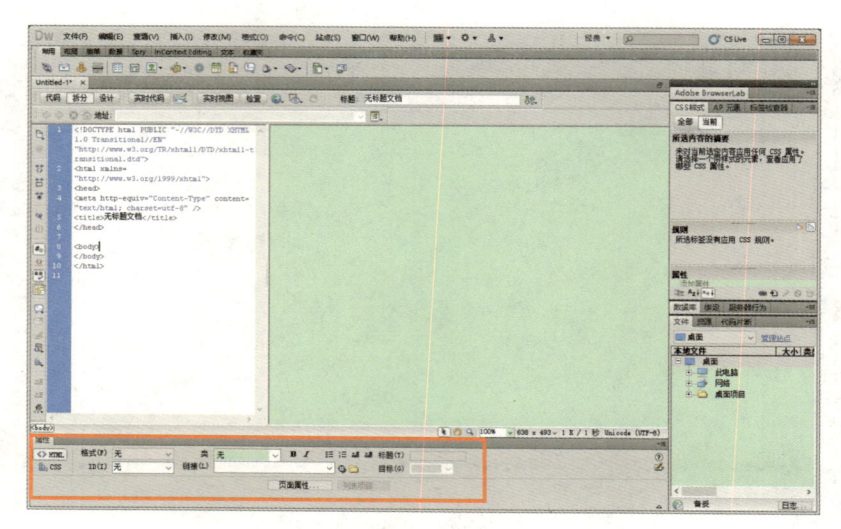

图 6-100　Dreamweaver 属性面板

Dreamweaver 面板组（红色框中的区域）如图 6-101 所示。

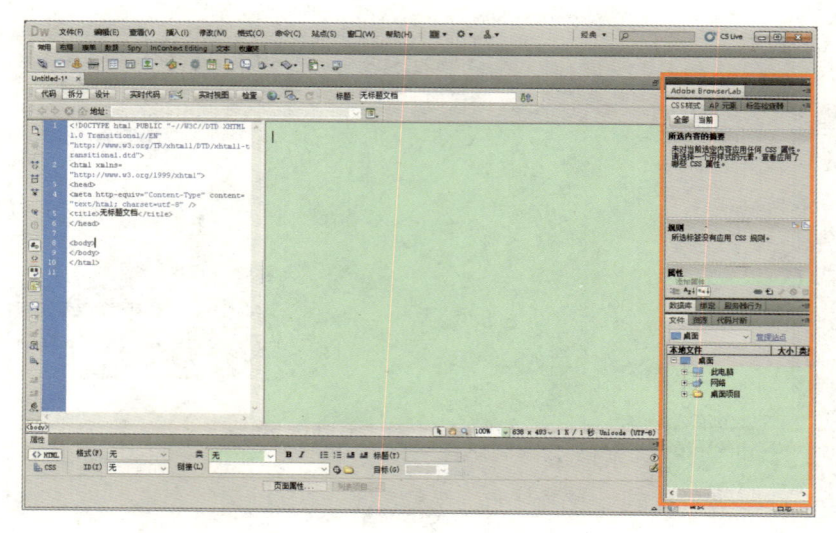

图 6-101　Dreamweaver 面板组

2. 制作步骤

（1）打开卖家中心页面，单击"店铺管理"中的"图片空间"，如图 6-102 所示，进入图片空间。

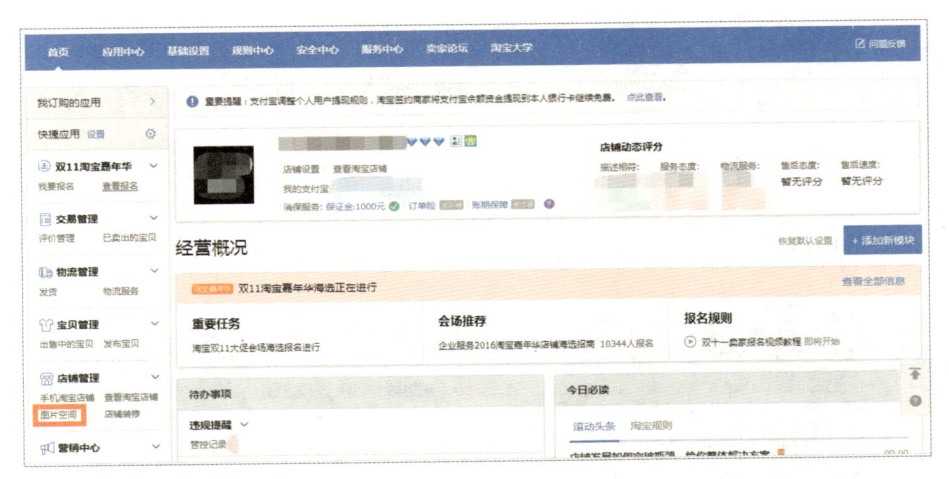

图 6-102　单击"图片空间"

（2）进入图片空间后，单击"复制链接"按钮复制图片链接，如图 6-103 所示。

图 6-103　复制图片链接

（3）打开 Dreamweaver，新建 HTML 页面，如图 6-104 所示。

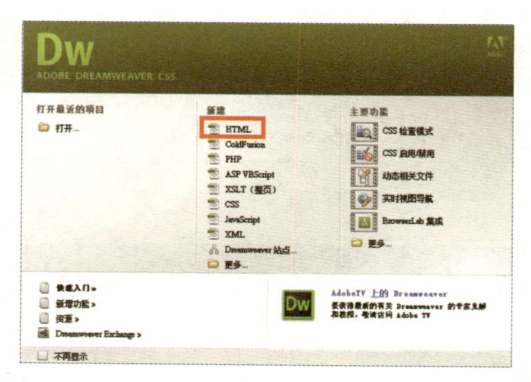

图 6-104　新建 HTML 页面

（4）打开代码视图，其中有默认的代码，如图 6-105 所示。

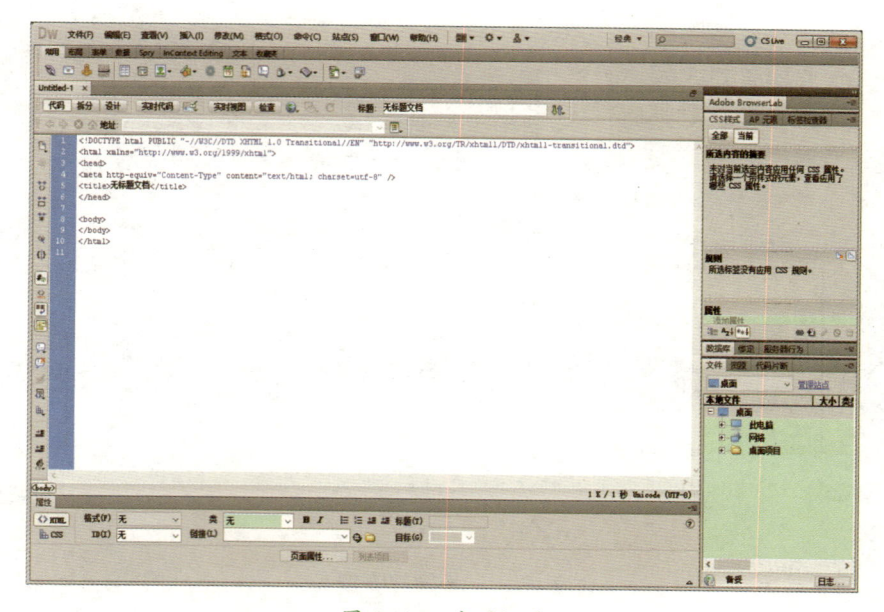

图 6-105　代码视图

（5）删除所有的代码，在视图模式选项中单击"拆分"按钮，对编辑区进行拆分，如图 6-106 所示。

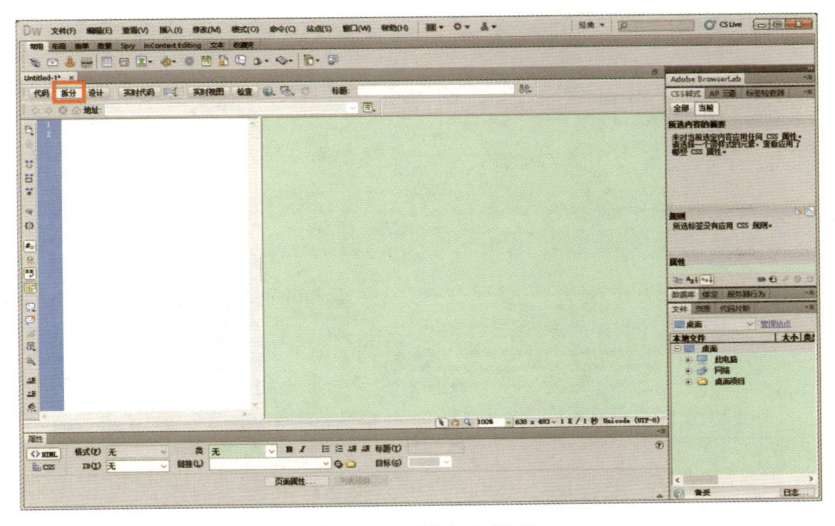

图 6-106 拆分编辑区

（6）在菜单栏中单击"插入"→"图像"命令，如图 6-107 所示。

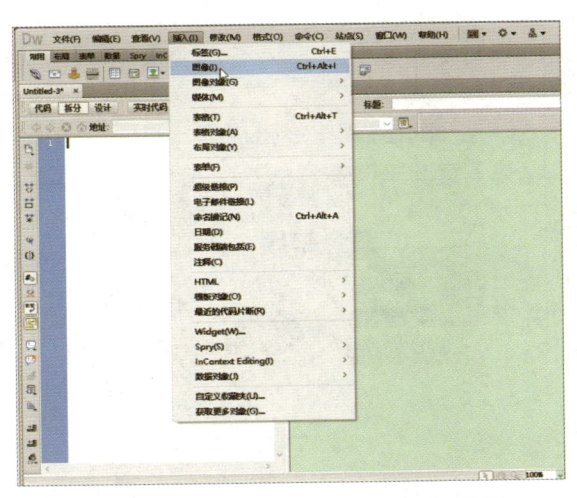

图 6-107 单击"插入"→"图像"命令

（7）打开"选择图像源文件"对话框，在"URL"文本框中粘贴前面复制的图片链接地址，如图 6-108 所示，然后单击"确定"按钮。

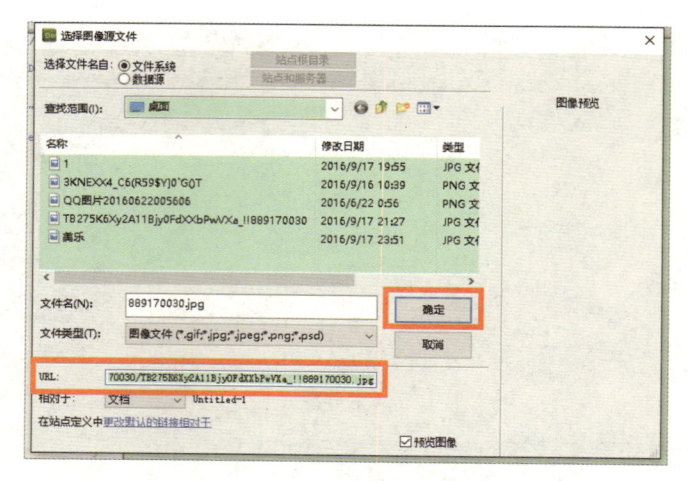

图 6-108 粘贴图片链接地址

（8）插入图片后的效果如图 6-109 所示。

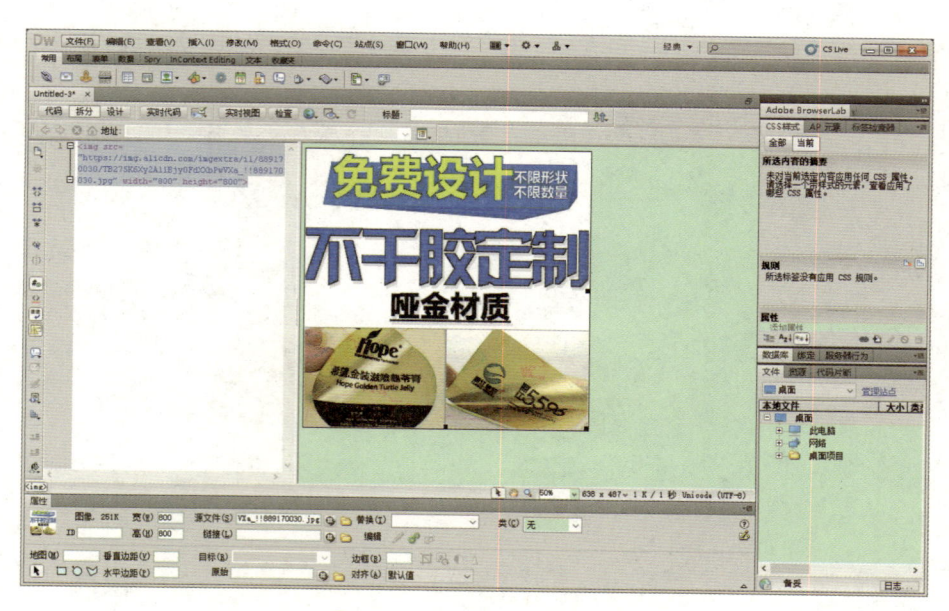

图 6-109 插入图片后的效果

（9）在属性栏中选择矩形热点工具，如图 6-110 所示。

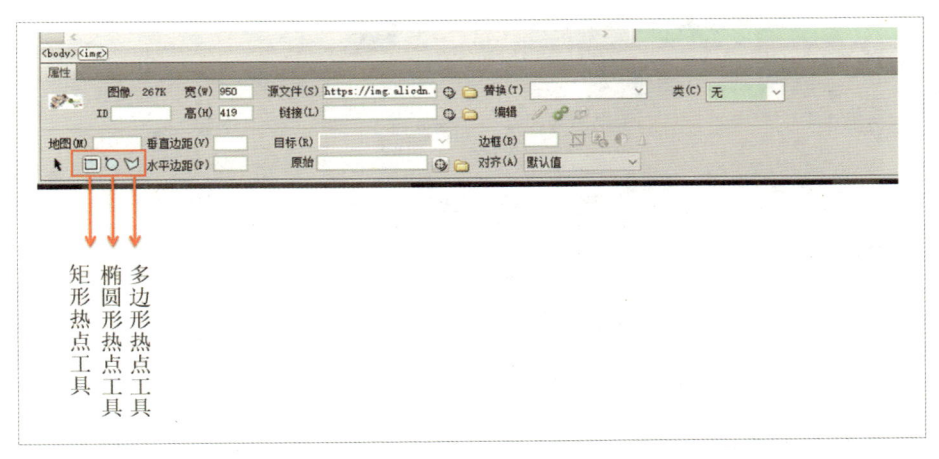

图 6-110　选择热点工具

（10）在需要添加链接的区域按住鼠标左键并拖动，如图 6-111 所示。

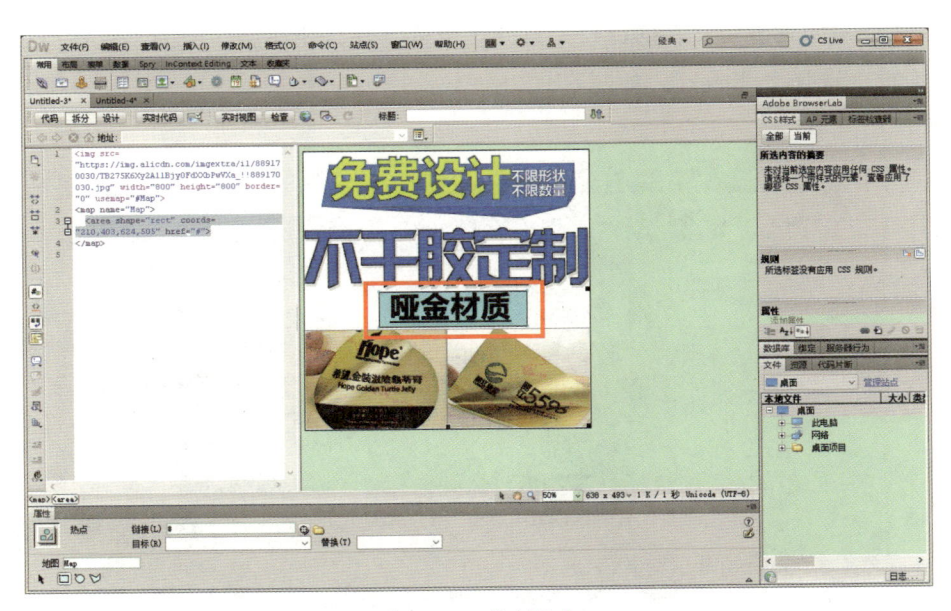

图 6-111　绘制热点

（11）在属性栏的"链接"文本框中输入购买该商品的链接地址，如图 6-112 所示。

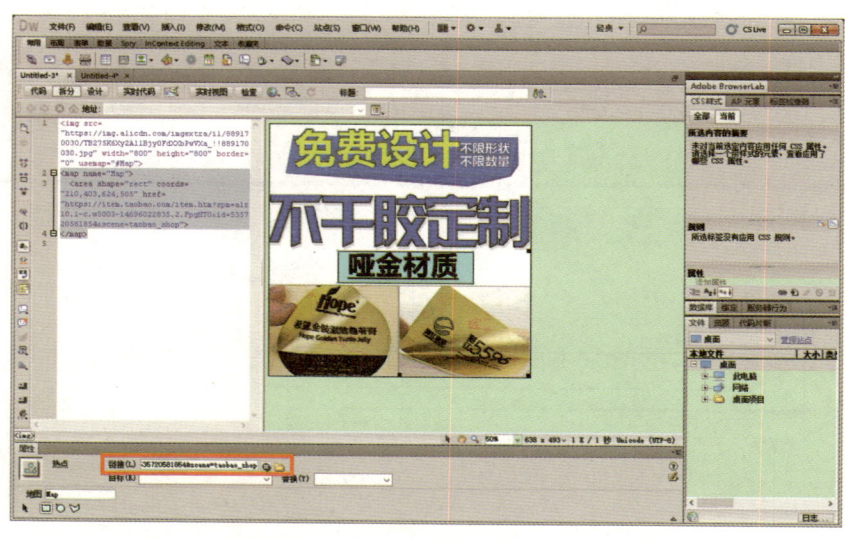

图 6-112　输入购买该商品的链接地址

（12）如果需要在新的窗口中打开该链接，那么要在属性栏的"目标"下拉列表框中选择"_black"，如图 6-113 所示。

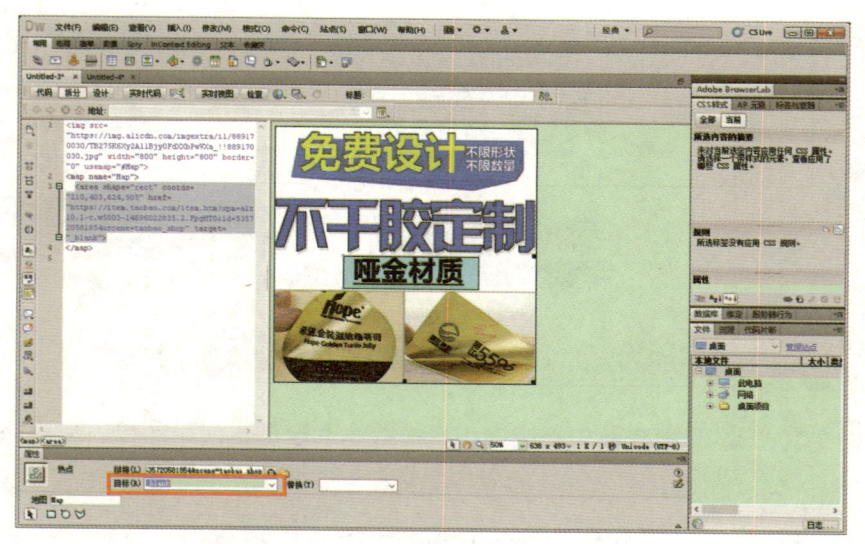

图 6-113　在"目标"下拉列表框中选择"_black"

（13）复制左侧栏中的所有代码，如图 6-114 所示。可以使用 Ctrl+A（全选）组合键和 Chrl+C（复制）组合键进行复制操作。

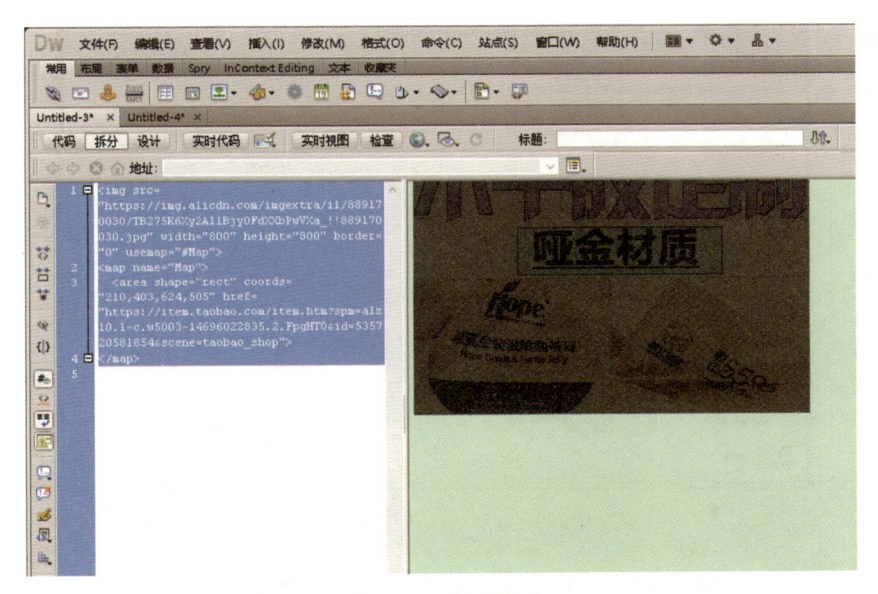

图 6-114　复制代码

（14）进入装修后台的"自定义内容区"模块，单击该模块中的"编辑"按钮，如图 6-115 所示。

图 6-115　单击"编辑"按钮

（15）打开"自定义内容区"对话框，单击"页面源代码"按钮，如图 6-116 所示。

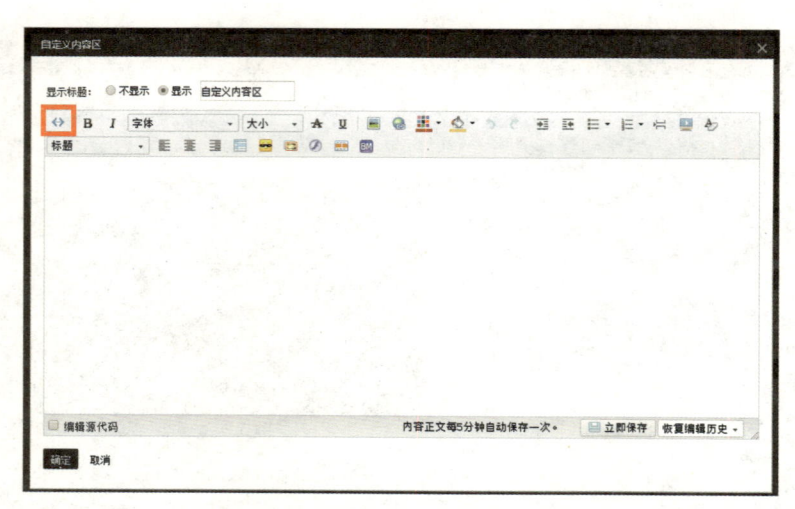

图 6-116　单击"页面源代码"按钮

（16）在文本框中粘贴代码，然后单击"确定"按钮，如图 6-117 所示。

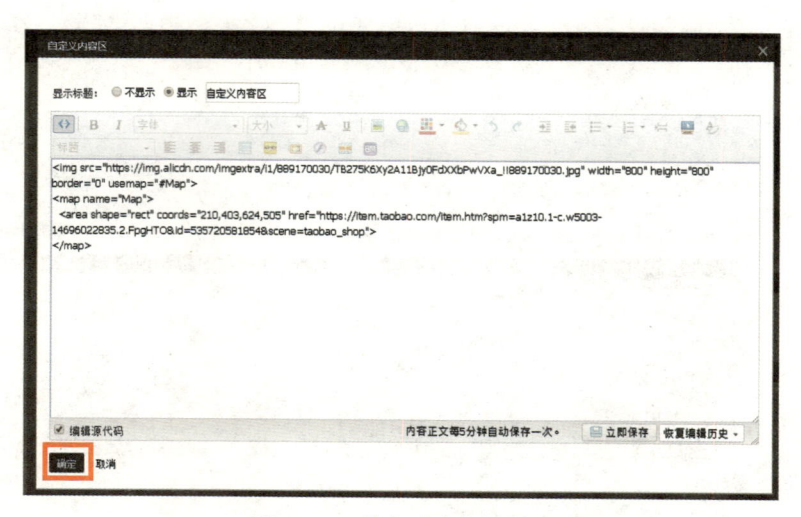

图 6-117　单击"确定"按钮

（17）单击"预览"按钮可查看效果，如图6-118所示。

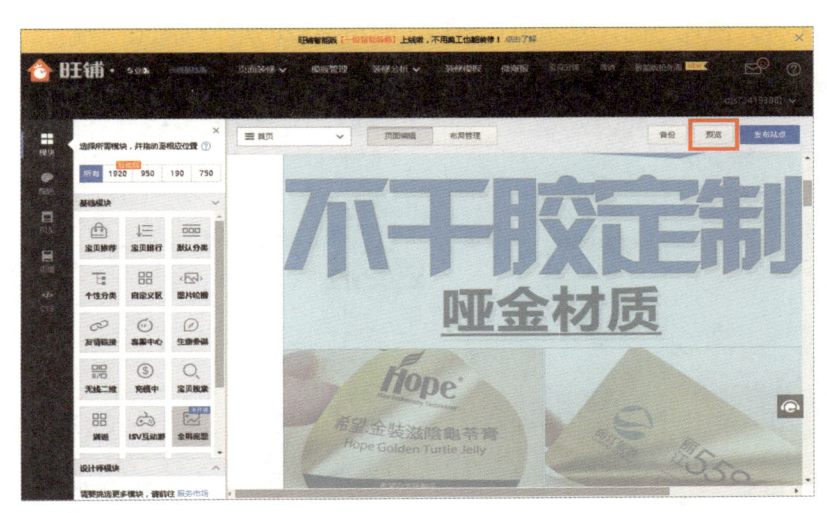

图6-118　预览效果

（18）在预览页面中确认添加链接成功后，单击"发布站点"按钮，如图6-119所示。

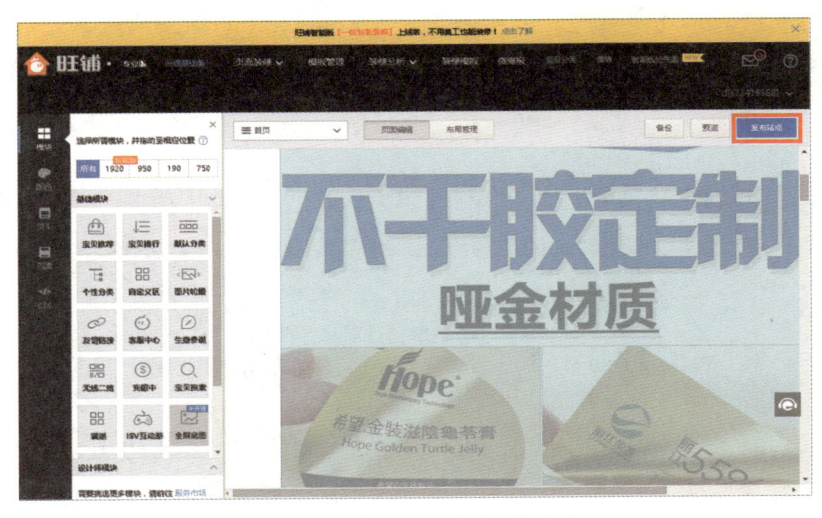

图6-119　单击"发布站点"按钮

## 6.2.2 后台添加超链接

（1）进入图片空间，复制图片链接，如图 6-120 所示。

图 6-120　复制图片链接

（2）在左侧栏中单击"店铺装修"，进入装修后台，如图 6-121 所示。

图 6-121　单击"店铺装修"

（3）在自定义内容区单击"编辑"按钮，如图 6-122 所示。

图 6-122　单击"编辑"按钮

（4）在打开的对话框中单击"插入链接"按钮，如图 6-123 所示。

图 6-123　单击"插入链接"按钮

（5）打开"链接"对话框，在"链接网址"文本框中粘贴前面复制的图片链接网址，如图 6-124 所示。

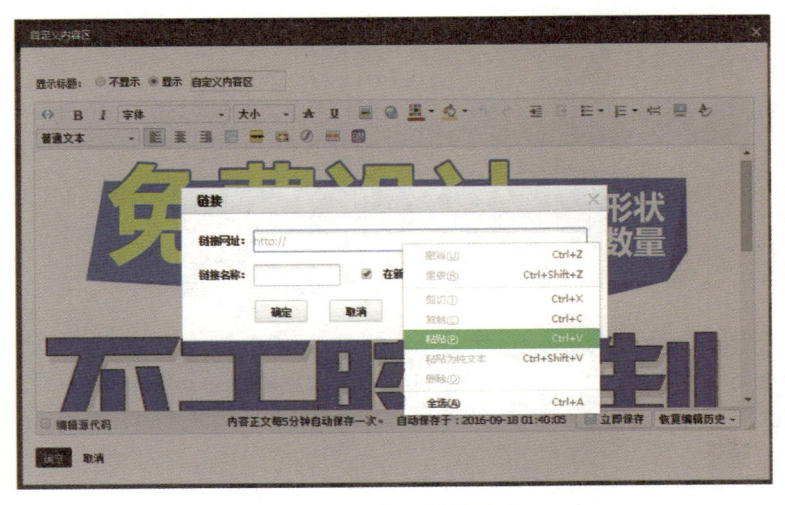

图 6-124　粘贴链接网址

（6）如果需要在新窗口中打开链接，则需勾选"在新窗口打开链接"复选框，如图6-125所示。完成后单击"确定"按钮。

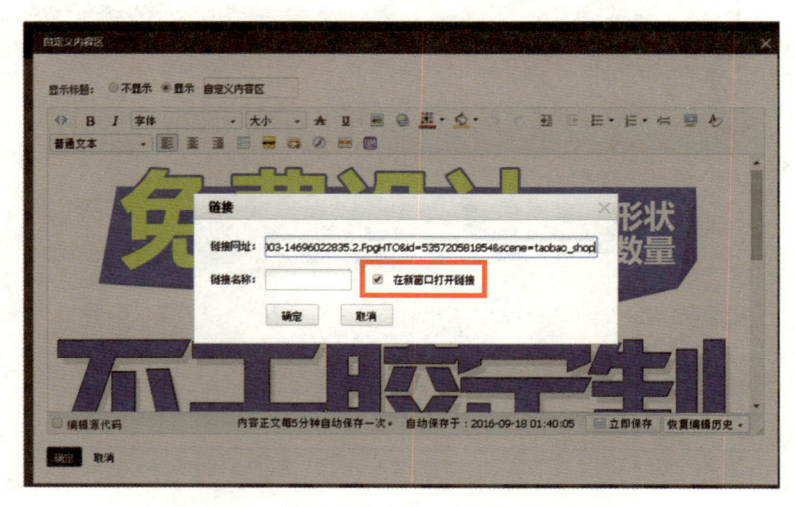

图6-125 勾选"在新窗口打开链接"复选框

（7）返回"自定义内容区"对话框，单击"确定"按钮，如图6-126所示。

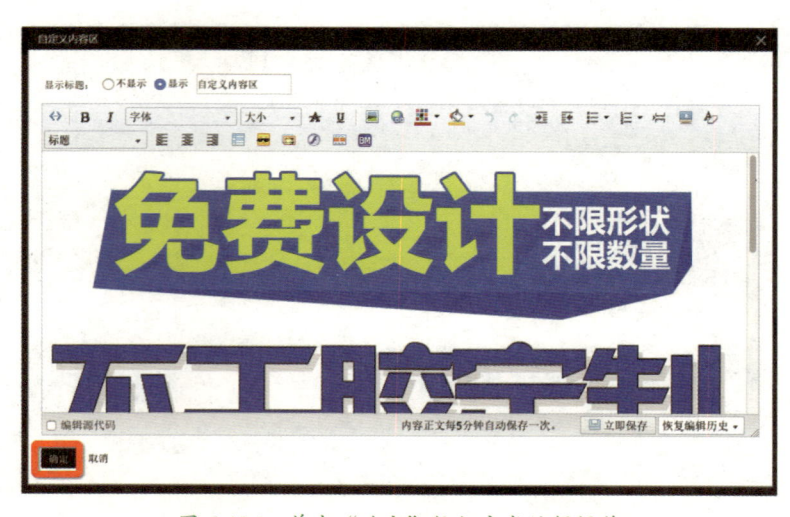

图6-126 单击"确定"按钮完成编辑操作

(8)单击"预览"按钮可查看效果,如图 6-127 所示。

图 6-127　单击"预览"按钮查看效果

(9)预览效果满意后,单击右上角的"发布站点"按钮即可。

## 6.3　无线端店铺装修

### 6.3.1　无线端首页模块的添加与布局

#### 1. 无线端首页模块的添加

在无线端添加首页模块的具体操作步骤如下。

(1)打开无线端首页装修页面,如图 6-128 所示。

(2)在左侧选择所要添加的模块,如图 6-129 所示。

(3)按住鼠标左键拖曳模块到右侧页面布局栏中的可放置区域,如图 6-130 所示。

图 6-128 无线端首页装修页面

图 6-129 选择要添加的模块

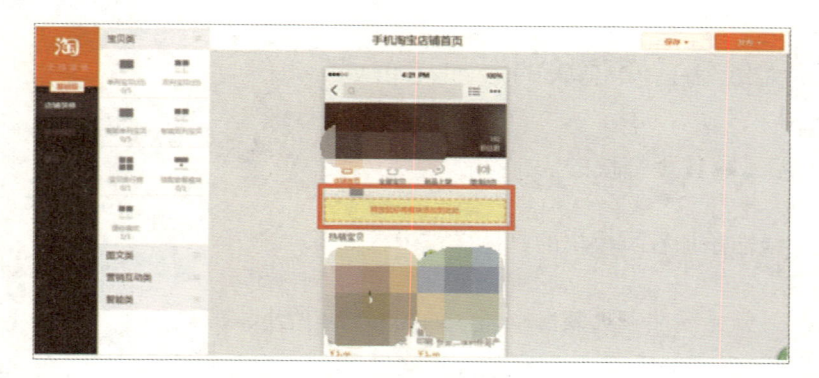

图 6-130 拖曳模块到页面布局栏

（4）释放鼠标即可完成首页模块的添加，如图 6-131 所示。

图 6-131　完成模块的添加

### 2. 无线端首页模块的布局

选择需要调整位置的模块，单击模块右侧的按钮即可进行上下调整或删除，如图 6-132 所示。

图 6-132　调整首页模块布局

## 6.3.2　无线端首页模块的编辑

编辑无线端首页模块的具体操作步骤如下。

（1）进入无线端首页装修页面，单击需要编辑的模块，如图 6-133 所示。

（2）在页面右侧的"标题"文本框中输入模块标题，如图 6-134 所示。

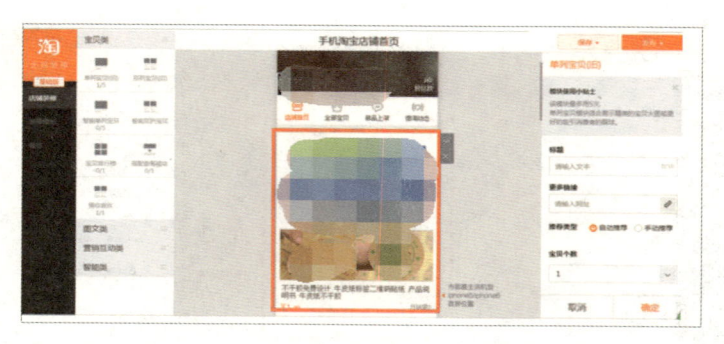

图 6-133　单击需要编辑的模块

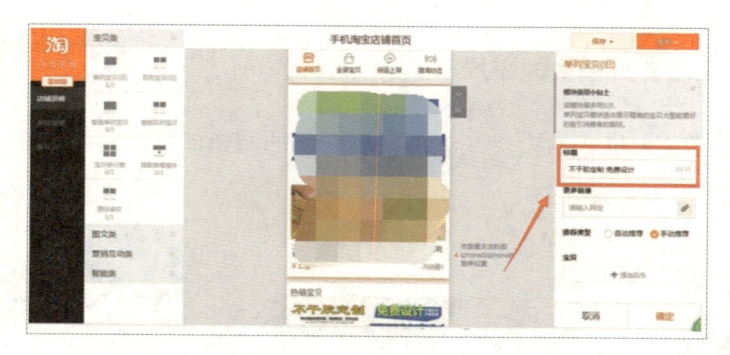

图 6-134　输入模块标题

(3) 可以设置页面模块需要链接到的目标网址,如图 6-135 所示。

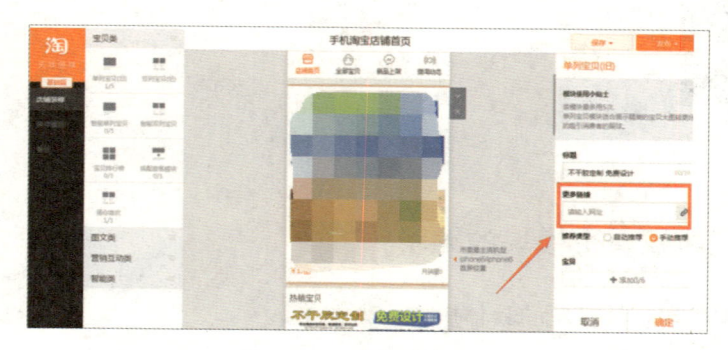

图 6-135　设置链接网址

(4) 单击"链接"按钮,可以在打开的对话框中选择目标要链接的宝贝或其他网址,如图 6-136 所示。

图 6-136 "链接小工具"对话框

(5) 单击"选择链接"按钮，如图 6-137 所示。

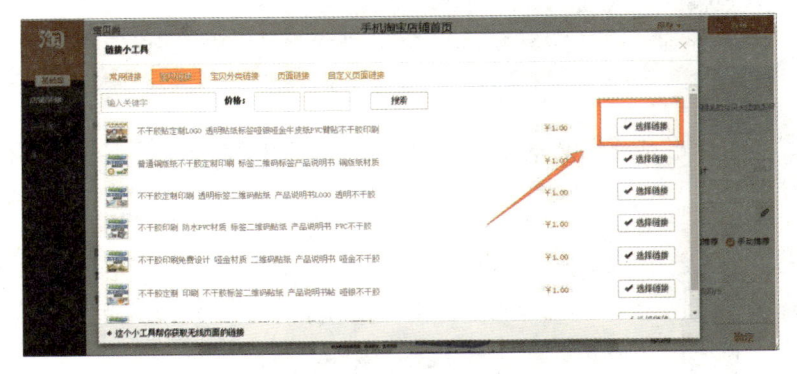

图 6-137 单击"选择链接"按钮

(6) 链接类型选择"自动推荐"或"手动推荐"，如图 6-138 所示。

图 6-138 设置链接类型

（7）选择"自动推荐"后需设置模块展现规则，在"宝贝个数"下拉列表框中选择宝贝个数，如图 6-139 所示。

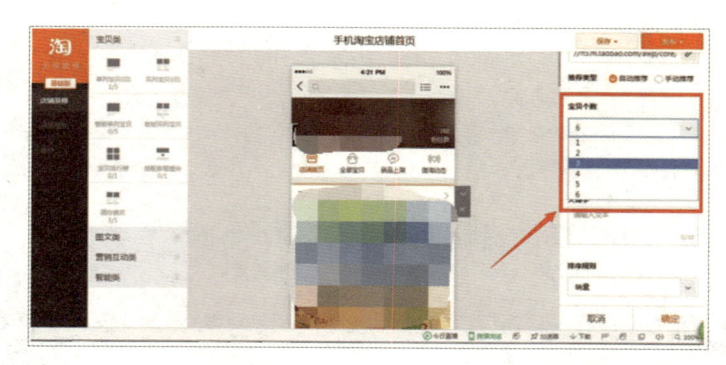

图 6-139　选择宝贝个数

（8）在"价格过滤"文本框中可设置宝贝的价格区间，如图 6-140 所示。

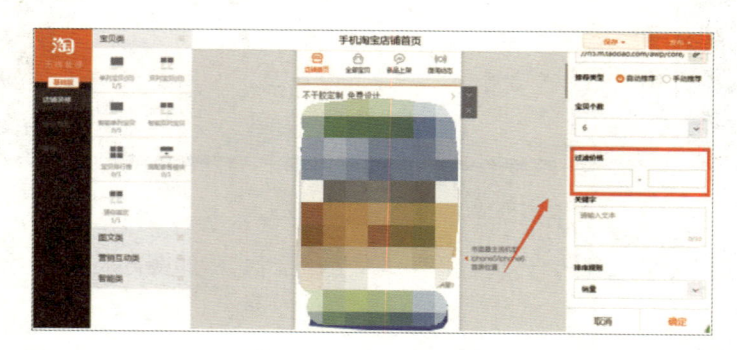

图 6-140　设置价格区间

（9）在"关键字"文本框中可输入模块中要展示的宝贝关键字，如图 6-141 所示。

（10）设置模块排序规则，可根据销量、库存和上下架时间来设置，如图 6-142 所示。

（11）选择"手动推荐"后，可以根据需要在模块中添加要展示的宝贝，如图 6-143 所示。

图 6-141　输入关键字

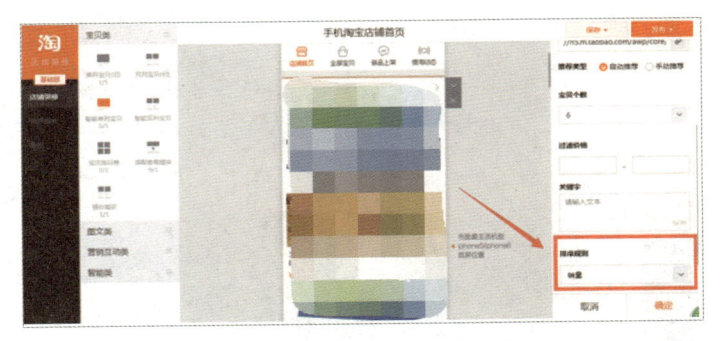

图 6-142　设置模块排序规则

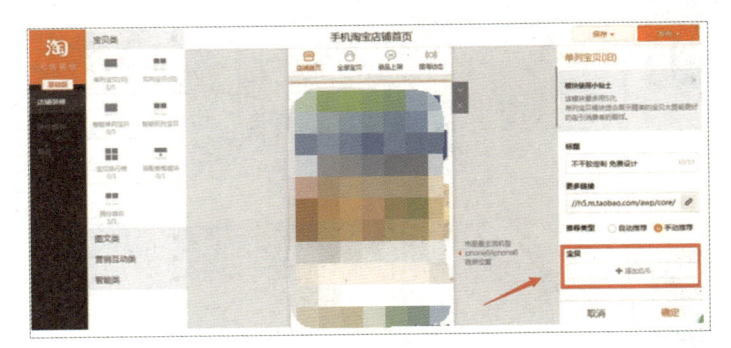

图 6-143　根据需要添加宝贝

（12）单击"添加"按钮后，在打开的对话框中选择需要展现的宝贝，如图 6-144 所示，单击"完成"按钮宝贝即可添加成功。

（13）返回无线端首页装修页面，单击"确定"按钮完成模块编辑，如图 6-145 所示。无线端店铺首页的最终效果如图 6-146 所示。

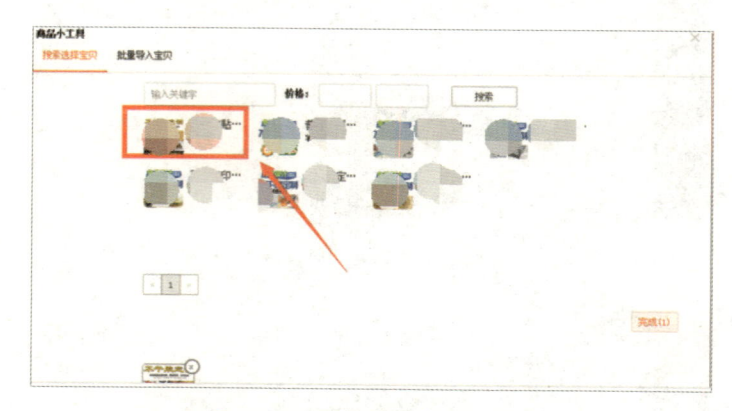

图 6-144　选择需要展现的宝贝

图 6-145　单击"确定"按钮

图 6-146　店铺首页最终效果

## 6.3.3 无线端详情页编辑

### 1. 添加图片

在无线端详情页中添加图片的具体操作步骤如下。

（1）进入无线端详情编辑页后，单击左侧的"图片添加"按钮，如图 6-147 所示。

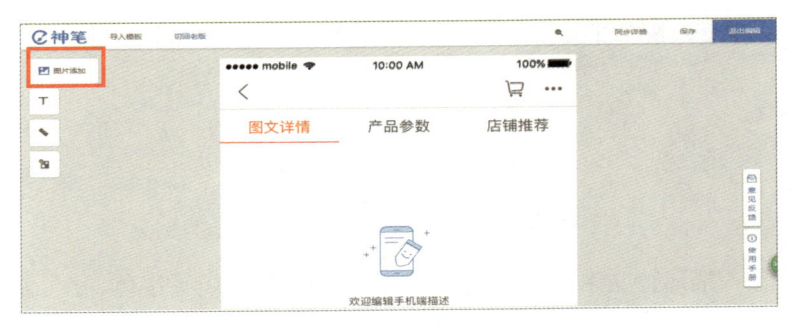

图 6-147　单击"图片添加"按钮

（2）打开"选择图片"对话框，在图片空间中选择需要的图片，如图 6-148 所示。

（3）分别单击"插入"和"完成"按钮，完成图片的添加，如图 6-149 所示。

图 6-148　选择图片　　　图 6-149　分别单击"插入"和"完成"按钮

## 2. 添加文字

在无线端详情页中添加文字的具体操作步骤如下。

(1)进入无线端详情编辑页后,单击左侧的"文字添加"按钮,如图6-150所示。

图6-150　单击"文字添加"按钮

(2)输入描述性文字,可使用页面上方的工具按钮编辑字体、字号及颜色等,如图6-151所示。

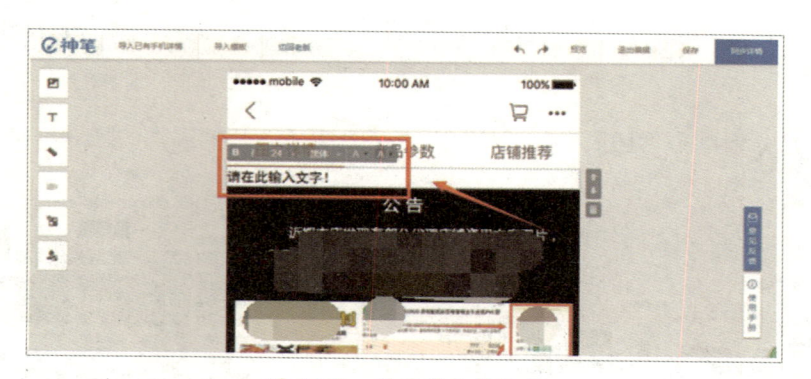

图6-151　输入并编辑文字

## 3. 添加尺码

在无线端详情页中添加尺码的具体操作步骤如下。

（1）进入无线端详情编辑页后，单击左侧的"尺码添加"按钮，如图 6-152 所示。

图 6-152　单击"尺码添加"按钮

（2）这时系统提示到"卖家中心—出售中的宝贝"中进行尺码设置，神笔将自动同步尺寸，如图 6-153 所示。

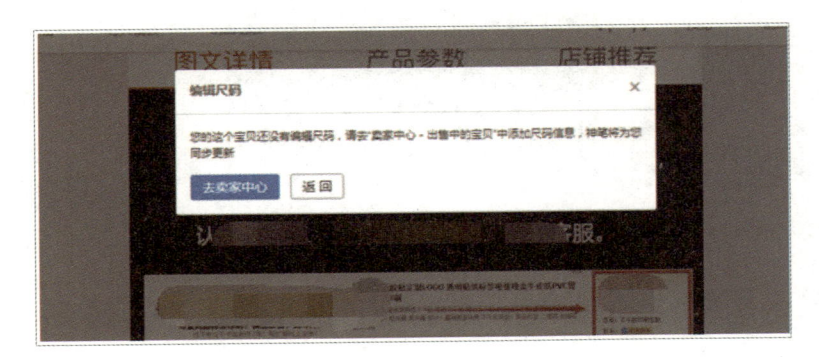

图 6-153　系统提示

### 4．添加自运营模块

在无线端详情页中添加自运营模块的具体操作步骤如下。

（1）进入无线端详情编辑页，单击左侧的"自运营模块"按钮，如图 6-154 所示。

（2）选择需要添加的模块，可选模块有优惠券模块、卖家推荐模块和店铺活动模块，如图 6-155 所示。

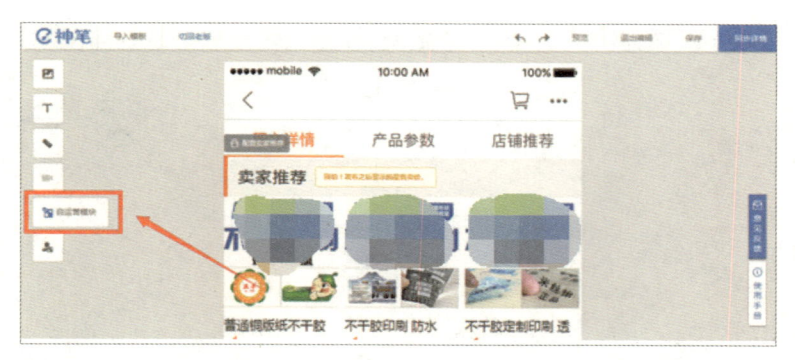

图 6-154 单击"自运营模块"按钮

图 6-155 选择需要添加的模块

(3) 这里选择卖家推荐模块，如图 6-156 所示。

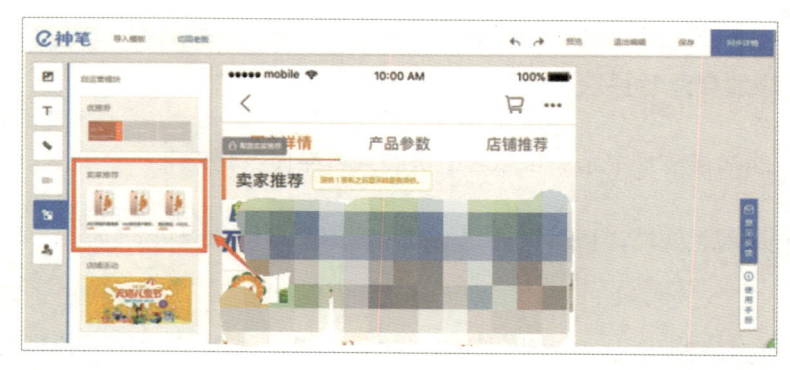

图 6-156 选择卖家推荐模块

（4）在打开的对话框中选择需要推荐的商品，如图 6-157 所示。

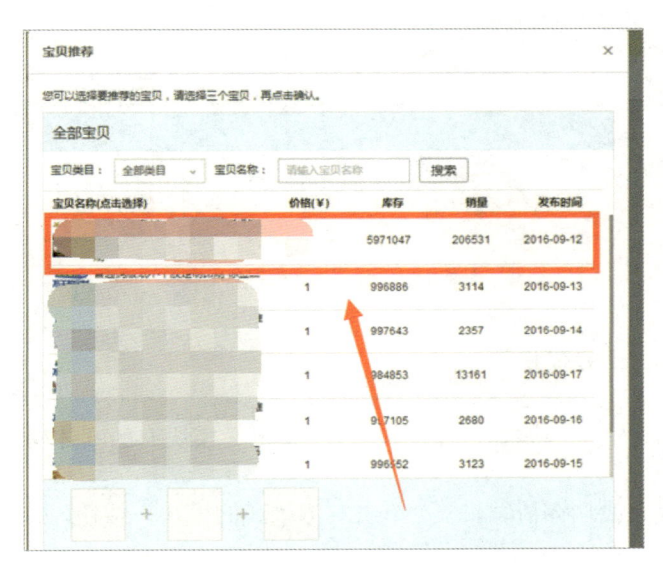

图 6-157　选择需要推荐的商品

（5）可选择 3 个推荐商品，完成后单击"确定"按钮，如图 6-158 所示。设置完成后的效果如图 6-159 所示。

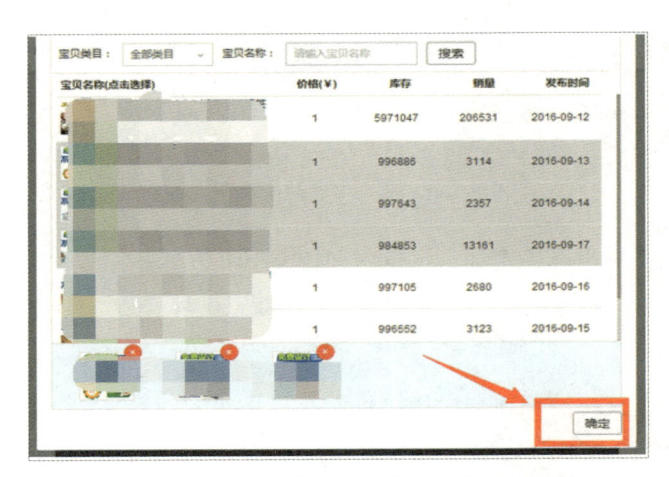

图 6-158　选择推荐商品后单击"确定"按钮

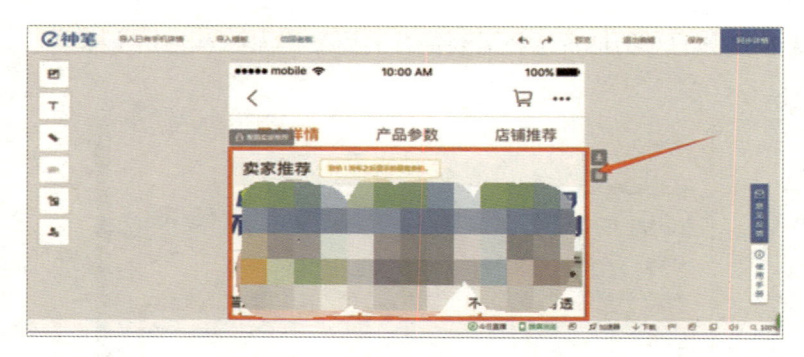

图 6-159 设置完成后的效果

**5. 添加"我的模块"**

在无线端详情页中添加"我的模块"（自定义模块）的具体操作步骤如下。

（1）进入无线端详情编辑页，单击左侧"我的模块"按钮，如图 6-160 所示。

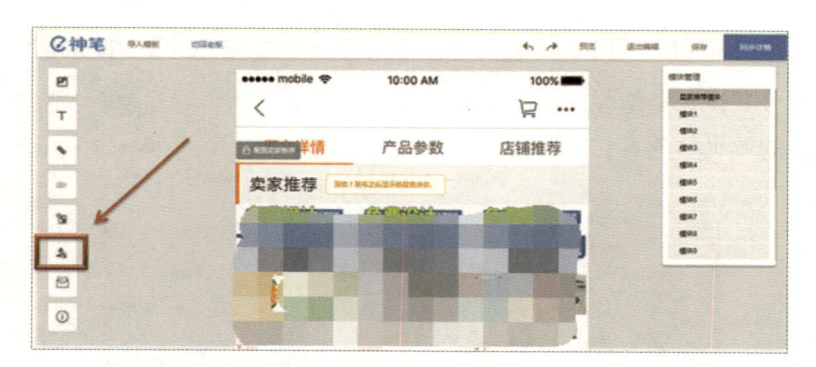

图 6-160 单击"我的模块"按钮

（2）单击"点击这里添加"链接，如图 6-161 所示。

（3）单击"创建我的模块"，如图 6-162 所示。

（4）在页面右侧对创建的模块进行命名，如图 6-163 所示。

（5）根据需要单击颜色按钮编辑模块背景色，如图 6-164 所示。

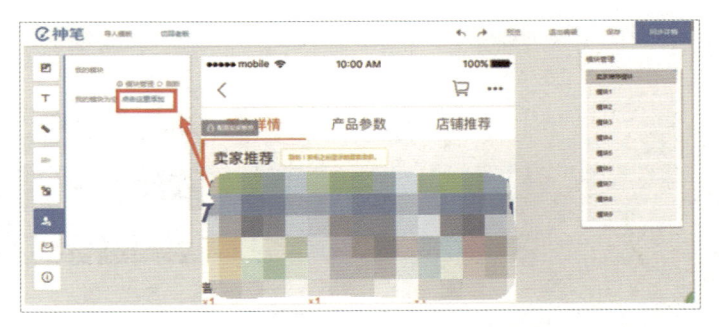

图 6-161 单击"点击这里添加"链接

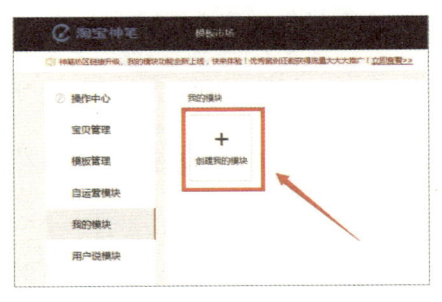

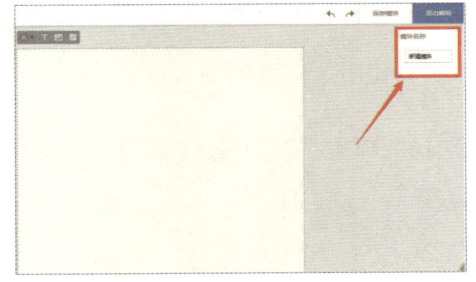

图 6-162 单击"创建我的模块"　　图 6-163 命名模块

（6）单击"文字"按钮，可在模块中添加和编辑文字，如图 6-165 所示。

图 6-164 编辑模块背景色　　图 6-165 添加文字

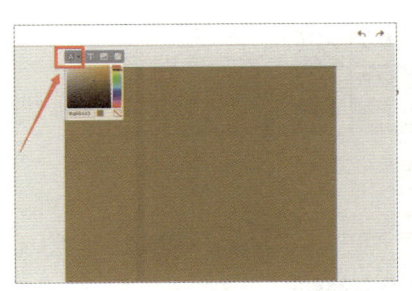

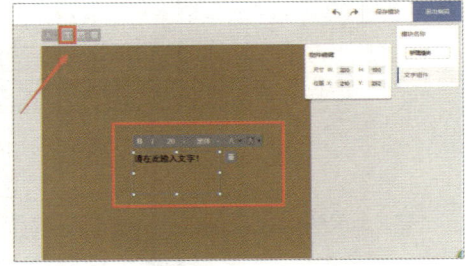

（7）单击"添加图片"按钮，如图 6-166 所示，可以在模块中添加和编辑图片。

（8）这时打开"选择图片"对话框，在图片空间中选择需要插入到模块中的图片，如图 6-167 所示。

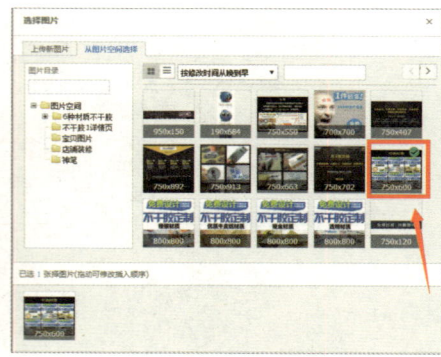

图 6-166 添加图片　　　　　图 6-167 "选择图片"对话框

（9）使用边框调整图片摆放的位置及显示尺寸，如图 6-168 所示。

（10）单击"添加热区"按钮，可对图片指向的目标链接进行设置，如图 6-169 所示。

图 6-168 调整图片位置及显示尺寸

图 6-169 单击"添加热区"按钮

（11）在"添加链接"文本框中输入热区指向的目标链接，如图6-170所示。

图6-170　添加热区链接

也可以直接选择商品进行设置，如图6-171所示。设置完成后单击"确定"按钮。

图6-171　直接选择商品设置热区

（12）通过热区边框可以调整大小和位置，如图6-172所示。

图6-172 调整热区的大小和位置

（13）单击右上角的"保存模块"按钮，如图6-173所示，完成模块的创建。

图6-173 单击"保存模块"按钮

（14）在"我的模块"中单击"新建模块"，将其直接插入页面，即可完成"我的模块"的添加，如图6-174所示。

图 6-174 单击"新建模块"直接插入页面

## 6.4 备份、还原及发布

### 6.4.1 备份和还原的作用

"备份"是指把目前装修的页面进行存档，以便以后根据需要恢复到现在的页面。"还原"是指把之前有过备份的页面进行恢复，单击"还原"按钮可以选择要恢复到哪个备份页面，选择后即可使页面得以恢复。如图 6-175 所示为没有背景的新的装修页面，如图 6-176 所示为备份页面，在图 6-175 中单击"还原"按钮后，即可恢复到图 6-176 所示的有背景的页面，这就是页面备份及还原实现的效果。

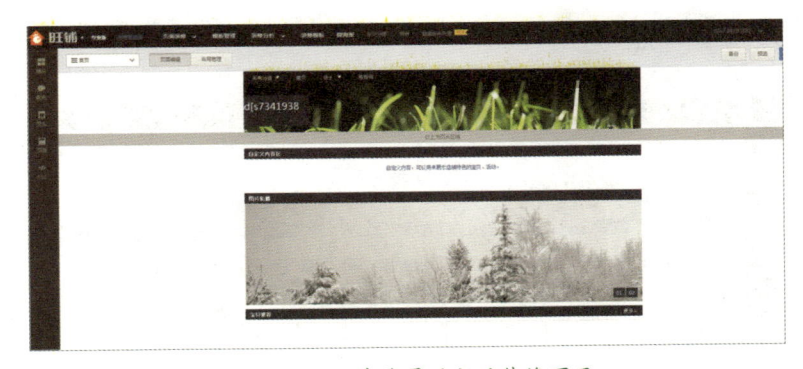

图 6-175 没有背景的新的装修页面

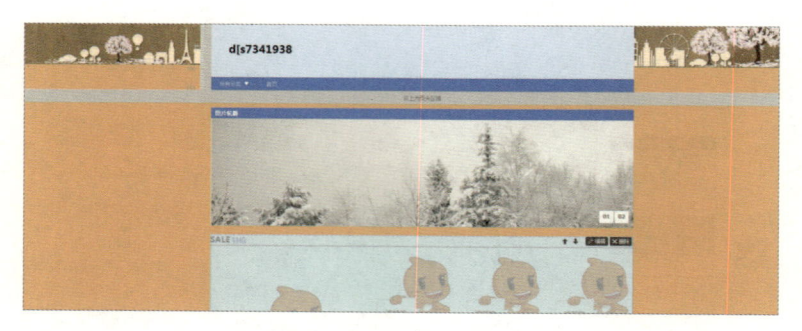

图 6-176 备份页面

### 6.4.2 备份店铺

**1. 备份是什么**

模板备份就是将布局模块设置和风格设置等自定义参数进行保存。

注意,手动备份的数量不能超过 15 个。

**2. 如何备份**

备份有两种方法,第一种方法的操作步骤如下。

(1)进入装修后台,单击右上方的"备份"按钮,如图 6-177 所示。

图 6-177 单击"备份"按钮

（2）打开"备份与还原"对话框，默认显示"备份"选项卡，在"备份名"文本框中输入方便查找和识别的名称，如图 6-178 所示。

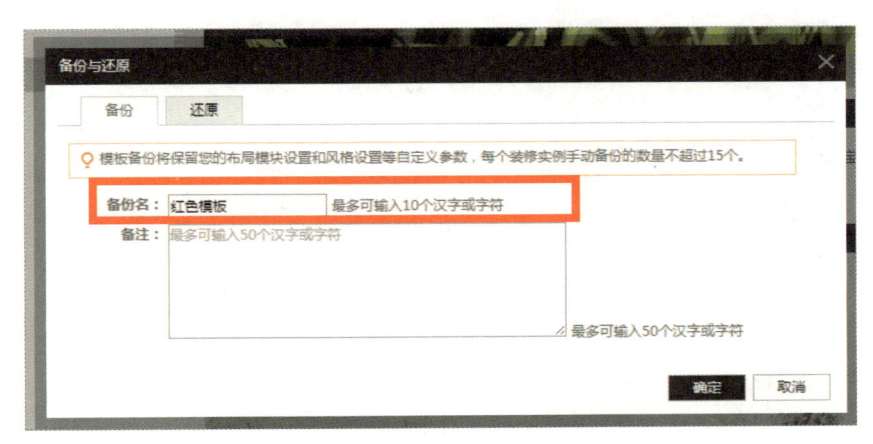

图 6-178　输入备份名

（3）单击"确定"按钮保存设置，如图 6-179 所示。

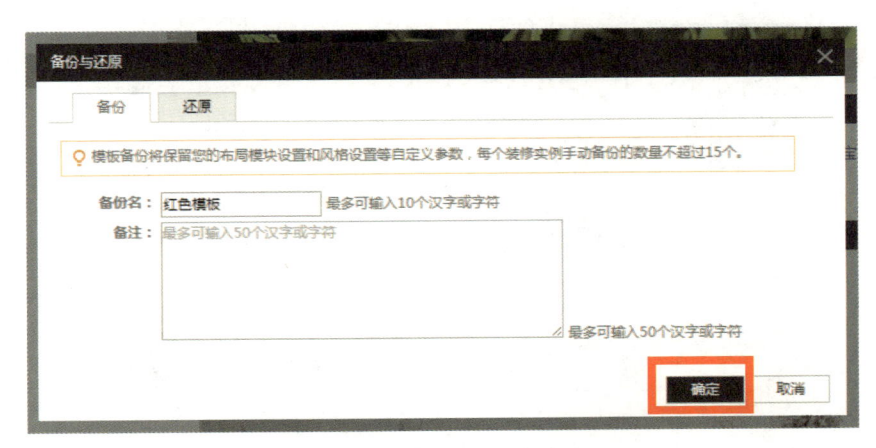

图 6-179　单击"确定"按钮

第二种方法的操作步骤如下。

（1）在装修后台单击"模板管理"，如图 6-180 所示。

图 6-180 单击"模板管理"

（2）选择一个模板后，单击"备份和还原"按钮，如图 6-181 所示。

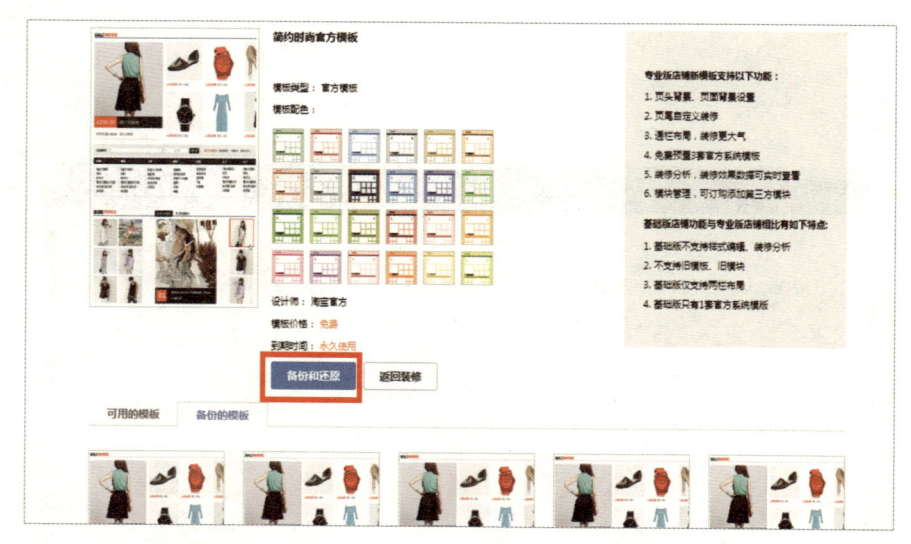

图 6-181 单击"备份和还原"按钮

（3）打开"备份与还原"对话框，在"备份名"文本框中输入方便查找和识别的名称，如图 6-182 所示，然后单击"确定"按钮保存设置。

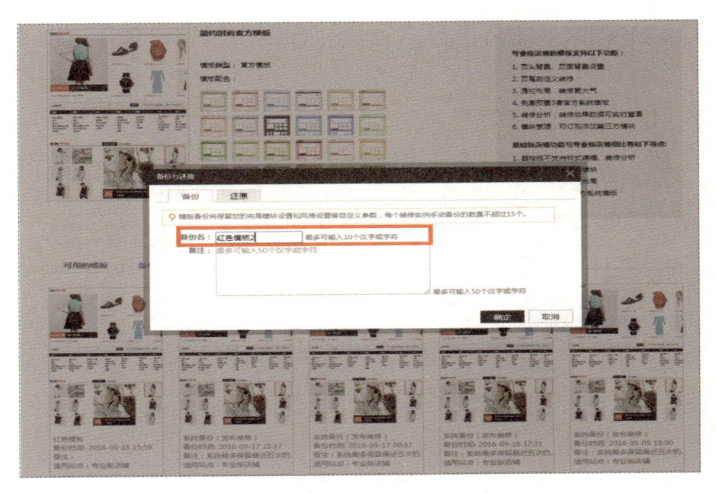

图 6-182 输入备份名

## 6.4.3 还原店铺

**1. 还原店铺是什么**

还原店铺就是恢复店铺之前设置的模块和数据。

**2. 如何还原店铺**

（1）在装修后台单击"模板管理"，如图 6-183 所示。

图 6-183 单击"模板管理"

（2）选择一个模板，然后单击"备份和还原"按钮，如图6-184所示。

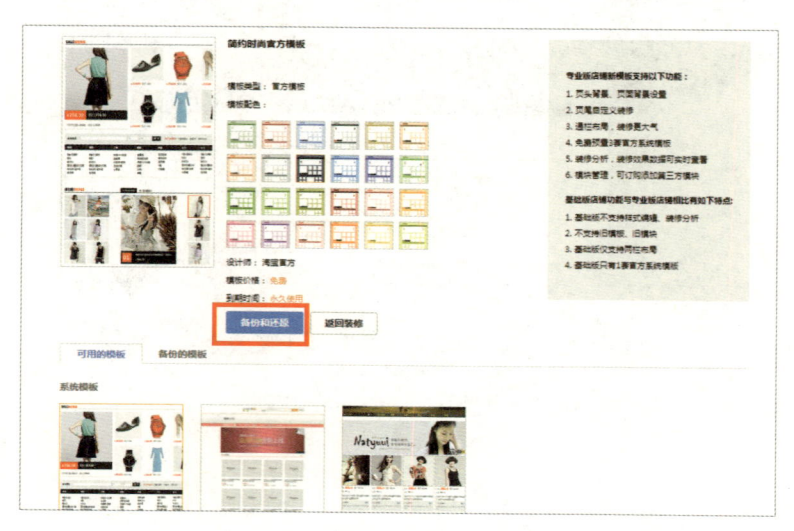

图6-184　单击"备份和还原"按钮

（3）打开"备份与还原"对话框，单击"还原"选项卡，如图6-185所示。

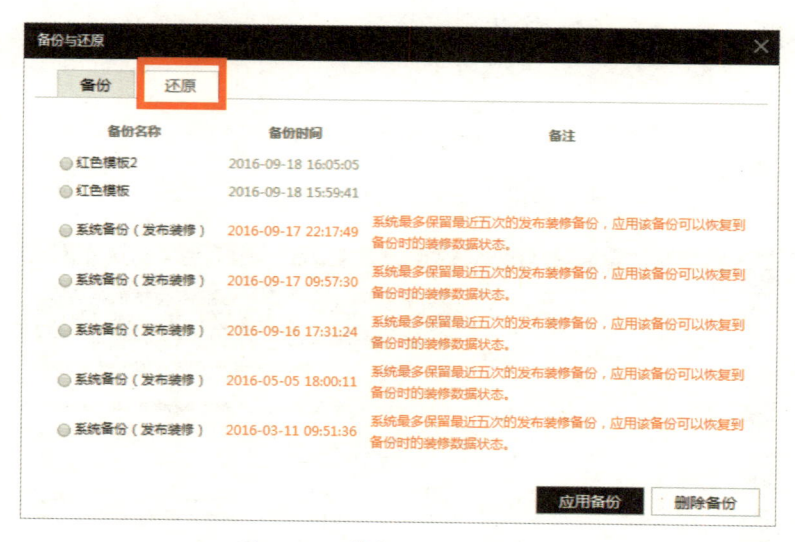

图6-185　单击"还原"选项卡

(4)选择需要还原的模板,如图 6-186 所示。

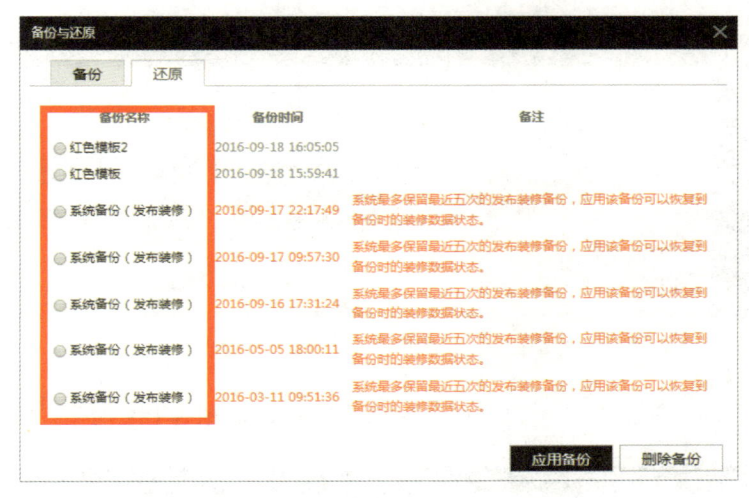

图 6-186　选择需要还原的模板

(5)选择完成后单击"应用备份"按钮即可。

## 6.4.4　发布

发布是什么?就是将自己的店铺展示出来。

发布的作用是什么?是让买家看到自己店铺的状态。

### 1. PC 端页面发布

PC 端首页发布的操作步骤如下。

(1)在淘宝网首页单击"卖家中心"。

(2)进入卖家中心页面后,在左侧栏中找到"店铺管理",单击其中的"店铺装修"。

（3）在打开的页面中单击"页面装修"下拉按钮，如图6-187所示。在打开的下拉列表中选择"页面管理"选项。

图6-187　单击"页面装修"下拉按钮

（4）单击"首页"右侧的"页面装修"链接，如图6-188所示。

图6-188　单击首页右侧的"页面装修"

（5）在打开的页面中单击右上角的"发布站点"按钮，如图6-189所示。

图6-189　单击"发布站点"按钮

PC 端详情页发布的操作步骤如下。

（1）在店铺装修后台单击"页面装修"下拉按钮，如图 6-190 所示，在下拉列表中选择"页面管理"。

图 6-190　单击"页面装修"下拉按钮

（2）在打开的页面中单击"宝贝详情页"选项卡，如图 6-191 所示。

图 6-191　单击"宝贝详情页"选项卡

（3）选择一个宝贝详情页，单击其右侧的"页面装修"链接，如图 6-192 所示。

图 6-192　单击"页面装修"链接

也可以直接进入详情页装修页面，如图 6-193 所示。

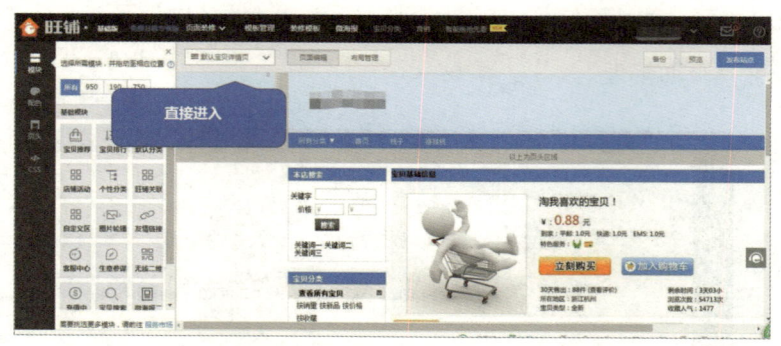

图 6-193　进入详情页装修页面

（4）在打开的页面中，单击右上角的"发布站点"按钮，如图 6-194 所示。

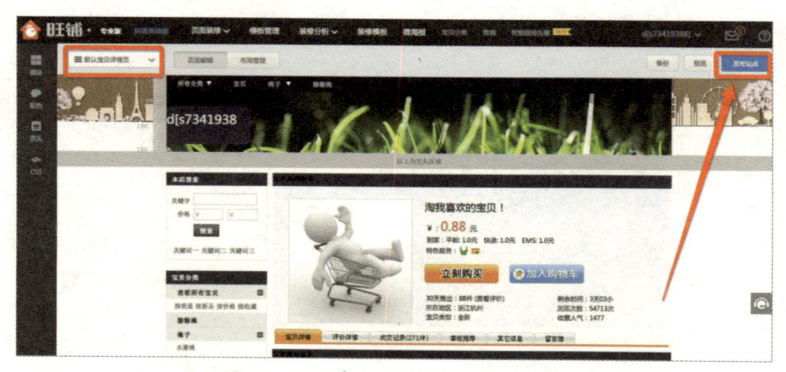

图 6-194　单击"发布站点"按钮

PC 端专题页发布的操作步骤如下。

（1）在店铺装修后台单击"页面装修"下拉按钮，如图 6-195 所示，在下拉列表中选择"页面管理"。

（2）在打开的页面中单击"新建页面"按钮，如图 6-196 所示。

（3）在打开的新建页面中输入页面名称，如图 6-197 所示。

（4）完成设置后单击"保存"按钮保存新建的页面，如图 6-198 所示。

图 6-195　单击"页面装修"下拉按钮

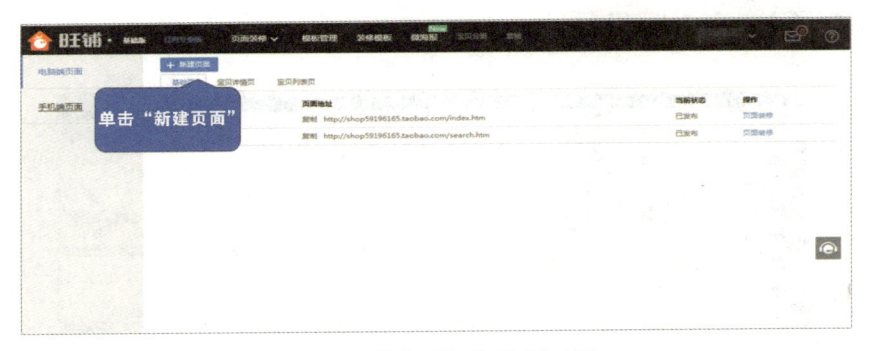

图 6-196　单击"新建页面"按钮

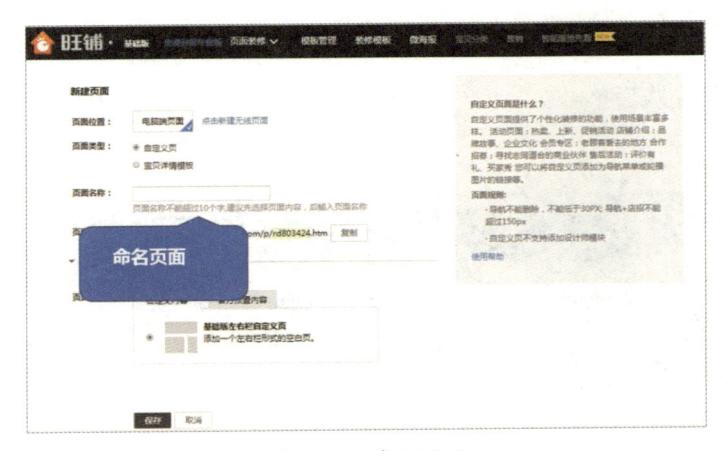

图 6-197　命名页面

图 6-198　保存新建的页面

（5）直接进入专题页面，如图 6-199 所示。

图 6-199　进入专题页面

（6）设置完成后单击右上角的"发布站点"按钮发布专题页面，如图 6-200 所示。

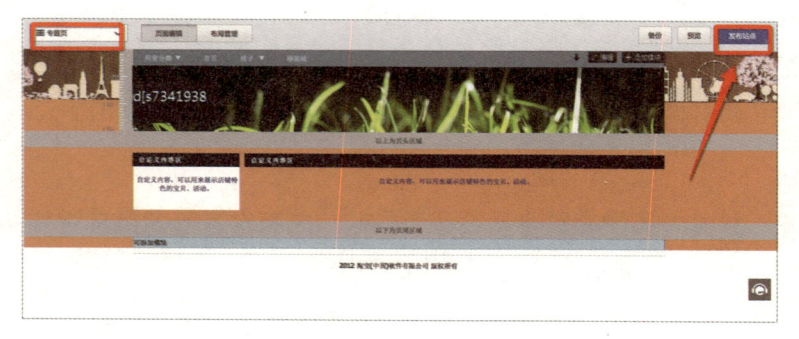

图 6-200　单击"发布站点"按钮

## 2. 无线端页面发布

在无线端发布页面的操作步骤如下。

（1）在无线端装修页面中单击"发布"下拉按钮，如图 6-201 所示。

图 6-201　单击"发布"下拉按钮

（2）在打开的下拉列表中选择"立即发布"选项即可发布页面，如图 6-202 所示。

图 6-202　选择"立即发布"选项

在无线端还可以设置发布时间进行定时发布，操作步骤如下。

（1）在无线端装修首页单击"发布"下拉按钮，在下拉列表中选择"定时发布"选项，如图 6-203 所示。

图 6-203　选择"定时发布"选项

（2）在打开的对话框中设置定时发布的时间，如图 6-204 所示。

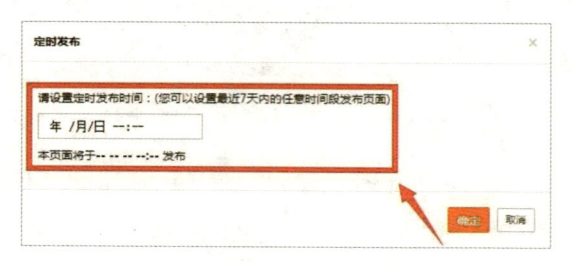

图 6-204　设置发布时间

（3）设置完成后单击"确定"按钮，如图 6-205 所示。

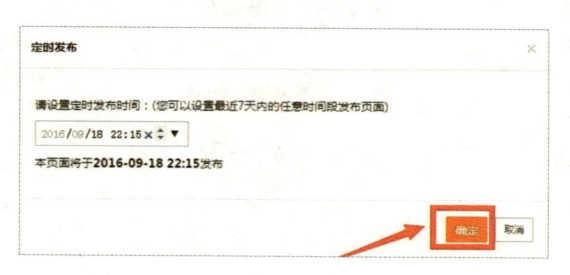

图 6-205　单击"确定"按钮

手机端详情页的保存和发布的具体操作步骤如下。

（1）完成详情页的编辑后单击右上角的"保存"按钮，如图 6-206 所示。

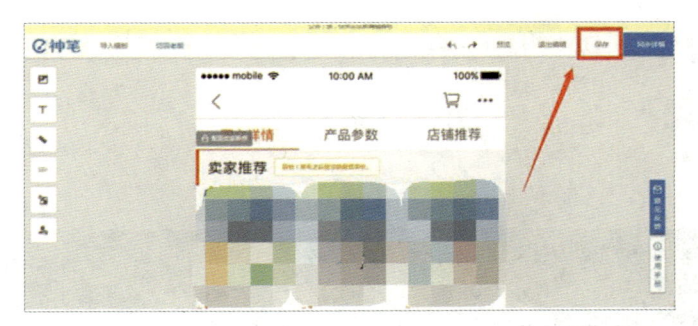

图 6-206　单击"保存"按钮

（2）单击右上角的"同步详情"按钮，如图 6-207 所示。

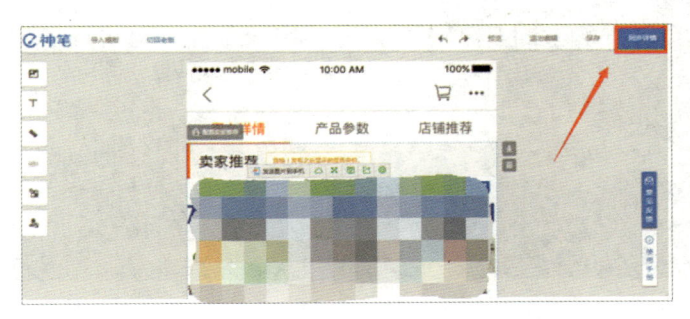

图 6-207　单击"同步详情"按钮

（3）这时弹出提示对话框，选择"我明确了解同步详情会覆盖现有的宝贝详情页面"单选按钮，如图 6-208 所示。

（4）单击"确定同步"按钮完成定时发布的设置，如图 6-209 所示。

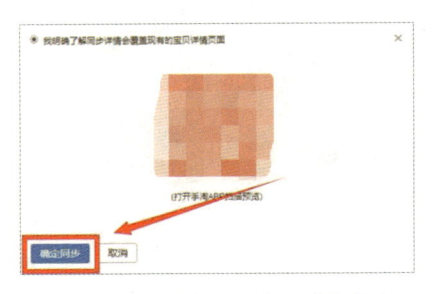

图 6-208　提示对话框　　　　　　图 6-209　单击"确定同步"按钮

# 第 7 章

## 专题页设计

## 7.1 专题页的作用

专题页在店铺中起到非常重要的作用，它信息全面，展示商品灵活方便，而且用户体验也非常好。专题页可以分成多种类型，例如事件型、说明型、主题型、产品型、季节型和节日型等。不论哪种类型，都有着独特的作用。凡是能被顾客关注的，都会成为一个能吸引人的主题，针对这个主题去做营销，同时关注同行店铺的页面设计效果，挖掘顾客的实际需求，最终达到店铺商品的营销目的。

### 1. 提升顾客黏度

线下的各大商场和超市都有办理会员卡的现象，这是为了让顾客频繁光顾，或者用积分兑换小礼品的方法促使顾客消费。这种营销手法照样可以在线上使用，凡是在店铺中消费的顾客，都可以成为店铺的 VIP 顾客，用消费金额来积累积分，从而决定 VIP 的等级。VIP 等级越高，享受的福利越多。积分累计的方式还可以促使顾客加大购买力度。VIP 页面中的各种利益和特权的诱惑，都是用来拴住老顾客的手法。

### 2. 提升店铺转化率

随着时代潮流的变化、季节的变化和人们喜好的变化，店铺中的商品也在不断变化，为了满足人们的需求，店铺会增加很多新商品。为了让这些新商品博得更多顾客的关注，在店铺中可以设计定期上新的页面。由于定期上新页面中都是一些新商品，销量几乎为零，或者仅有很小的销量，有时顾客有从众心理迟迟不下单，要促使那些喜欢新鲜款式的顾客马上购买，就需要用营销手段来提升购买率，可以用名额有限的免单抢购法来吸引顾客关注，或者用阶梯价格购买法提升购买率，也叫提升转化率。

在设计定期上新的页面时，一定要有明确的日期信息，促使顾客珍惜购买时间，这也是对店铺新品提前预热的方法之一。页面中要突出上新的优惠力度如五折起，同时搭配店铺优惠券使用，提升单品转化率。套餐活动页是利用活动价格的优势，去吸引想得实惠的顾客，促使顾客多件购买。可以多件购买的商品价格一定要低于总的原价，让顾客感觉"赚"到了，从而促使顾客下单，提升店铺转化率。

### 3. 降低店铺跳失率

正常经营的店铺，每天都会有全新的顾客光顾，为了能给这些顾客惊喜，店铺自然要经常做一些打折活动，让顾客感觉机会难得，从而引导顾客抓紧购买。例如，店庆周年活动、各大节日活动等，都是利用时间的短暂激发顾客潜在的购买需求。例如，每年只有这一次机会能得到100元的优惠券，并且数量有限，送完为止，顾客都有侥幸心理，会尝试着单击"领取"按钮得到100元优惠券，再想办法使用这张优惠券。兑换成商品是顾客的目的，而经营店铺的目的是提升转化率的同时降低店铺跳失率。

## 7.2 专题页的设计思路

### 1. 活动页面

活动页面的主题新颖独特，才能吸引顾客的注意力与兴趣，而在视觉上有很强的刺激度，才有可能使顾客的关注度上升，进而使冲动性消费指数上升。

活动页面的参与性强，顾客就很容易参与其中，例如抽奖活动，顾客轻松拿到奖品的同时浏览了店铺其他商品，并有可能进行消费，店铺就达到了销售的目的。

只有在店铺活动页的折扣力度大于店铺常规折扣力度时，才具有更加吸引人的效果。在设计折扣的视觉传达时，可考虑将数字放大化，产生更强的视觉冲击力。另外，要体现出热销盛况，或者把销量摆在明显位置，同时可以制造紧张气氛，例如使用数量有限、送完为止、限时折扣等表现手法，如图 7-1 所示。

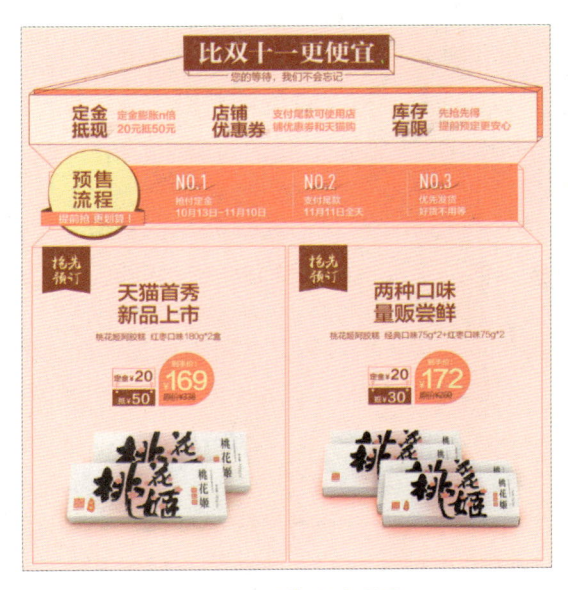

图 7-1　预售活动页面

## 2．VIP 页面

在设计 VIP 页面时要考虑 VIP 会员的优越性，体现出会员身份和对顾客的尊重，通常可以根据顾客在店铺中消费的金额、次数或累计积分，把会员分成不同的等级，例如黄金会员、铂金会员、钻石会员等级别。在做页面设计时，把不同会员等级划分开，在视觉上让顾客知道不同等级的会员享受不同的优惠政策。

老会员带新会员制度，可以理解成淘宝客的营销思路，在页面中多展示老会员带新会员的福利，例如大大的福袋或礼品图片等，促使老顾客带新顾客，从而扩大店铺的消费群体。

### 3. 品牌文化页面

品牌文化页面最常用的四大模块是：品牌背书、品牌价值、品牌发展和品牌愿景。

以一种明示或暗示的方式对该品牌的消费承诺再次做出确认和肯定，这种品牌营销策略称为品牌背书，可以提升顾客对店铺的信任度和店铺转化率。

品牌价值是品牌管理要素中最核心的部分，也是该品牌区别于同类竞争品牌的重要标志，是提升商品溢价空间的核心要素，可以让顾客认为值得购买。

品牌发展是指品牌不断成长的过程。在页面中展现品牌的诞生、发展历史、大事件和公司荣誉等，都是为了证明某品牌、某公司的严谨、正规，促使顾客放心购买商品。

品牌愿景是指一个品牌未来的蓝图和终极目标，它可以明确地告知人们该品牌今天代表什么、明天代表什么。品牌愿景主要由品牌蓝图、品牌范围、品牌价值观三个部分组成。通过这样的品牌文化页面，让顾客知道公司和店铺在用心做好产品、做好服务，促使顾客相信店铺的承诺，相信公司的产品，从而放心地购买该品牌的商品。

### 4. 售后服务页面

售后服务页面要给人一种温馨提示的感觉，让顾客感受到购物无忧，相信我们的服务与承诺。无忧售后在解释说明的页面上用强有力的文案，让顾客知道如果是买错了商品，或者是对已买的商品不满意，店铺都会全力、热情地解决售后问题，无论是退货退款，还是换货，都会让顾客满意。在该页面中一定要展示退换货流程图，以便顾客明确退货与换货的操作方法。有些店铺有一定的实力，在全国各地设有服务网点，在售后服务页面中可以说明，并推荐顾客实地考察服务网点，从而证明店铺的服务能力与范围。

### 5. EDM 页面设计

（1）邮件主题

给顾客发送邮件的目有很多种，主要可分为以下四类。

a．活动类 EDM：如"双 11"大促预告、品牌团通知、团购通知等。

b．产品类 EDM：如新品推荐、热卖款推荐、关联推荐、商品专题、商品咨询等。

c．关怀类 EDM：如节日邮件贺卡、客户回馈、感谢信、产品使用指导、物流信息等。

d．调研类 EDM：如客户满意度调查、客户信息收集、产品需求调研等。

（2）邮件尺寸

a．宽度：一般宽度为 600～750 像素，这样比较容易在邮箱中顺利打开。

b．高度：根据邮件内容来定，以 2.5～3 屏为最佳，不建议页面太长。

c．大小：邮件正文的 HTML 文件大小（不包含图片）尽量控制在 20KB 以内，内含图片的邮件大小应控制在 500KB 以内，过大的邮件打开太慢，甚至无法打开。

d．无线端：在无线端呈现页面时，屏幕的大小会影响画面的视觉效果，要避免文字和图片不清晰而导致的视觉阅读障碍性，建议中文字号大于等于 30 号，英文和阿拉伯数字的字号大于等于 20 号。

（3）关于字体

在写邮件时尽量加入 1/3 比例的文字，如果全是图片，会被认为是一封不正常的邮件，而且要尽量使用系统字号，使用的中文系统文字的最小号应保证是 12 像素，并且使用系统默认的宋体或黑体，避免使用其他中文字体。

(4)敏感关键词

邮件内容中要避免出现敏感关键词（如果一定要有，请把敏感文字设计在图片中）。

常见的中文敏感关键词有：企业邮箱、礼品、免费、大奖、奖品、中奖、优惠、特价、低价、便宜、廉价、视频、赚钱、群发、发财、致富、代开、薪水、交友、支付、商机、法宝、宝典、秘密、情报、机密、保密、绝密、神秘、秘诀等。

以上四点都是在做 EDM 页面设计时要注意的内容。

## 7.3 专题页的设计制作

### 1. 活动页面的营销

店铺内活动页面的营销方式有很多种，例如聚划算商品的页面设计，就要突出聚划算的主题，文字、价格的颜色设计要突出。在如图 7-2 所示的左图中，用金黄色的大字强调聚划算活动与时间的紧迫，利用"买就送"、"超值优惠券"、"收藏有好礼"等诱惑信息，突出聚划算活动的优惠价格，促使顾客购买。

在如图 7-2 所示的右图中，以红色且大大的文字"全场 89 元起"，来提醒顾客有优惠活动，并且有"提前加入购物车"按钮，提醒顾客做好准备。另外，还有优惠券和好礼相赠，都使用了红色的矩形框和粗大的阿拉伯数字，用来表达视觉的冲击性，最后用一把价值 219 元的雨伞，诱惑顾客单笔实付 399 元就可以免费获得这把雨伞。

店铺营销一定要提到"双 11"活动。近两年来，线上的"光棍节"和线下的"光棍节"已经同步了，各大商场也在做用支付宝付款的奖励活动，那么线上的预热活动就变得日益激烈起来，所以在店铺的活动页中一定要体现出活动的气氛，突出紧张和狂热的效果。如图 7-3 所示的"双 11"商品页面，用暗红色的背景来增加视觉冲击力，大红色的火箭后面是"双 11 来了"白色的文字，并且有 45°角倾斜，这是第一个主题，从视觉上用向上的冲击力度突出主题。第二个主题是针对想"捡便宜"的顾客，用大大的黄色"68 元"吸引顾客的注意力，同时用 4 个小红包的样式来展示"运费险"、"买一送六"、"包邮送货"、"收藏宝贝立减 31 元"。第三个主题想表达的信息是"一年苦等这一回"，传达给顾客的信息是机会难得，页面右下角是活动当天卖出的台数，用阿拉伯数字来激发顾客对购买数量的认识，从而让顾客相信该店铺的商品是热卖商品。

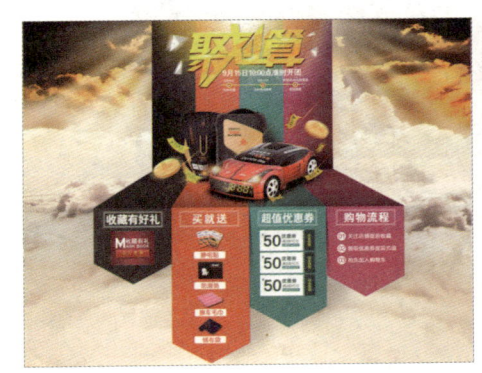

图 7-2 聚划算商品页面

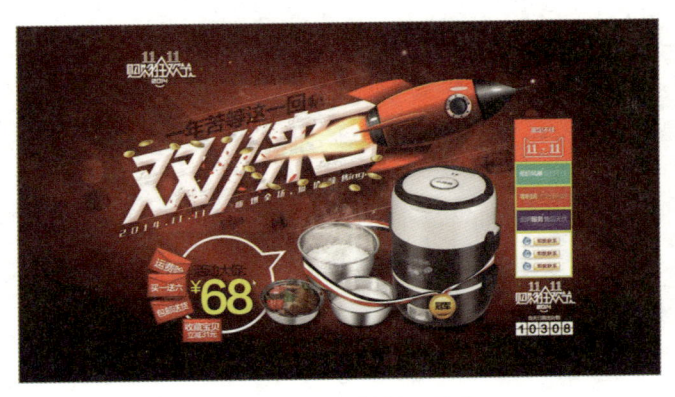

图 7-3 "双 11"商品页面

活动营销主题要明确且突出，如图 7-4 所示，利用母亲节作为活动主题，"献给最美的妈妈"大大的标题文字非常明确，背景是窗外的明亮色，用最深的文字颜色突出显示，识别性强，这是一级标题。一级标题下方有一行"献礼母亲节，全场低至 6.9 元"，这行文字的字号比一级标题的字号小了很多，这是二级标题，也叫做副标题。主标题与副标题的字体使用的比较好，适合女性浏览，与店铺营销人群方向一致。页面中还有邮票形状的红色优惠券，可引导顾客领取且使用。

图 7-4 "母亲节"商品页面

## 2. 活动页面的用户体验

在设计活动页面时要注意用户体验，方便顾客浏览，视觉上要呼应，色彩与文字的对比可以强烈一些。如图 7-5 所示，在页面上方有大大的文字"马上有奖"，并展示了各种奖品，都是为了吸引顾客参与；下方是转盘抽奖，在右侧列出了中奖名单，使顾客加深信任，促使顾客有马上参与的冲动，增加用户的体验。

在页面中还设计了按钮，"登录"和"注册"按钮都是用来提醒顾客立即参与的，有了这些按钮，顾客很容易找到入口，方便操作，增加了参与的可能性。页面下方以红色做底色，以黄色金币袋子做引导，突出"开始抽奖"红色按钮。

图 7-5　店铺活动页面

### 3．活动页面的布局

活动页面的布局非常重要，直接影响活动商品的曝光率。活动页面的布局包括商品展示位置、款式和价格等。

活动商品的分类布局应清晰，页面从上往下应由主题海报、主推款、销量高的爆款等组成。如图 7-6 所示为聚划算专题页面，通过红色的优惠券衔接主题海报和爆款商品。

关于商品价格区间的布局，可以特殊设计几款 9 元价格的商品作为秒杀专区，来诱惑顾客准时抢购，接下来设置五折包邮专区，放入几款价格有所提升的热销商品，再往下是高价位专区，促使顾客购买商品，如图 7-7 所示。利用商品价格的递增，划分顾客的消费水平，方便顾客选择不同价位的商品，这样更有利于顾下单购买，提升购买率。

图 7-6 聚划算专题页面

图 7-7 商品价格区间的布局

### 4. 其他页面的设计

综上所述,对于专题页面的设计,无论什么样的活动主题,都要考虑到整体页面的视觉营销效果,给顾客带来好的用户体验,并且要注意商品在页面中呈现时的布局是否合理。如图 7-8～图 7-10 所示为无线端的页面设计,图 7-8 以红包作为抽奖的诱惑,让顾客打开页面就有点击的冲动。图 7-9 是聚划算活动页面,用新品首发且 199 元创新低价作为营销主题,吸引顾客的眼球。图 7-10 是淘抢购活动页面,用炫丽的红黄经典搭配色来突出活动主题。这 3 张图的共同特点都是画面狭窄,但文字清晰可见,活动气氛热烈,主题突出醒目,色彩对比强烈,能够抓住人的眼球。

图 7-8　无线端店铺抽奖页面　　　　图 7-9　无线端聚划算商品页面

图 7-10　无线端淘抢购页面

## 5. 特别注意事项

（1）商品链接跳转交互网

当顾客进入专题页面后，从上到下浏览商品或其他信息后，一定要让顾客看到能单击的按钮，以便跳转到其他页面或商品页面中，才能有效减少顾客流失。例如，在品牌故事的页面下方设置一排产品分类导航，顾客可以根据自己的需求选择喜欢的页面，提升页面访问深度；也可以在页面中添加类似"点击收藏"按钮，帮助店铺积累粉丝。

店铺中的任何一个促销活动页面都可以用来展示商品，在页面下方添加"回到首页"按钮，促使顾客去首页浏览店铺更多的商品。

（2）背景色与呈现颜色符合店铺视觉 VI

专题页面设计要注意整体页面的色彩搭配，特别是背景色要与店铺视觉 VI 保持一致。通常图形是视觉记忆，而颜色也是视觉记忆之一，所以 VI 体系起着非常重要的作用。特别是品牌故事说明页面一定要与店铺视觉 VI 保持一致。如果是季节性或节日型的活动页，则可以使用热情火热的颜色，但活动结束后要即刻恢复店铺原来的视觉风格。

## 7.4 分类页设计

分类页是顾客在选择店铺分类后呈现出来的页面，起到了承接购物路径的作用，但在页面装修中很容易被忽略。分类页有分类页到产品页面、分类页到分类页面、分类页返回首页页面等，在店铺装修中要把分类页面精细地设置好。下面看一下没有装修的分类页面和有装修的分类页面的效果比较，如图 7-11 和图 7-12 所示。

通过两个案例对比可以发现，经过精心设计的分类页面包含了海报图部分，全屏效果醒目突出，更有利于商品的展示，也更吸引买家的注意。

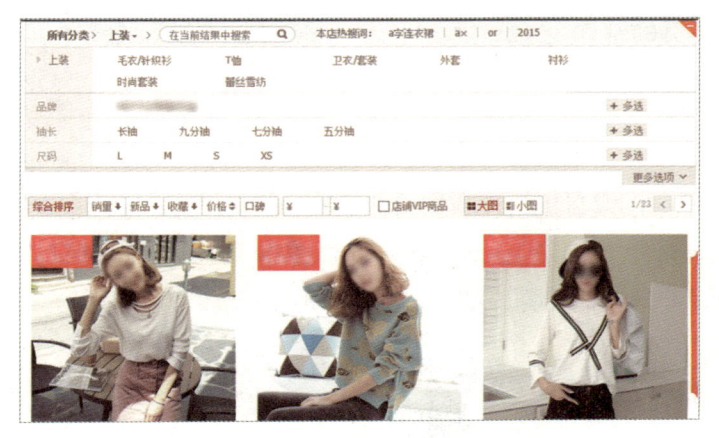

图 7-11 没有装修的分类页面

图 7-12 有装修的分类页面

### 1. 分类页的设计思路

在分类页的设计中,我们不仅要重视视觉的美观,还要牢记店铺装修永远是为营销服务的,所以在设计之初,我们要关注店铺后台数据,如当前页面的 PV、UV、跳失率等数据,而且要清楚地知道,分类页作为一个导航页面,承载着流量由分类页导向产品页和其他分类页的功能。若想让一个分类页最大化地达到营销目的,那么相关数据的关注和解读就至关重要了。

## 2. 分类页的制作

本节一开始就列举了系统默认设置的分类页和自定义制作的分类页的不同视觉效果。系统默认不需要特别设置，直接在后台操作即可。自定义分类页一般分为两个模块，即自定义广告图模块和产品陈列模块。其中，自定义广告图模块可以是单张广告图，也可以是轮播形式的广告图；产品陈列模块可以是系统自动模块，也可以是自定义模块，如图7-13所示。

图7-13 分类页的制作

## 3. 分类页的注意事项

（1）所占长度不要太长，最好控制在一屏以内，如需展示多个内容，建议使用轮播展示。

（2）每个分类要根据内容做不同设置，避免千篇一律，否则起不到精细营销的效果且浪费广告位。

（3）如果使用轮播，可以适当增加1～2页人气商品页或店铺活动信息页，起到关联促销的作用。

# 第 2 篇

## 客服

# 第 8 章

## 客服需要了解产品与品牌

## 8.1 学习品牌知识

现如今，顾客已经不仅限于购买品牌产品，还会对产品相关的知识感兴趣，让顾客更好地了解产品性能、使用方法和使用后的好处等，也是商家为顾客提供的服务之一（注：本文涉及的品牌仅供学习展示）。

例如，一家户外服装店的客服在向一名顾客销售一件三合一服装，顾客经过简单了解后打算购买了，问客服国庆节穿这件衣服去西藏够不够暖和，这时客服回答说："真抱歉，我没有去过西藏，不知道那边的温度如何，我们的衣服是很好的，您可以买了试试……"

最后这位顾客并没有下单，我们想一想，这位顾客流失的原因是什么？

是因为产品不好吗？还是客服对品牌应有的专业知识掌握得不够才导致顾客放弃了这个产品、放弃了这个牌子，损失了一单生意？

所以，客服必须要对店铺产品及产品的相关知识彻底掌握，让顾客感觉客服很专业，值得信赖，甚至可以是顾客挑选产品的专业顾问。当顾客买了产品之后，后期遇到问题还会第一时间想到这个专业的客服，也只有这样，才能够抓住更多顾客的心，获得更多销售产品的机会。

想成为一名专业的客服，就要不断地学习，收集和掌握公司品牌的相关知识，尤其要掌握常规 TOP 产品和新一季的产品知识，才能够快速提升销售业绩。另外，为了促成更高的转化率和客单价，客服还需要了解顾客的类型、不同顾客的心理，以及竞品的相关信息，这样才能全方位地提升自己，成为一名超级销售员！

店铺销售的产品能够给顾客带来什么好处？它的价值在哪儿？这就是我们常说的 FAB。其中，产品的品牌价值特别明显，随着品牌意识的普及，顾客比以前更加注重产品的品牌知名度；其次，顾客对产品的性价比比较关注，这是理智型顾客购买前都会关注的一个重要因素，尤其是在选购高客单价产品时，都会在不同平台、不同店铺之间比来比去，力求更好、更实惠。

如今，越来越多的人开始关注售后服务体验，顾客往往会因为售后服务的好坏而给店铺和产品打上一个标签。所以，客服在进行整个产品服务（前期销售、销售过程中的导购、售后服务）时，一定要用心，因为服务质量代表着产品，也代表着品牌。

一个品牌的相关知识如图8-1所示。

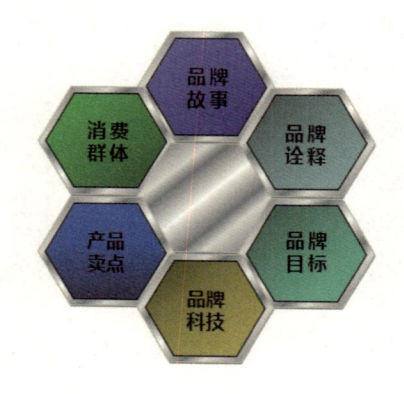

图8-1 品牌相关知识

### 1. 品牌故事

下面引用一段笔者曾经看过的关于品牌的故事。

所谓品牌，就是一个故事。看看下面这些知名品牌都在讲述怎样的故事。

GE：为世界面临的挑战提供创新的解决方法。

IBM：用前瞻性的思维，帮助世界更好地运转。

宝洁：改善全世界消费者的生活，不仅是现在，还包括他们的子孙后代。

苹果：用直观、简洁和优雅的设计提升人们的生活。

SAP：为了世界各地的人们，帮助世界更好地运转以创造持久的繁荣。

摩托罗拉：摩托罗拉解决方案帮助人们在关键时刻做到最好。

它们品牌各异、故事各不相同，但有一个共同之处就是，它们没有在说自己的产品，而是在说"我是谁"、"我能为'你'带来什么价值"。同时，它们都简洁、清晰，并成为企业的理念。

读完以上内容再联系到客服岗位，当顾客进入我们的店铺时，他也许对我们的品牌不熟，也许有些耳闻，客服的任务就是向他们传达我们的品牌到底是怎样的一个故事，所以客服应该把品牌故事印刻在心里，当顾客咨询时能够第一时间讲给顾客，这样才会显得我们更加专业。

### 2. 品牌诠释

品牌诠释就是对这个品牌在更深层次进行说明，让客户进一步了解它、信任它，从而信赖它。

### 3. 品牌目标

品牌目标是品牌管理者按照企业的经营方向，在推出品牌时制定的理想状态，是品牌战略方向的具体化与定量化。品牌目标包括如质量水平、市场占有率、市场影响力和品牌美誉度等。

### 4. 品牌科技

品牌科技是该品牌的产品在生产时所采用的科学技术，顾客在咨询产品时可能会问到这个问题，客服就可以把产品所采用的科技和特点介绍给顾客，也可以在顾客挑剔价格时拿科技这张"牌"去和顾客沟通，让其知道我们的产品为何定这个价格，从而打动顾客。

### 5. 产品卖点

俗话说"卖什么吆喝什么"，这句话就是在告诉我们怎样宣传自己的产品：卖锣的打锣，卖鼓的敲鼓。广告大师奥格威说："与其说明怎么样，还不如形容产品是什么。"产品的卖点要别具一格，让人从感观和视觉上耳目一新，在心里回味无穷。产品的卖点在产品上市时就要考虑好，不然推出的产品没有存活的价值，即使广告、营销、推广、网络再强，都有可能昙花一现。

卖点的策划可以来自于产品本身，也可以来自于传播，不仅要满足需求，更要引导需求。常见的卖点模式有：一是卖"情感"，攻心为上；二是卖"特色"，以特色作为USP（又称功能性诉求、独特的销售主张）进行营销，并不主要突出消费者的行为特性，也不过分强调产品的核心精神文化内涵（比如产品的一种主张或倡导的一种文化），直接了当、一针见血；三是卖"形象"，形象化的销售主张能够在消费者心目中留下美好的印象；四是卖"品质"，在卖"品质"的过程中，经常可以卖"专家"、卖"故事"、卖"售后服务"、卖"专业"（宣扬自己的专业化水准），但不直接宣传产品品质本身，而是让那些代表着品质的专家、教授、博士、学者等人士现身说法，引用权威言论和权威文章，参考权威数据，借助权威品牌、权威机构认定、权威单位试用等方法来打动消费者的心；五是卖"服务"，包括体验，即对产品本身的体验和生产过程的体验，可推出工业旅游、服务承诺、服务差异化、服务品牌的打造、个性化服务、衍生服务等；六是卖"概念"，打造差异，例如服装方面以抗菌材质做成的运动服、电子类产品的科技概念体验店等；七是卖"文化"，以柔克刚，如某餐厅为了吸引顾客的注意力，打民俗文化牌；八是卖"感觉"，所谓感觉，就是企业以服务或产品为载体，为消费者营造出的一种心理舒适与精神满足，如今这种心理舒适与精神满足已经超越物质成为消费者渴望得到的最重要的东西。

总之，卖点是消费者关注的核心，在营销与策划过程中，应该站在消费者的角度换位思考，提炼产品卖点，使营销更加成功。

现在的企业在考核销售经理业绩时，除销售额外，越来越重视对销售利润率的考核，这的确是避免销售经理盲目冲销量，而忽视利润的好方法。要想让销售额与利润同步，前提是所销售的产品必须是有竞争优势的畅销商品。但凡销售顺畅的产品必定是有卖点的商品，若产品本身卖点不够，销量就很难上去，此时为了冲销量，往往只能降低产品的价格，希望以低价赢得一定的销量。若是这样，销售利润率也就无法保证。

**6．消费群体**

消费群体是指有消费行为且具有一种或多种相同特性或关系的集体。消费群体的形成对市场有重要的影响，能够为市场提供明确的目标。通过对不同消费者群体的划分，可以准确地细分市场，从而减少经营的盲目性和降低经营风险。明确了要服务的消费群体，就可以根据消费心理，制定出正确的营销策略，提高企业的经济效益。

那么，主要的消费群体有哪些呢？主要有少年儿童消费群体、青年消费群体、中年消费群体、老年消费群体和女性消费群体。

客服人员必须要弄清楚这一点，有针对性地推荐产品，这对转化率来说至关重要。

## 8.2 了解产品

淘宝客服人员在入职之后需要参加很多与岗位相关的培训课程，其中非常重要的一项内容就是产品知识培训。产品知识既包括本企业的产品知识，又包括竞争对手的产品知识。具体来说，产品知识包括：产品规格、材质面料、功能功效、搭配产品和产品包装，如图 8-2 所示。

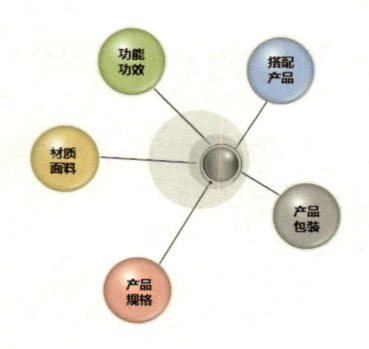

图 8-2　产品知识

### 1. 产品规格

产品规格是对产品特定形式的描述，包括产品的体积、大小和型号等。产品规格描述可以用一种、多种或不同方式进行组合，是用来识别产品的编号。

不同类型的产品可以选择不同的规格标准，如图 8-3 ～图 8-11 所示是常见的规格类型。清楚地了解产品规格信息，在做商品导购时可以更加精准地为顾客推荐合适的产品。

图 8-3　以重量作为规格标准　　　　图 8-4　以等级作为规格标准

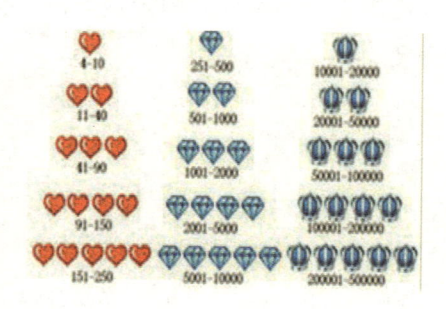

图 8-5　以大小作为规格标准　　　　　图 8-6　以功率作为规格标准

图 8-7　以容量作为规格标准　　　　　图 8-8　以度数作为规格标准

图 8-9　以码数作为规格标准　　图 8-10　以罩杯作为规格标准　　图 8-11　以手寸作为规格标准

（1）按尺码来划分规格

服装尺码是人体外形及服装量度的一系列规格参数，是为了规范厂商生产及方便顾客选购而形成的一套量度指数，如图 8-12 所示。

| 您的胸围 | 适合您的尺码 | 国标尺码 | 胸围 | 肩宽 | 衣长 | 袖长 |
|---|---|---|---|---|---|---|
| 84-92 | XS | 165/88 | 90 | 40 | 64 | 17.5 |
| 88-96 | S | 170/92 | 94 | 41.2 | 66 | 18 |
| 92-100 | M | 175/96 | 98 | 42.4 | 68 | 18.5 |
| 96-104 | L | 180/100 | 102 | 43.6 | 70 | 19 |
| 100-108 | XL | 185/104 | 106 | 44.8 | 72 | 19.5 |
| 104-112 | XXL | 185/108 | 110 | 46 | 74 | 20 |

尺码选择提示 SIZE GUIDE

该款T恤为修身款，平铺尺寸是平铺自然状态量取，未考虑面料弹性
身高体重和尺码没有必然关系，胸围是选择上装尺码的关键因素，建议您首先根据自己的胸围，然后结合身高和肩宽来选择
如果您的身材介于两个尺码范围之间，那么您偏好修身便觉可选小码，偏好宽松可选大码
模特Valentino 胸围97cm，腰围81cm，照片上皆为M码

图 8-12　服装尺码

欧式尺码：XS、S、M、L、XL 等。

北美尺码：160/80A、165/85A、170/85A 等。

（2）按重量来划分规格

按重量来划分规格，重量单位有克（g）、千克（kg）等。例如，化妆品就是按重量来划分规格的，粉底液 35ml、粉饼 8g、眼线膏 3.8g、睫毛膏 8g、卸妆液 100ml，如图 8-13 所示。

图 8-13　化妆品

（3）按容量来划分规格

容量是指一个物体容积的大小，也指物体或空间所能够容纳的单位物体的数量，现广泛应用于计算机硬盘、电池等储量的计量。如图 8-14 和图 8-15 所示的产品就是按容量来划分规格的。容量的单位有毫升（mL）和升（L）。

图 8-14　洗衣液

图 8-15　指甲油

（4）按长度来划分规格

长度单位是丈量空间距离的基本单元，是人们为了规范长度而制定的基本单位。长度的国际单位是米（m），常用的单位还有毫米（mm）、厘米（cm）、分米（dm）、千米（km）、微米（μm）和纳米（nm）等。长度单位在各个领域都有重要的作用。如图 8-16 ～图 8-18 所示的产品就是按长度来划分规格的。

图 8-16　建筑材料 1

图 8-17　建筑材料 2

图 8-18　布匹

（5）按等级来划分规格

钻石就是按照等级来划分规格的，可分为颜色等级、重量等级和净度等级，如图 8-19 所示。

| 克拉 | 0.05 | 0.10 | 0.20 | 0.25 | 0.30 | 0.40 | 0.50 | 0.70 |
|---|---|---|---|---|---|---|---|---|
| 直径 m/m | 2.5 | 3.0 | 3.8 | 4.1 | 4.5 | 4.8 | 5.2 | 5.8 |
| 高度 m/m | 1.5 | 1.8 | 2.3 | 2.5 | 2.7 | 3.0 | 3.1 | 3.5 |

| 克拉 | 0.90 | 1.00 | 1.25 | 1.50 | 1.75 | 2.00 | 2.50 | 3.00 |
|---|---|---|---|---|---|---|---|---|
| 直径 m/m | 6.3 | 6.5 | 6.9 | 7.4 | 7.8 | 8.2 | 8.8 | 9.4 |
| 高度 m/m | 3.8 | 3.9 | 4.3 | 4.5 | 4.7 | 4.9 | 5.3 | 5.6 |

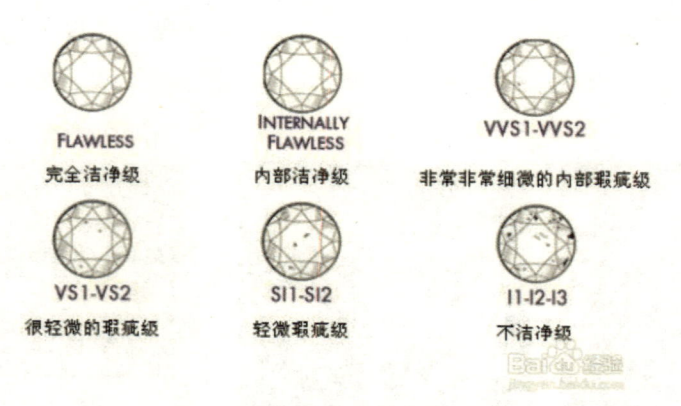

图 8-19　钻石的等级划分

第 8 章　客服需要了解产品与品牌 | 311

综上所述，我们可以得到如下规律。

（1）一般服装、鞋、戒指、内衣等都是按尺码来划分的。

（2）一般固体，如土豆、茶叶、蔬菜等都是按重量来划分的。

（3）一般液体，如饮料、油、化妆品等都是按容量来划分的。

（4）一般面料、管材类产品都是按长度来划分的。

## 2．材质或面料

如图 8-20 ～图 8-23 所示，产品的材质或面料通常包含产品的成分、配比、特性和颜色。

（1）合成的食品是由很多成分组成的，每种成分的占比是多少、都有什么营养价值，在产品标识上面都有具体说明，这些都是顾客在选购产品时比较关注的信息，客服在掌握这些专业知识之后才能够更好地为顾客解答。

（2）对于服饰类产品，顾客除看产品的款式外，还会对面料的成分非常关注，尤其是幼儿服饰，是否全棉这类信息会直接导致顾客是否选择这款产品。

图 8-20　成分表　　　　　　　　图 8-21　特性

图 8-22　配比　　　　　　　　　图 8-23　颜色

（3）线上客服接触产品的机会不多，可以通过产品培训、样衣接触，甚至去线下门店了解品牌的产品，这些真实接触都好过只看文字描述，这样顾客问起产品的一些特性，才能够很好地为顾客描述。

（4）客服在掌握产品成分后，还要了解相关洗涤、保养的事项，在导购结束时温馨提示顾客，顾客会觉得客服很专业，而且还能避免很多售后问题，何乐而不为！

### 3．功能功效

产品功能是指产品所具有的特定职能，即产品总体的功用或用途。

如图 8-24 ～图 8-26 所示为产品的功能图片。

顾客购买一个产品实际上是购买这个产品所具有的功能和产品的使用性能。比如，汽车有代步的功能，冰箱有保持食物新鲜的功能，空调有调节室内温度的功能。

产品功能与顾客的需求有关，如果产品不具备顾客需要的功能，就会给顾客留下不好的产品质量印象；如果产品具备顾客意想不到而且很需要的功能，就会给顾客留下很好的产品质量印象；如果产品具备顾客所不希望的功能，顾客就会觉得浪费了金钱，也不会认为产品质量好。

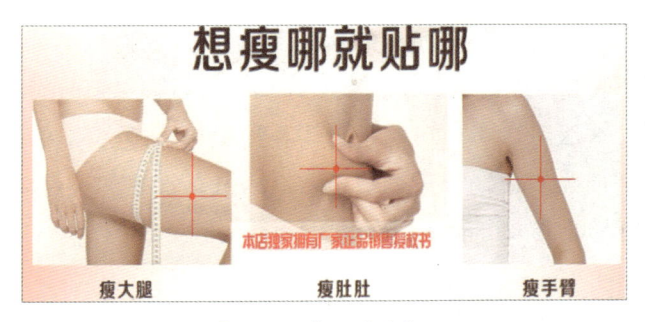

图 8-24　产品的功能 1

图 8-25　产品的功能 2

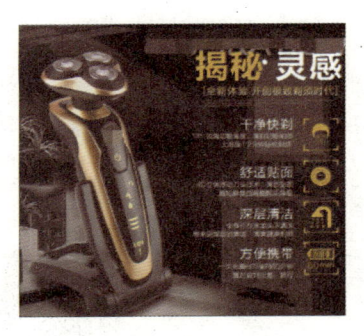

图 8-26　产品的功能 3

## 4. 搭配产品

如图 8-27～图 8-29 所示为商品的搭配图片。

图 8-27　商品搭配 1

图 8-28　商品搭配 2

图 8-29　商品搭配 3

当顾客进入店铺有意向购买商品时，其基本的成交件数是 1，我们的客服是否可以将 1 件变成 2 件呢？顾客购买上衣，客服可以在第一时间想到搭配裤子；顾客购买鞋子，客服可以多问一句是否需要搭配包；顾客购买平底鞋，客服可以再问问是否需要为其他场合再购买一双高跟鞋。很多的不可能，当顾客想到多买一件商品时都会变成可能。

如图 8-30 所示的商品搭配，若顾客进店咨询三合一服装，客服介绍完商品且顾客打算购买之后，客服接下来要做的不是让顾客核对地址、提醒验货等收尾工作，而是询问顾客是否需要搭配一条裤子、一双鞋，如果在户外运动是否还需要购置一个远足包之类的，这个时候是最好的附加推销的机会。销售能力好的客服是不会错过这个提高客单价和店铺业绩的机会的。

图 8-30　商品搭配 4

### 5. 产品包装

一般来说，产品包装就是为生产的产品进行装箱、装盒、装袋、包裹、捆扎等。产品包装对于生产者来说是普通的工作，但现在很多人已经把产品包装看成一种营销手段、品牌战略，在营销谋略中也占有一席之地，如图 8-31 所示。

在淘宝店铺购买产品，顾客都很在意包装盒，所以客服一定要清楚店铺的产品都匹配什么样的包装盒，在顾客咨询时才能准确无误地回复，增加顾客的信任，更好地完成订单。

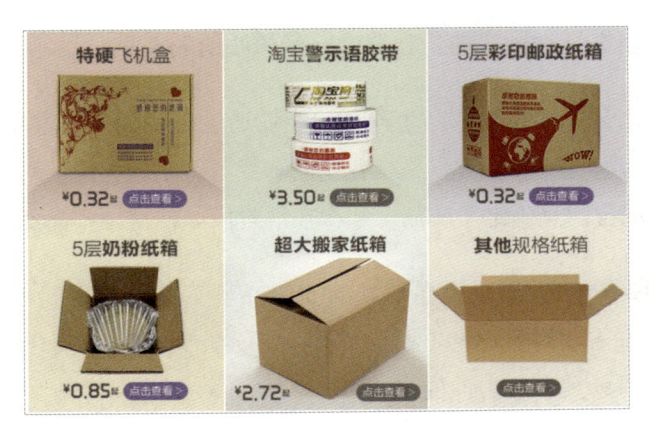

图 8-31　产品包装

## 8.3　卖点挖掘

在电商行业中,经常能看到这样的卖点文案:使用我们的面膜后,一整天脸上都感觉水水的,保湿效果非常好;我们的行李箱集时尚与个性于一体,买了之后不后悔。有些专业的卖点文案甚至把成分拿出来做文章:纳米负离子;化妆品中含乳木果油、金缕梅提取液、海藻提取液等,都是现在很热门的,对皮肤起到良好的滋养、修复和舒缓的作用,再配上胶原蛋白、玻尿酸等。这样的卖点文案其实是不足以打动顾客的。再好的产品,用这种方式去描述,顾客也会麻木。

常言道,"挖卖点,打痛点"。这就是我们常见的 FAB,即产品卖点挖掘。

在店铺的页面呈现中,最重要的就是宝贝卖点的呈现。试想一下,淘宝网有千千万万的商家,相似产品的商家何其多,想让顾客选择你,总要有能够打动顾客的优点。产品优点太多,或者没有找对顾客的需求点去表达,就不能打动人(给顾客的感觉是:王婆卖瓜,自卖自夸)。

下面就介绍如何挖掘产品的卖点。

卖点就是能够打动顾客的、独特的、最核心的利益点。

实际上，产品的卖点在产品生产前，企业通过市场需求和客户分析，以及对竞争对手分析，就应该确定了，它是企业生产和经营策略的关键。对一些商家来说，目前已经入驻淘宝网且确定了产品，那么在现阶段如何挖掘产品卖点呢？

笔者认为，产品优势只是在不同的使用环境下突出的不同特点，卖点是比较出来的，商家需要对自己的产品、竞争对手及市场的需求变化有充分的了解，才能提出合适的、具有冲击性的卖点。

销售人员对 FAB 法则多多少少有一些了解。FAB 法则是销售人员按照 Feature、Advantage、Benefit 的顺序向顾客介绍产品，是说服顾客购买产品的话术结构，它能让顾客相信你的产品不仅好，而且是适合他的。

在 FAB 卖点挖掘法中，F 是 Feature，是表象特征的意思，也叫属性；A 是 Advantage，是功能或优势的意思，也叫作用，作用是由前面要素 F 的属性延伸出来的；B 是 Benefit，满足需求或好处，即益处的意思，也叫利益，利益是根据前面两个要素，立足于顾客的需求得出来的。

FAB 卖点挖掘法示意图如图 8-32 所示。

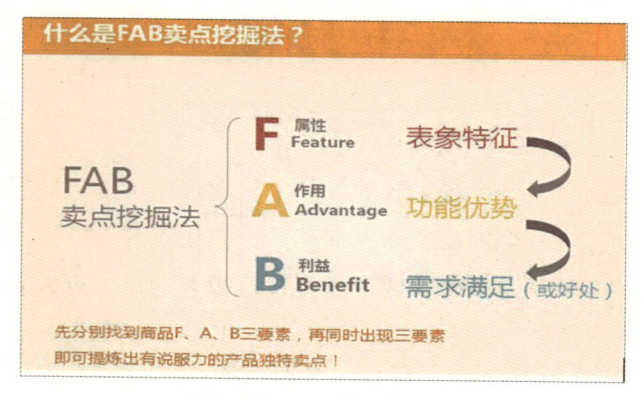

图 8-32　FAB 卖点挖掘法

我们先分别找到商品的 F、A、B 三个要素，然后同时提出这三个要素，就可以提炼出有说服力的独特卖点。如图 8-33 所示就是 FAB 卖点挖掘法的应用，这个方法在电商营销中是不可或缺的。

其中，特征（优点）与利益的区别如图 8-34 所示。

| 产品 | F（特征） | A（优点） | B（利益） |
|---|---|---|---|
| 真皮沙发 | 真皮 | 柔软 | 感觉舒服 |
| XX剃须刀 | 独立浮动刀头 | 更加贴近面部 | 刮得干净舒爽 |

图 8-33　FAB 法则表

特征/优点
- 产品的固有属性
- 对任何人都是一样的

VS

利益
- 产品的优点对顾客的价值
- 满足顾客需求
- 对不同的人是不同的

图 8-34　特征（优点）与利益的区别

FAB 卖点挖掘法的运用如图 8-35 所示。FAB 卖点挖掘法案例如图 8-36 所示。

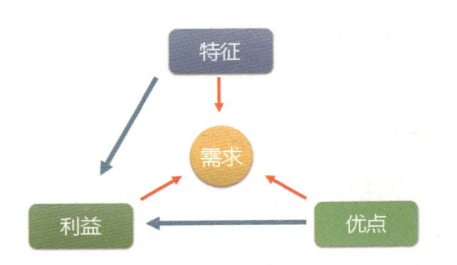

图 8-35　FAB 卖点挖掘法的运用

图 8-36　FAB 卖点挖掘法案例

买家的日常反馈也是收集卖点的重要组成部分，如图 8-37 所示。

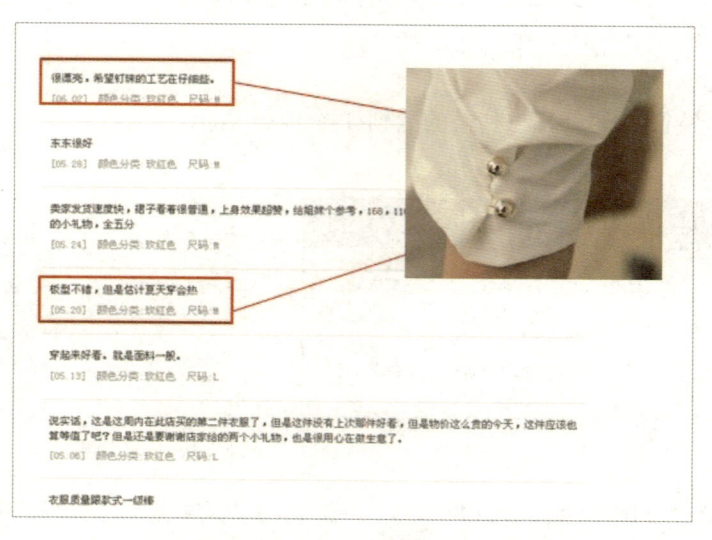

图 8-37 从日常反馈收集卖点

综上所述，可以总结出卖点的四大特征（独特销售主张）。

（1）可给顾客带来利益（好处）。

（2）与竞争对手对比，得出独特差异。

（3）对优势具有支撑作用。

（4）有足够的促销能力，可促使顾客购买。

接下来分析卖点的包装方法，如图 8-38 所示。

方法一：展现。

如图 8-39～图 8-41 所示，同一件商品，用不同的拍摄方法来展现，顾客接受商品的心理价位是不同的。

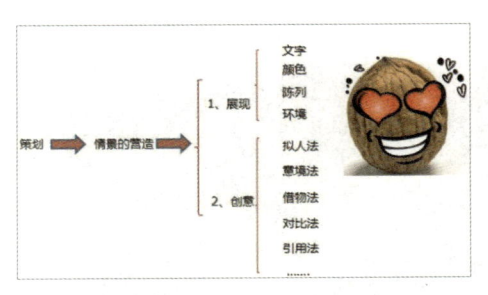

图 8-38　卖点的包装方法

图 8-39　展现方式 1

图 8-40　展现方式 2

图 8-41　展现方式 3

这件上衣成功的展现方式如图 8-42 所示。

图 8-42　成功展现方式

方法二：创意。

不同的创意给顾客的感觉是不一样的，如图 8-43 ～图 8-47 所示。

图 8-43  创意中的拟人法　　　　　图 8-44  创意中的意境法

图 8-45  创意中的引用法　　　　　图 8-46  创意中的借物法

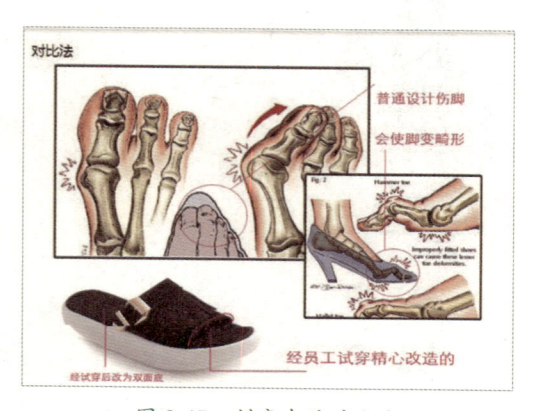

图 8-47  创意中的对比法

综上所述，通过对客户和竞争对手的分析，充分了解客户需求，找到店铺、产品和同行的区别及优势，再结合产品，提炼产品独特的卖点，然后对卖点进行包装（通过细节展现和创意，去证明产品独特的卖点），让顾客认可产品的价值，最终促成销售。

## 8.4 售后问题

下面先看几个因买家保养不当造成的投诉案例，如图 8-48～图 8-52 所示。

图 8-48　皮带收到有划痕

图 8-49　洗了两次就破了

图 8-50　脱线

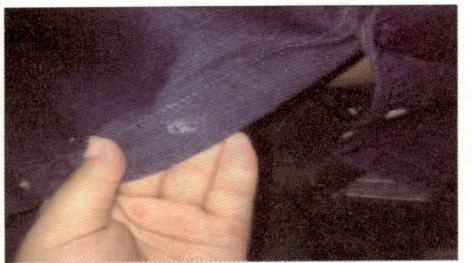

图 8-51　扣子脱落

顾客在购买产品之后会按照自己的使用习惯来保养，客服若是在导购时就温馨提示顾客正确的洗涤保养知识，就会避免上述类似的售后问题，也可以避免一些投诉。

如图8-53所示是一些与产品相关的问题。

图8-52 领子后面有个破洞

图8-53 产品相关问题

### 1. 售后咨询处理—使用及保养维修案例

亲爱的顾客，您好！这款商品是100%纯棉面料，纯棉面料本身就是非常软和宽松的，拉伸性和延展性比较好，这是纯棉面料的特性所决定的，个人建议您在洗涤时尽量轻柔手洗，平铺晾晒或脱水后晾晒，避免衣服变形等其他情况。纯棉面料的商品更加需要您的细心呵护，有问题可以随时联系我们，谢谢！

非常感谢您选购我们品牌的牛仔裤，在这里我们也提示您：随着穿着和洗涤，您购买的该牛仔裤的颜色会变得越来越淡，这既是牛仔裤的设计元素，也是牛仔裤面料的自然特征，不是牛仔裤的质量问题哦！

为了避免给您造成不便，请您依照下列方法和说明来呵护您的牛仔裤：

（1）请反面洗涤；

（2）请不要把牛仔裤浸泡太长时间，以免褪色和变色；

（3）请使用较为温和的洗涤剂；

（4）请不要使用漂白剂；

（5）洗涤和晾干时请将牛仔裤和别的颜色的衣物分开，避免别的衣物染上牛仔裤的颜色；

（6）为防止沾色请洗涤后穿着；

（7）为了保持牛仔裤的原始状态，建议使用常温清水洗涤。

我们的牛仔裤的内水洗标上也有相关的保养说明，希望我们的产品能够带给您最好的体验！

### 2. 售后咨询处理－标准话术

出现售后问题时，客服要第一时间与顾客沟通，协商解决方案，下面是客服与顾客沟通的一些标准话术。

（1）质检

您好，对于您反馈的情况及您发的照片我们会提交给相关负责人质检审核，一般会在2～3个工作日内给您回复。

（2）三无产品（吊牌、包装盒、发货清单丢失）

由于我们在您寄来的包裹内没有找到原先的发货清单，所以仓库查不到是哪个订单的包裹，才迟迟没有发货的，我已经转告相关人员了，我们会为您跟进的，这几天会安排发出，请您再耐心等等哦，谢谢！

（3）不是质量问题

您反馈的这个情况是纯棉的自然特性，不属于质量问题，加上您已经洗涤，所以无法为您办理退换货了！

（4）提供图片

如果是产品问题的话，麻烦您提供一下产品正反面图片、吊牌、水洗标近照及质量问题细节图，这样我们才能更好地帮您处理！

（5）反馈处理

您好，您反馈的问题我无法马上答复您，我会把您的相关情况向上级汇报，我们会在 24 小时内联系您，麻烦您耐心等待一下，谢谢！

（6）换货时间

您好，仓库如收到您的货品，一般会在 3～5 个工作日审核入库后安排寄出新货品，请您耐心等待，谢谢！

（7）为什么拒收

您好，因为其他快递出现问题件的情况很多，快递派件一次可能有上百单，无法等着让我们仓库一一验货，出现问题后，快递公司又不及时配合处理，造成很多不便，所以为了保证退换货效率，仓库是不支持其他快递的。

（8）退回

您好，顺丰显示退回的，一般顺丰不到的地方会自动转寄 EMS 的，目前我们已经和顺丰沟通，待顺丰进一步反馈呢，若是转寄 EMS，会更新 EMS 单号的，请您耐心等待！

（9）色差

您好，所有商品都是专业摄影师拍摄的，后期根据实物进行色彩调整，尽量与实际商品颜色保持一致，由于灯光、显示器等原因造成主观认知的区别，或者个人对颜色理解的不同导致实物与照片存在一些差异，都属正常现象。您如果因此无法接受，我们可以给您做七天无理由退货。

（10）洗后变型

您好，很抱歉给您带来不便，我们的商品含棉量比较高，建议您洗涤后，尽快脱水、晾干，若是拧干的话，还是有较大的水分在里面，水的重量容易在衣服垂直晾晒时拖拽衣服，所以晾干后会发现有拉长的趋势。建议脱水后反面通风晾干，或者手洗后平铺在晾晒篮上晾干。

（11）催换货

您好，非常抱歉给您带来不便，由于仓库及相关人员国庆节放假休息，所以换货的进度会有所延迟，待仓库工作人员上班后会陆续安排发出的，到时我们也会尽力为您催促安排的，希望您多多谅解！

（12）未缺货

您好，您订单内的商品目前并未缺货哦，若您不想要了可以修改退款原因，选择"不想要了"或"拍错了"，修改申请后我们会为您安排退款处理的。若您选择"缺货"的话，系统会正常发货的！

（13）七天无理由退换货

您好，我们提供七天无理由退换货服务，收货七天内，商品满足以下条件可以为您处理：a.商品吊牌完好、未剪下；b.商品未使用且未洗涤；c.不影响二次销售。

请问您的商品是否符合以上条件？

您好，我现在帮您处理换货，以下六点需要您配合一下：

a. 换货无需申请退款，否则无法为您换货；
b. 请在发货单内勾选需要换的商品并在快递箱上贴上换货标签；
c. 麻烦您保持商品及吊牌完好，将其寄回我公司仓库（礼品无需寄回）；
d. 为避免仓库收到快件后无法识别您的商品，影响您的换货进度，请将发货清单一起寄回；

e. 为保证换货效率，建议您使用顺丰速递寄回，寄回的快递必须支持开箱验货，我们不支持货到付款、邮政小包、平邮，否则会拒收，寄回的商品请保证寄回数量与申请的数量一致且外包装必须为我们的原包装；

f. 请务必在七个工作日内将商品寄回，若商品迟迟未能寄回，我们将取消您的换货库存，不再为您保留！

（14）结束语

对于本次购物给您造成的不便，我们再次向您表示歉意！

我们非常感谢您的反馈，我们会继续努力，期待您后期继续关注我们店铺，相信您一定能看到我们的进步，祝您生活愉快！

### 3. 售后咨询处理—电话沟通

除线上沟通外，我们还会用到电话沟通，下面是电话沟通的步骤。

（1）自报家门。

（2）简单扼要说明来电原因。

（3）倾听顾客不满意的原因。

（4）提出解决方案。

（5）协商过程。

（6）如不成功，再次提出其他方案。

（7）通话结束前，再次表达歉意。

总的来说，顾客购买我们的产品除喜欢我们产品的款式、功能、材质（面料）

等外，还信任我们的售后保障。当顾客出现了使用之后的一系列问题时，我们应当在第一时间帮他们解决好，这样才能够提升我们的服务评分，赢得更多顾客的信任。

## 8.5 注意事项

### 1. 常见问题

常见问题有物流问题、快递问题、付款问题、尺码问题、发货问题、库存问题、发票问题、正品问题、议价问题、退款问题、修改信息和赠品问题等。

### 2. FAQ 内容分享

（1）开头语

您好，欢迎光临 XX 官方网络旗舰店，我是店小二（工号 XXX），请问有什么可以帮您的吗？

（2）等候语

请稍等，帮您查询一下。

（3）结束语

您好，请问还有什么需要帮您的吗？

如果没有其他问题的话，麻烦您对我的服务进行评价，谢谢！

很高兴能为您服务，有问题可以随时联系我，期待您的下次光临，再见！（无

购物）

感谢您在 XX 官方网络旗舰店购物，很高兴为您服务，期待您的下次光临，再见！（已购物）

（4）售前部分快捷语模板

Q：这款商品有货吗？

A：

- 您好，这款商品目前还有货，但是网络销售的速度很快，建议您尽快购买！您拍下以后和我说一下，我帮您核对您的订单信息！
- 非常抱歉，您需要的这款商品目前暂时缺货，您可以考虑一下其他商品，并且我们今天的活动是 XXX，您也可以看一下哦！
- 您需要的这款商品库存少于 5 件。一般库存少于 5 件时我们是不建议您下单的！因为您下单之后可能会有无货的现象，建议您看看别的款式。如果您很喜欢也可以拍下，无货的话我们会在第一时间通知您的。

Q：可以货到付款吗？

A：您好，目前店铺不支持货到付款，但是我们支持支付宝、信用卡、网银等网上付款方式，如果您都没有，也可以让您的朋友帮您支付呢！

Q：我的商品还没有发出，我不想要了。

A：您好，实在很抱歉给您带来了不便，如果您确实不需要该商品了，我这边帮您登记取消订单，但是取消订单不一定会成功哦，因为我们是系统自动导单的，如果取消不成功寄出了，麻烦您拒收，等仓库收到退货后会尽快给您退款的。

Q：我的地址错了，麻烦你修改一下。

A：

- 您好，由于目前订单量非常大，所以不支持订单的修改，如果您的收货地址及拍下的商品尺码有误，麻烦您直接申请一下退款，我们这边会尽快给您处理退款，您可以重新购买。

- 您好，由于我们是系统导单，所以修改订单信息不一定会100%成功，您可以先申请退款，我们这边帮您取消订单，您再重新购买商品，请核对好收货信息后再付款哦！（针对刚刚拍下的商品或商品状态是未备货的，建议立即申请退款，重新购买）

Q：是正品吗？价格还能优惠吗？

A：我们是XX的直营店，所有的商品都是正品，并附有防伪码，支持实体店验货，产品质量您可以放心。

您好，我们此次活动已经是最大的优惠力度了，价格不能再低了，请您见谅哦！我们的售后服务都是有保证的，请您放心购买。

Q：如何查真伪？

A：防伪码查询：请拨打电话1234567890或进入http://www.xxxxxx.com查询。

Q：如何选择鞋子的尺码？

A：

- 亲，我们店内的商品都是标准尺码的，一般不存在偏大或偏小的情况。如果脚宽的话，建议购买大一码的，您也可以参考一下宝贝评价。因为我们没有实体店，所以没办法给您测量一下，不好意思呢！
- 旧款XXX的尺码是以一为单位的，而新尺码是以三分之二为单位的。我们的XX品牌是国产品牌，公司为了走向更大的舞台让全世界了解我们，才按照大众的尺码标准来定位的。
- 您如果平时穿41码正好合适的话，建议您还是选择41码；如果41码偏小，建议您选择41号半；如果41码偏大，建议您选择40号半，具体尺码还是由您选择。
- 亲，XXX的旧款尺码和新款尺码完全一样，如果您购买过旧款的鞋子，就可以根据对照表进行选择哦！

Q：如何选择服装的尺码？

A：（根据顾客平时的尺码，结合尺码推荐文档和顾客的身高、体重、胸围、腰围进行建议）

Q：XX家的价格比你们家便宜，我能不能在你们家享受别家的价格？

A：我们是品牌直营的旗舰店，全部都是正品行货。各地物价有一定的差异，所以在定价方面会有所不同，而且我们是有售后保证的。目前价格已经很优惠了，希望您考虑一下！

Q：为什么放入购物车没有优惠价？

A：您好，我们的优惠价在您拍下以后是可以选择的，只放入购物车看不到优惠价。您先确认好收货地址，在页面下方就有优惠可以选择了。

Q：有赠品么？

A：

- 您好，很抱歉，现在没有赠品哦，但是我们的店铺会不定期举行活动，您可以收藏我们的店铺，时时关注一下呢！
- 您好，我们现在是满XX送XX哦，您购买多件需要加入购物车。

Q：你们发什么快递？

A：您好，我们店默认的快递为中通、申通、EMS、宅急送、优速和汇通哦！

Q：指定快递可以吗？

A：如需指定快递，请您在拍下商品页面的"买家留言"中写明"指定某快递"，如"指定申通"，为了提高指定成功率，请不要再添加任何标点符号或字哦！温馨提醒：由于是系统导单，所以不能100%保证指定成功！若系统未指定成功，还请谅解哦！

Q：多长时间能收到货？

A：江浙沪地区发货后一般1~3天收到货，其他地区3~6天可以收到货。我们可以承诺发货时间，但因不同地区快递投递速度不同，我们无法对您的到货时间做出准确承诺，我们提供的到货时间是依照我们的经验估计的，仅供买家朋友参考，谢谢谅解！

Q：发货时间要多久？

A：仓库会在您付款后的48小时内发货，一般发货后会给您短信通知的。我们的发货信息更改时间是在晚上9:30以后，建议您到时候看一下哦！

Q：我收件的时候有没有什么要注意的啊？

A：当快递人员将您所订购的商品送至您的手中时，请仔细核对您所订购的商品外包装是否完整、是否使用品牌专用封箱带封装，以及商品的种类、数量、规格和相应的赠品，确认无误后，请在送货单上签字。一旦您确认签字，我们将无法为您办理补发。如您发现商品有误，请当场提出或及时联系我们的售后客服人员。

Q：怎么还查不到快递信息啊？

A：您好，您的商品已经发货了，这种现象可能有两种情况，一种是已贴好快递单等快递收件，另一种是快递那边没有更新信息。

Q：你们开发票吗？

A：您需要开发票的话，在付款后联系我，留下您的订单号和抬头（可以写您的个人姓名或您公司的名称），我帮您登记。

Q：发票的类型是什么？

A：您好，发票的类型是体育用品，您需要发票的话可留下发票抬头，我帮您登记。

Q：什么是七天无理由退换货？

A：我们支持七天无理由退换货，但是要保证吊牌没有被剪下、防伪码没有被刮花、包装完整无损坏，如果是鞋子要保证鞋底干净，否则不予处理。友情提示：

非质量问题造成的退换货需要您承担运费哦！

（5）售后部分快捷语模板

Q：如何处理退换货？

A：

- 请问您的商品自签收之日起是否还在七天之内，并且商品是否与寄出时一样，吊牌、防伪码、衣服的外包装塑料袋、鞋盒是否都完好？如符合以上要求，就可以申请退换。
- 您把您需要换的款式的货号和尺码发给我一下，我帮您登记上报到仓库，无论有没有您需要的尺码，我都会给您反馈的。
- 退换货商品必须附带白色发货小票（购物清单），保证商品的吊牌、外包装（鞋盒、衣服薄膜）等无损坏，鞋盒包装等不要缠上胶带、压坏，要保证鞋底干净，防伪码不得刮开，吊牌不得取下。若直接用鞋盒/衣服包装袋（薄膜）当物流货运外包装寄回，一律拒收并不予办理退换货申请。所退回的商品必须使用快递送货上门服务，需收件方上门取货的物流方式一律拒收并不予办理退换货申请。我们将在收到退回商品的2个工作日内（节假日除外）处理完毕您的退换货申请。
- 退换货指定邮寄地址：某省某市某区……退货时请您注意务必使用仓库合作的快递：中通、申通、EMS、宅急送、优速、汇通。如果您使用其他快递或平邮，则造成的所有后果由您承担。（普通退货和有货的换货）

Q：我退回的货你们已经签收了，什么时候给我发货？

A：您好，仓库在收到您的退回商品后需要进行质检，等质检好了系统会显示收到您退回的宝贝，一般会在之后的2~4个工作日内给您寄出。

Q：我退回的货你们已经签收了，什么时候给我退款？

A：您好，麻烦您先申请退款，仓库在收到您退回的商品后需要进行核查，等核查好了系统会显示收到您退回的宝贝，等显示退货已收了，会在之后的1~3

个工作日内给您退款,请您耐心等待!

Q:你们发给我的货少了,怎么办?

A:您好,如果少货,请提供包装箱四周封箱条的照片,以及购物清单和您收到的商品的照片,请新建一个 Word 文档,将资料照片粘贴到 Word 中,注明您的用户名、订单号,并用文字描述一下您要反映的问题,然后将此文档与退换货申请表一起回传给售后客服(这两份 Word 文档请务必一起回传),由客服帮您提交上去审核。给您造成的不便很抱歉!

Q:你们发错货了怎么处理?

A:您好,如果是我方发错货,请您提供您所收到的商品的外包装照、吊牌照,以及购物清单的照片,请新建一个 Word 文档,将资料照片粘贴到 Word 中,注明您的用户名、订单号,并用文字描述一下您要反映的问题,然后将此文档与退换货申请表一起回传给售后客服(这两份 Word 文档请务必一起回传),由客服帮您提交上去审核。给您造成的不便很抱歉!

Q:我的订单是包邮的,但是你们没有给我修改运费,现在我收到货了怎么处理?

A:亲,您先确认收货,然后联系我们进行退款登记。

# 第 9 章

## 学习店铺基础知识

由于平台类型、店铺类型及所经营的类目存在着差异，所以并不是平台上所有的功能都适合自己经营或服务的店铺，这些差异在支付方式、物流体系、会员体系中都有所体现。店铺管理者也会基于自身实际的运营情况选择不同的经营、活动方式，对于订单中的一些细节问题，也会有自己独特的解决方法。本章将着重对店铺所支持的支付方式、店铺所选用的物流体系、店铺所支持的会员体系等内容进行详细讲解。店铺基础知识是每个客服人员上岗前必须学习的，也是上岗前学习内容的重点，因为只有熟练掌握店铺的基础知识，才能为日后工作提供更大的便利，在服务中为顾客提供更准确、更优质的回答，更可为顺利上岗铺平道路。

## 9.1 支付方式

不同的店铺有不同的支付方式，其原因有以下几点。

第一，在淘宝及天猫的平台上，有三种类型的店铺，即个人店铺（如图 9-1 所示）、企业店铺（如图 9-2 所示）和天猫店铺（如图 9-3 所示）。因为店铺的类型不同，所以店铺的支付方式会存在差异，换而言之，在平台上并不是所有的店铺支付方式都是相同的。第二，虽然店铺类型只有三种，但是平台上拥有的类目数量众多，在相同类型的店铺中，所销售的产品类目不同，其支付方式也会不同。第三，不同类型店铺经营不同类目的产品，在支付方式上也会存在很

图 9-1 个人店铺

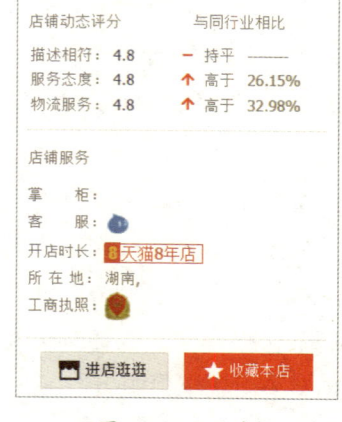

图 9-2 企业店铺

图 9-3 天猫店铺

大的差异。第四，因为店铺自身运营问题，有些支付方式并不在可选择的开通范围内，或者店铺自身未开通某种支付方式，这也是造成支付方式不同的原因之一。

综合以上几点，不难发现，并不是平台上所有的支付方式，在店铺中都可以开通或支持，那么客服如何了解所经营或服务的店铺中开通了哪些支付方式呢？除客服自行尝试购买自家店铺产品并尝试付款外，还可以通过一些方法快速地找到所在店铺开通并支持的常见支付方式，分别选择所在店铺中的一款或几款（若店铺内经营的产品分属不同的类目，需尽可能打开多个类目的产品）产品，打开该产品的详情页进行查看，即可看到该产品的支付方式，如图 9-4 所示。客服可以在不购买任何产品的情况下，查看店铺所支持的常见支付方式。另外，淘宝网不同类目店铺的支付方式虽有不同，但查看的位置相同，可通过图片进行对比。如图 9-5 所示，红色框中即为店铺所支持的常见支付方式。需要注意的是，在天猫店铺中查看支付方式的位置和在淘宝店铺中查看支付方式的位置有所不同，如图 9-6 所示，支付方式在靠近页面右侧的位置，有一个可展开或收起的下拉菜单，此处即为天猫店铺所支持的常见付款方式显示的位置。

图 9-4 鲜活易腐败类产品的支付方式

图 9-5 女装类产品的支付方式

图 9-6 天猫店铺的支付方式

上述几种支付方式都可以在店铺产品的详情页中查看到，在服务过程中，还可能会出现顾客没有银行卡、不会使用网银、对网络购物缺少认识，甚至不会使用这些常见的支付方式的情况，所以部分店铺还开通了有特色的支付方式，如货到付款，如图9-7所示。当顾客选择货到付款这种方式进行购物时，可以在收货时将货款直接付给物流派送人员，通过这样的方式大大提升了部分顾客对网络购物的信任度，同时也让部分顾客群体更好地体验了网络购物带来的便捷及乐趣，增加了顾客的购买意愿，提升了店铺的转化率。对于客服来说，店铺开通货到付款，也是一种便于提升客服自身销售业绩的途径。

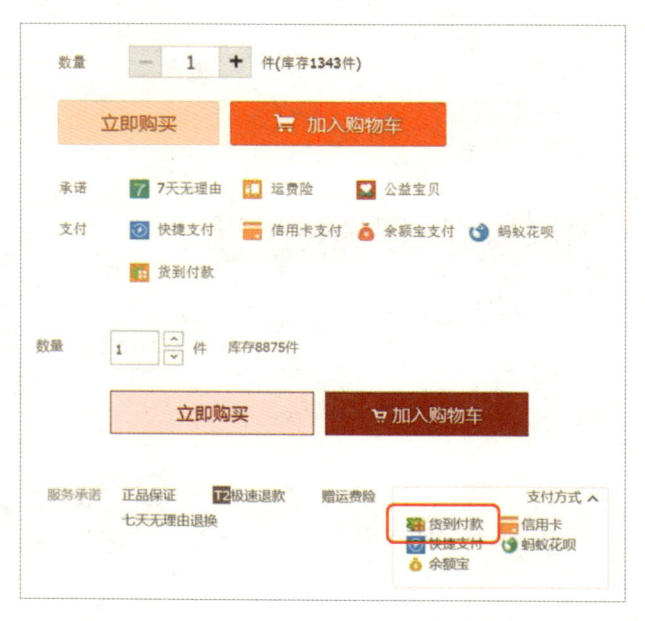

图9-7 货到付款的支付方式

除以上支付方式外，还有一种支付方式比较受年轻人和资金一时周转不开的顾客群体的青睐，那就是花呗分期，如图9-8所示。想要了解店铺是否支持花呗分期，同样可以在产品的详情页中进行查看。不过需要注意的是，目前花呗分期所支持的产品必须满足以下两点。第一，商品金额在六百元以上，同时店铺开通了花呗分期的支付方式，才可以使用此种支付方式。另外，在顾客希望使用花呗分期这种支付方式的同时，客服还要向顾客说明一些情况，并不是所有的花呗分期商品都可以免手续费，目前常见的是免3~12期的手续费，当然，也有不管分几期都无法免手续费的情况，如图9-9所示。

图 9-8　花呗分期

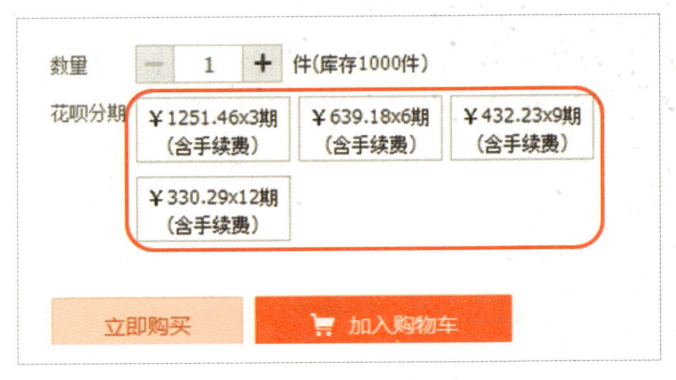

图 9-9　花呗分期手续费

　　了解经营或服务的店铺所支持的支付方式（更多支付方式可参阅系列图书入门版），是为了更好地引导顾客正确地进行支付，对顾客在支付过程中存在的问题有针对性、及时地给予帮助。在支付过程中，还是不免有顾客支付不成功或存在疑问，所以客服在日常工作中还需要整理一些常见的支付问题，以备不时之需，如表9-1所示。

表 9-1　常见支付问题

| 问题类型 | 解决方法 |
| --- | --- |
| 银行卡已扣款,但交易状态还是显示"等待买家付款" | 一般是网络繁忙导致的数据延迟,稍后刷新即可 |
| 付款时提示"抱歉,无法完成付款,单月付款金额超限" | 卖家或服务商未签约信用卡支付服务;交易不支持大额支付,或者信用卡快捷支付的小额累计额度已经用完,进行相应调整即可 |
| 付款时忘记了支付宝支付密码 | 可以单击"忘记密码"→"我忘记支付密码了" |
| 朋友代付,为什么付不了款 | • 收款方的原因(认证信息不完整等);<br>• 代付申请人的原因(未实名认证,"任何人代付"金额超过 500 元等);<br>• 代付人的原因(代付人每天付款大于 200 笔等);<br>• 交易的原因(付款金额小于 1 元等) |

## 9.2　物流体系

　　电子商务平台从业者通常会选用邮政系、快递系及物流系三种常见的运输方式,目前我国从事这三种运输方式的企业过百家,而一家店铺不会与所有的运输企业都进行业务合作,通常情况下,店铺会根据自身所销售产品的具体情况、运输成本、运输时效、丢失破损率及服务等多维度,选择适当的运输方式及企业进行合作,所以客服需要清楚地知晓所服务的店铺最终选择合作的运输企业有哪些、选择这些合作企业的原因是什么,从而在日后服务过程中更好地为顾客解决运输问题,进行清晰、明确、细致的回答。

　　商家会基于店铺运营的角度选择运输方式及合作企业,而在实际的交易过程中,顾客也会基于自身的角度希望店铺提供对应的运输方式,例如顾客希望运输企业名气大、速度快、服务好等,但在实际交易过程中可能存在某些原因,店铺最终确定的运输企业并不是顾客想选用的企业,此时客服如果不明白店铺为何会有如此选择、此种选择会给顾客带来哪些好处等,就极有可能造成顾客的流失。所以,更好地对顾客进行解释及安抚,让顾客同意店铺提供的运输方式,才是客服了解店铺物流体系的最终目的。

接下来介绍目前我国邮政系和快递系各运输企业常用的运输方式，如图 9-10 所示。运输方式可分为全程航空运输、航空+陆运运输、全程陆运运输三种常见类型。全程航空运输因速度快被一些企业青睐，同样也受到一部分消费者的欢迎，不过此种方式需要企业或消费者付出较高的运输成本，同时因为我国目前并没有达到每个地区或城市都通航，所以限制了一些产品销售地区较为广阔或产品不符合航空运输要求的企业的选择。航空+陆运运输的方式运输速度较快，成本与全程航空运输的成本相比降低了很多，所以也拥有较高的企业人气，虽然很多企业或消费者可以接受这种运输方式，但是同样受制于禁运限制，导致一些企业的产品不适合使用这种运输方式。全程陆运运输也满足了一部分企业的运输需求，其特点是成本低、禁运限制少、通达地区多等，使得选择的受众较多，不过凡事都有利弊，这种运输方式转运次数较多，增加了丢失和破损的概率，而且速度没有前面两种方式快，消费者在选择时也会有各种顾虑。通过以上几种运输方式的对比不难看出，企业在选择运输方式时需要考虑的因素的确不少，只有从业者才能理解其中的利弊。客服只有了解了这些以后，才能更好地为顾客进行分析和说明，使顾客更愿意接受企业选择的运输方式，同时也可以从禁运限制、通达地区等方面与顾客进行沟通，提升顾客对最终选择运输方式的满意度。

| 运输方式分析 ||||||
|---|---|---|---|---|---|
| 运输方式 | 速度 | 费用 | 通达地区 | 禁运限制 | 中转次数 |
| 航空 | 快 | 高 | 少 | 多 | 少 |
| 航空+陆运 | 较快 | 较低 | 适中 | 多 | 一般 |
| 陆运 | 一般 | 低 | 多 | 少 | 多 |

图 9-10　运输方式分析

客服人员可能会想：既然这么麻烦，那么店铺选择费用低、禁运限制少、通达地区多的全程陆运运输方式多好，而且选择全程陆运，在服务时也不需要与顾客进行过多的解释。我们可以换一个角度去思考，在整个交易的过程中，店铺或企业除考虑产品本身因素及运输成本外，还要考虑顾客的购物体验及满意度，这样才能给店铺或企业日后的经营带来良性的发展。相信每位顾客在购买到自己心仪的宝贝后，都想在最短的时间内收到，这一点也给店铺选择合作运输企业增加了难度。店铺或企业选择运输合作企业的因素如图9-11所示。看到这里，相信从业人员就应该了解了，为什么店铺选择合作运输企业这么难，因为这些选择也会决定店铺后续的发展，不是自己可以单方面去决定的。客服人员要理解店铺或企业的最终选择，极大地发挥语言天赋，来提升顾客最终的购物体验和满意度，为店铺发展提供有力保障。

图 9-11 选择合作企业的因素

最后一起来看一下物流系的运输方式。选择物流运输方式的绝大多数原因都是商家所销售的产品体积较大，产品自身不适合小件运输的方式或商家无法承担过高的运输成本，所以一些商家选择了物流系的运输方式，经济便捷。在物流企业中，同样存在"百家争鸣"的情况，也就意味着物流也同样存在优劣势，速度快、服务好的企业，运输成本相对就要高一些；而费用低的物流企业，又存在着网点少、转运次数多、破损率高、需要顾客上门自提等情况。所以，商家要自行权衡，选择一个更适合自己店铺的运输企业进行合作。

客服除要了解上述各类型运输方式的优劣势、确认店铺合作运输企业外，还需要明确一个最重要的信息，那就是合作企业的派送范围，因为有些顾客并不了解店铺使用的运输企业是否对自身区域进行派送，而这也是顾客能否及时收到产品的一个重要因素。那么，如何确定可派送范围呢？客服可以利用物流查询工具菜鸟裹裹，如图9-12所示。打开菜鸟裹裹的首页（http://www.guoguo-app.com），在导航条中选择"找快递公司"，接下来找到自己想要查询的快递企业，如图9-13所示。这时进入到指定页面中，如图9-14所示，可以看到快递企业官方网站的网址和查询电话。在企业官方网站上，客服可以根据顾客提供的地址，进行所在区域网点的查询，还可查询到派送区域，另外也可以拨打运输企业电话进行查询核实。同时，菜鸟裹裹还可以帮助客服人员查询区域间的正常运输时效，确认上述信息后，让专业客服的你，给顾客一个准确并满意的答复吧！

如果客服人员担心不能实时在计算机前而耽误了物流相关信息的查询，那么可以进行菜鸟裹裹手机版的下载和安装，安装后同样可以进行相关信息的查询，如寄件、驿站等相关的查询和操作，如图9-15所示。笔者希望对这个小工具的介绍，可以在日后工作中给客服岗位的相关人员提供一些帮助。

图 9-12　菜鸟裹裹 1

图 9-13　菜鸟裹裹 2

图 9-14　菜鸟裹裹 3

图 9-15　菜鸟裹裹手机版

通过以上对运输方式的说明及小工具菜鸟裹裹的介绍，可以让客服人员从根本上了解店铺的选择。在日后工作中，客服人员不仅要对顾客说明店铺默认发货方式是 A 企业、B 企业且不接受选择等，而且要与顾客说明，店铺选择这样一个运输企业的目的和能够为顾客提供的最终保障，相信这样说明后，顾客都可以理解，能够减少因为运输方式而带来的误会和潜在的售后问题。

## 9.3　优惠方式

在平日网络购物中，可以看到不同店铺有不同形式和力度的优惠活动，这些活动从何而来？有哪些主要的区别？通常情况下，店铺会把平台上的活动分为两大类，一类属于店铺自运营活动，常见的活动形式有包邮、优惠券、满就送、会员专享等；另一类属于官方平台活动，常见的活动形式有聚划算、淘抢购、淘金币等。每家店铺都会根据自身实际的运营情况，设置适合当下销售且不同类型的优惠活动。既然是根据销售情况来制定这些优惠活动，那么客服在销售过程中就不能够随意介绍，否则无法达到活动的目的，也可能无法满足顾客所需，最终导致顾客流失，从而失去了希望通过优惠活动提升销售额的初衷。另外，错误介绍优惠活动可能导致顾客无法顺利参加活动或参加活动后发现有更适合顾客自身的活动，而产生一些不必要的纠纷或出现违规扣分的情况。

针对不同的优惠活动，客服人员在日常工作中需要注意哪些事项呢？下面着重介绍店铺自运营活动。根据优惠方式的不同，可以将店铺的活动类型大致分为固定类优惠、条件类优惠及特殊优惠三类，如图 9-16 所示。这三类优惠方式不同，决定了可享受这些优惠的参与人群、参与条件、活动时间及形式等也不同，这就需要客服人员对活动的各项内容有足够、清晰的了解，才可以更好地介绍给顾客，实现设置优惠的初衷。固定类优惠通常是指店铺长期拥有的优惠方式，进店消费即可享受，不需要任何附加条件，比较常见的方式如顾客在店铺中购买任意产品即可享受包邮、只要购买产品即可获得赠品等。在电子商务竞争激烈的大环境下,多数店铺都会设计此类活动,这也是顾客比较热衷的一种固定类优惠方式之一。从竞争本身来说,一些店铺为了能够更加吸引顾客、提高顾客的消费意愿,还设计了一些有条件的优惠方式,如消费达到指定金额就可以减去部分金额、A产品+B产品或A产品+C产品等搭配的方式给予优惠,这类优惠都是需要满足商家制定的一些条件才可参与的活动。还有便是与顾客自身有关的一类优惠,即特殊优惠,这种情况不会像上述优惠一样在客服的销售过程中或店铺内的相应位置进行广而告之,往往是顾客基于自身的想法或想要得到一定的满足,主动向客服人员提出的,实际上这种情况属于一种变相议价,而客服或相关从业人员根据店铺实际给的权限来判断能否满足顾客请求的优惠,这种情况要依据店铺中制定的一些弹性规定,通过计算顾客的消费金额和产品购买数量,考虑店铺目前的销售情况、店铺的真实诉求等来决定是否给予顾客特殊优惠,这种优惠通常体现在增加赠品、送优惠券等形式上。

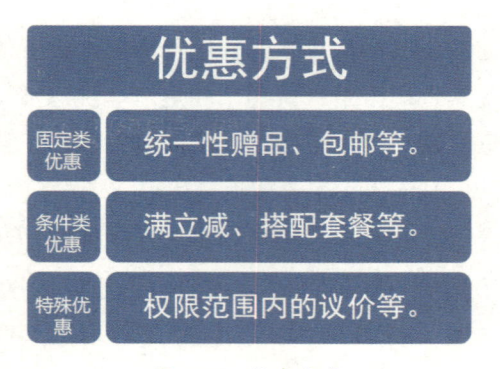

图 9-16　优惠方式

　　下面通过店铺中一些实际的运营案例,总结一下以上三类活动的形式和特性。如果单独提出"包邮"这个词,客服人员没办法通过直观的方法来确定它到底属于哪一类的优惠方式,所以需要将这个词放到实际的工作场景中,才可以更好地进行优惠方式的分辨,学会了分辨,才能更好地介绍给顾客。首先来看第一个案例,如图9-17所示,在平台上搜索了某款产品,打开此产品详情页后,没有去对该产品的其他SKU属性值、产品购买数量等进行选择,在图中标有数字①的部分，非常清晰地显示着运输方式为"快递"，运费金额为"0元"，这就是典型的固定类优惠，即包邮，不包含任何其他的附加条件即可享受的优惠方式；再来看图中标有数字②的部分，不难发现，该产品除包邮这种优惠方式外，购买满2件，还可以享受到9.8折的优惠，通过对比可以明显地发现，想要享受到9.8折的优惠，就需要满足店铺所设定的条件，那就是必须购买2件此产品才可以，这里显然设定了非常明确的条件，而不是任意消费都可以享受，这就是前面讲的条件类优惠方式。

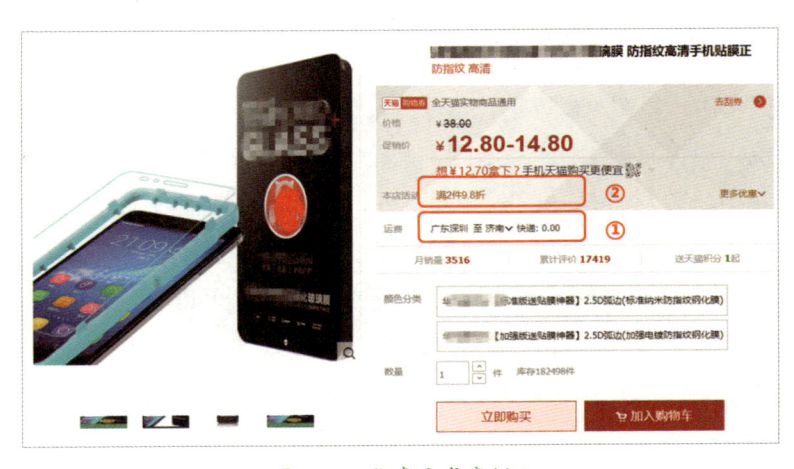

图 9-17　优惠方式案例 1

接下来看一下案例 2，如图 9-18 所示。先来看图中标有数字①的位置，非常清晰地显示着运输方式为"快递"，而在选择了某地区后，运费金额为"10 元"，这里非常明显地可以看出，该产品为不包邮产品；再来看图中标有数字②的部分"满 79 元包邮"，这里的包邮和案例 1 中的包邮有着很大的区别，案例 1 中的包邮是没有任何附加条件的，而案例 2 中的包邮必须要满足一定的条件。通过两个案例的对比不难发现，如果对优惠形式了解得不够彻底，势必会在日后的销售过程中给顾客以误导或造成误会。因此，彻底了解优惠方式，是客服人员在介绍优惠时能否准确的重点，不可掉以轻心。

图9-18　优惠方式案例2

　　在案例1中，享受9.8折是有条件的，而在案例2中，包邮是有条件的，不过不难发现，不管案例1还是案例2，两个案例都属于单一条件要求，而在日常的服务过程中，除这种单一的条件要求外，还存在复合性条件的优惠方式。如图9-19所示是笔者在某店铺中领取到的一张面值30元的优惠券，通过了解发现存在使用门槛，即需要订单满399元方可使用。所以可以清楚地判断，这是一种条件类的优惠方式，条件也非常的清楚，通过接下来的了解又发现，不仅需要订单满399元，而且在使用时间上商家也是有要求的，只有在规定的时间内才可以使用此优惠券，而这就是此优惠方式的第二个条件。通过这个案例可以发现，条件类的优惠方式可以设置多个条件。另外，在实际交易过程中，客服人员还需要知道，部分优惠活动是可以叠加参与、选择性参与的，对于客服人员来说，这些也是在日常工作中需要重点了解的内容。

图9-19　优惠方式案例3

最后说说特殊类优惠方式。特殊类优惠方式主要涉及到销售工作的两个环节，即售前和售后，还涉及到两类工作人群，即客服和客服主管（经理）。在售前工作中，基于顾客购买金额的增加，客服人员可以提供相对应的额外优惠方式。在售后环节中，根据售后问题类型的不同，客服人员需要给出一个补偿或赔偿方案，往往这些情况在一个店铺内会有约定俗成的处理方法，比如在大多数店铺的退货中，店铺都只愿意承担 10 元的退货运费。另外，不管在售前还是售后，个别顾客会进行长时间议价或索取更多的补偿等，而店铺刚好对这些事情制定了一些弹性的规则，那么完全可以按照可承受能力范围进行处理，若无法满足顾客最终的实际要求，可以将此事及时上报给客服主管（经理）等拥有相关权限的人员进行处理，处理的目的是提升销售额或提升顾客的满意度。

上述都是从店铺的页面中获取店铺的优惠方式，实际上还有一种更加快捷但并不是特别直观的获取优惠方式的途径，那就是与店铺的运营人员进行详细的沟通，获取和了解更多的优惠方式。同时，为了能够对店铺的优惠方式一目了然，笔者建议客服人员制作优惠方式表，如图 9-20 所示，来帮助自己实现销售目标。

| 活动名称 | 活动形式 |  |  | 特殊优惠 |  |
|---|---|---|---|---|---|
|  | 固定类 | 条件类 |  | 行使条件 | 优惠力度 |
|  |  | 使用条件 | 优惠力度 |  |  |
| 优惠券 | 3元 | 68元 | 5元 |  |  |
|  |  | 98元 | 8元 |  |  |
|  |  | 128元 | 10元 |  |  |
| 满就送 |  | 68元 | 包邮 |  |  |
|  |  | 98元 | 赠品1 |  |  |
|  |  | 128元 | 赠品2 |  |  |
| 特殊优惠 |  |  |  | 158元 | 加送赠品1 |
|  |  |  |  | 198元 | 加送赠品3 |

图 9-20　优惠方式表

## 9.4 会员体系

为了满足平台商家多样性的运营需求，除淘宝网和天猫拥有独立的会员体系外，每个店铺也可以有独立的会员体系服务。店铺根据实际的运营情况，可以对本店铺中的会员制定相应标准，进行等级划分，同时也可以制定相关的优惠政策来满足不同级别的会员，刺激和提高会员在本店铺的消费，增加会员对店铺的黏性。

店铺中独立的会员体系最多可分为四级，店铺的相关人员会根据店铺实际运营情况来决定是否启用这套会员体系，启用的同时也要制定会员体系的规则。客服可以通过"卖家中心"的"营销中心"或千牛工作台的快速链接，找到"客户运营"这个服务，在"客户运营"的"忠诚度管理"中设置 VIP 权限，如图 9-21 所示。单击"立即设置"按钮后，客服人员可以清晰地看到店铺的会员体系，其中包括会员等级、升级条件、会员权益和会员卡样式等，如图 9-22 所示。还可以查询到详细的信息，如达到该会员体系所需要满足的条件及该等级会员体系可享受的相关权益。另外，在客户列表中，客服人员还可以查询指定会员的级别、交易状况及交易详情等更全面的信息，如图 9-23 所示。查询到确切信息后，客服人员可以针对此级别会员，进行更有针对性的产品介绍及会员权益说明，从而激起顾客的购买欲望，提升顾客成交的意愿，最终实现下单付款。

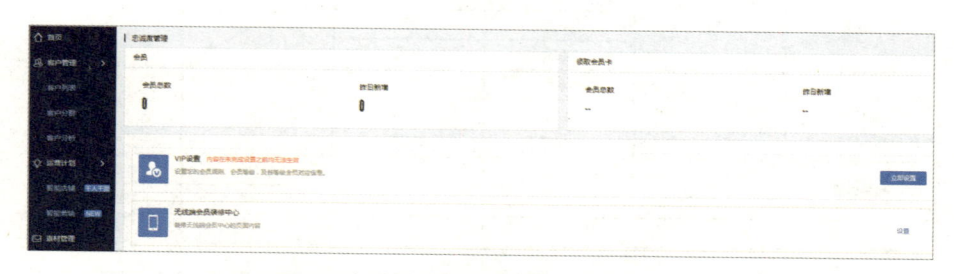

图 9-21  VIP 设置

在店铺会员体系中，除可以最多将会员分为四个等级外，若想日后更好地服务顾客，在日常的沟通及销售过程中还可以使用分组功能，如图 9-24 所示。

可以为每位顾客制定属于"他"专属的组别，会员分组可以打破四个会员等级的限制，最多可以建立 100 个会员分组，将对应的会员放到适当的分组中，再归类到制定的会员体系中，这样在顾客复购的情况下，客服可以快速地找到顾客的喜好、习惯、沟通方式等，帮助客服实现更加快速、有效的沟通，提升整体的工作效率。不过这里需要特别强调的是，在创建会员分组时，要决定日后打标的三种不同模式：手动打标、根据数据交易自动打标和根据商品数据自动打标。因此，客服人员在使用这些分组标签时，需要了解这些分组标签的具体设置条件。

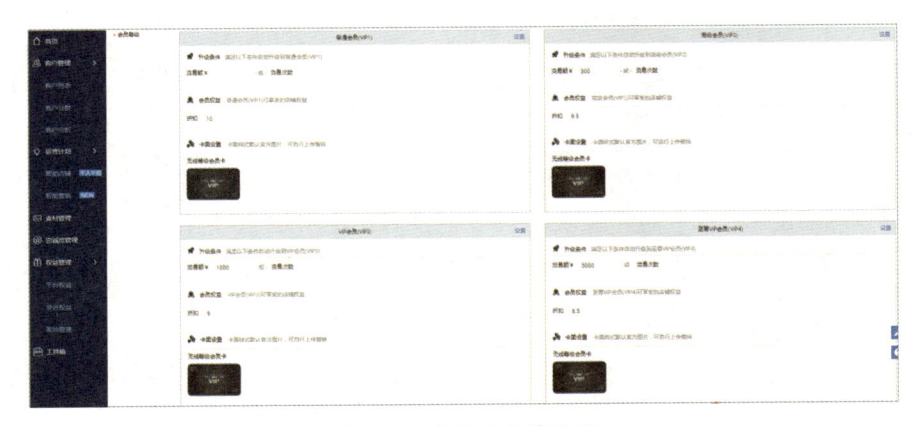

图 9-22　自定义会员体系

图 9-23　客户列表

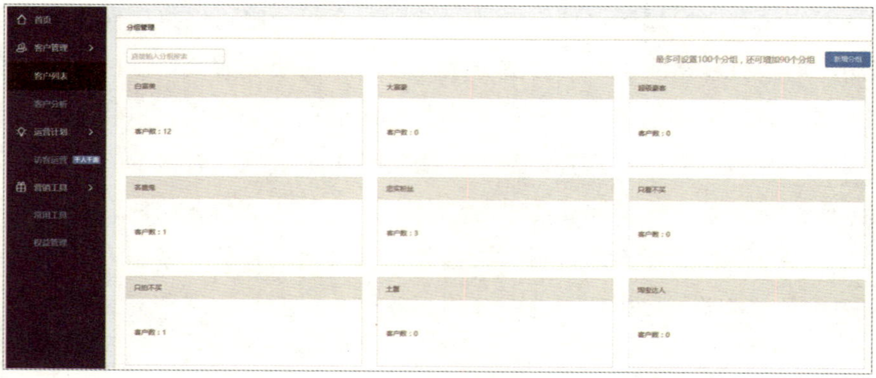

图 9-24　分组管理

对会员进行分组打标并不是一件非常复杂的事情，除在客服运营中进行前置设定或人工手动调整外，还有一种方法是使用千牛工作台在与顾客沟通时随手完成此项工作，如图 9-25 所示。在千牛工作台中添加标签与在客户运营中手工调整标签完全一致，而在发现新类型顾客时，也可以直接在千牛工作台中进行分组标签的添加，非常方便。学会了以上会员体系的相关知识，相信会对客服人员的工作有所帮助。

图 9-25　千牛打标

## 9.5 订单备注要求

下面讲解订单备注要求的相关内容。为了能够减少工作流程中的差错，增加客服在工作中的严谨性，同时也为了提升客服的服务质量，提高顾客购物过程中的满意度，更是为了提醒客服订单完成或处理进度，客服需要适时地进行订单备注，通过这样一个工作流程，可以提高客服团队的工作效率，增强团队之间的协作性。不过需要注意的是，这里提到的订单备注，并非顾客在购物过程中进行的留言备注，留言备注是顾客操作的，交易双方皆可查看，而此处说的订单备注，只有店铺的工作人员可见，顾客是不可见的。

更多的时候，客服会在订单催付、订单核对和售后处理中使用订单备注。先来看一下在订单催付中，都有哪些常见情况需要客服进行订单备注，如图9-26所示。第一种情况是未付款原因，并不是所有的顾客在下单后都会立即付款，所以探寻顾客未付款的原因，选择合适的催付方法，是客服需要特别解决的问题之一。了解顾客未付款的原因后进行及时备注，方便后续对订单进行有效跟进或找出解决方案，最后决定催付是否继续进行或放弃该笔订单。第二种情况是客服了解了顾客未付款的真实原因后，无法即时解决此问题，部分顾客会与客服约定再次付款的时间，为了便于订单后期的跟进，这个环节也常常需要客服进行订单备注。第三种情况是客服知道了未付款的原因，顾客也与客服约定了再次付款的时间，但由于某种原因，有些顾客没有按照约定时间及时进行付款，此时催付究竟进行到了哪个阶段就非常重要了，所以在此环节也会对订单进行及时的备注。最后一种情况就是尝试使用多种方式联络顾客后，都没有得到顾客的回复，此类订单可能就需要客服暂时做出放弃处理，为了提高工作效率，避免反复地联系顾客，可以进行订单备注来实时提醒客服。

个别店铺在经营的过程中，可能存在产品品类过多或顾客自行追加购买的情况，这时顾客对订单可能会有不同的要求，为防止在处理订单时遗忘，导致出现不必要的售后处理或维权，客服需要对顾客的订单进行仔细核对，而在核对订单时，也需要对顾客的一些特殊要求进行适当的备注，提醒自己或相关工作人员进行有效处理。通常情况下，客服会对顾客的以下要求进行订单备注，如图9-27所示。第一，客服需要对商品本身的信息进行核对并备注，其中包括商品名称、数量、尺码、颜色等内容。第二，对特殊类优惠方式中承诺的赠品等相关信息进行备注，避免发生违背承诺的违规情况出现。第三，基于顾客的偏好，部分顾客会指定物流公司，笔者就遇到过顾客要求必须发某快递和顾客拒收某快递的事情，为了避免不必要的拒收或售后，这样的备注要更加仔细。第四，部分顾客下单后，可能会变更联系人、地址、电话等信息，这时需要及时提醒并进行备注。最后，顾客自身会对订单做出一些要求，例如发货单不希望显示成交价格等，这都需要客服及时进行备注，避免或减少售后问题。

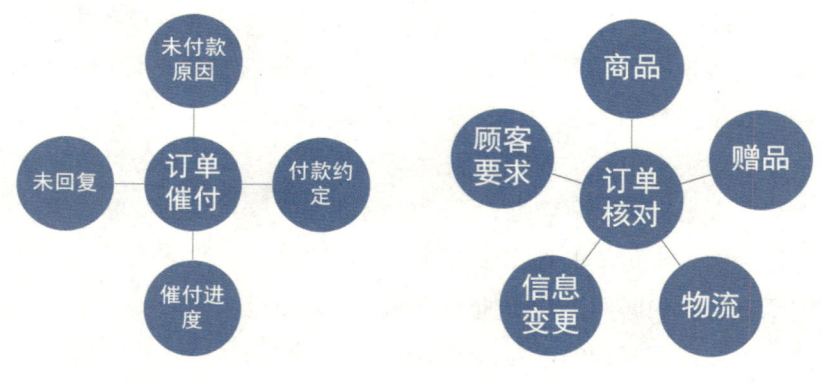

图 9-26　订单催付备注　　　　图 9-27　订单核对备注

客服除在销售过程中对订单进行备注外，在售后环节中有时也需要对订单进行及时的备注，这样可以更好地了解售后处理的最近进展，便于整个售后问题的处理。客服通常会在以下几种常见售后问题的处理过程中进行订单备注，如图9-28所示。第一，在了解到顾客反馈问题的真正原因后及时进行备注，备注后将问题提交给指定工作人员或上级进行及时、有效的处理。第二，在权限范围内无法处理顾客提出的其他诉求时，需要及时进行订单备注，请相关工作人员或上级制定合理的解决方案。第三，在制定了相关解决方案后，客服要及时对顾客的售后问题进行处理，而解决的方案及处理的进度就需要客服进行订单备注，以便自己后续处理，也方便在自己无法处理时，其他接替的工作人员可以顺利地进行相应处理。最后，对顾客问题的处理结果和顾客对本次售后服务的最终反馈，客服同样可以将这些信息进行订单备注，在适当的时候对问题进行归类、建档，方便日后学习和再次使用。

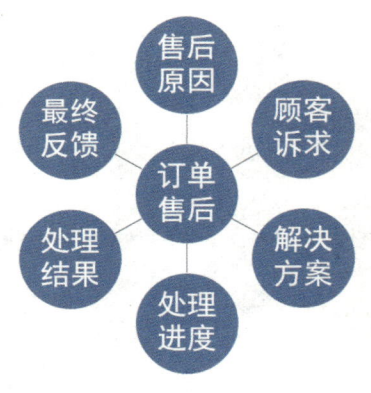

图 9-28　订单售后备注

不同的店铺对订单备注有不同的要求，客服在进行订单备注前，需要明确店铺的备注要求，这样才能使日后的工作流程及交接进行得更加顺畅。而对于订单备注，目前常用的方法是在订单后方进行"插旗"处理，如图 9-29 所示。"插旗"的方法直接、简单且清晰明了。客服可以按照店铺对订单的要求"插"上不同颜色的旗帜并备注相关信息，如顾客未付款原因、对物流等有哪些特殊的要求、是否对赠品提出更换或升级，如图 9-30 所示。这样一来，无论是客服自己还是店铺中其他处理相关事宜的工作人员，都可以非常清晰地知道问题所在，找出对应并合理的解决方案。另外，除可以在"卖家中心"的"已卖出的宝贝"中进行订单备注外，在千牛工作台及旺旺聊天框中也可以进行订单信息备注，这些信息都会自动同步到"卖家中心"的订单中，简单方便，可大大提高工作效率。

图 9-29 "插旗"处理

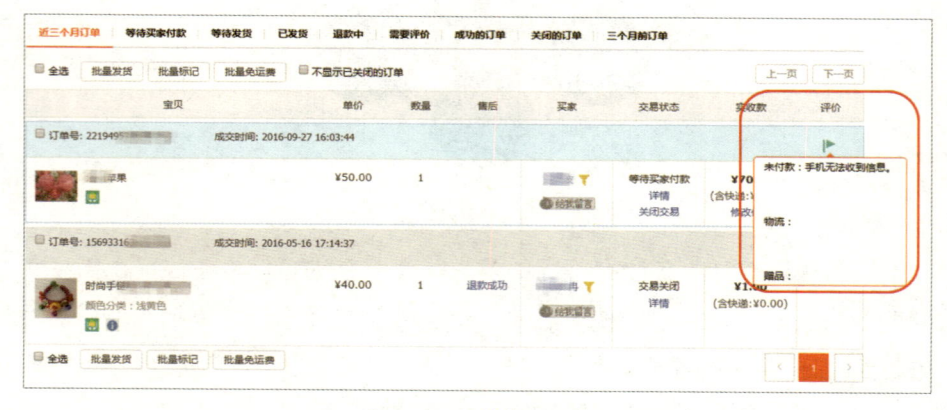

图 9-30 订单备注信息

通过以上店铺基本知识的学习，希望客服人员能够对店铺的一些相关规定和要求有足够的了解和认识，在日后的工作中做到有条不紊，提高自身工作效率，养成良好的工作习惯，为日后能力的提升提供有力的帮助。

# 第 10 章

## 客服工作基本要求

对于一个网络店铺来讲，在线客服是一个窗口岗位，代表着店铺的形象，传达着店铺的服务意识，展现着店铺的品牌文化。因此，我们要对客服岗位的人员提出一些基本的工作要求，以保证客服人员在与顾客的交流中能够提供最优质的服务，展现最完美的形象，让顾客认可店铺的服务，拥有完美的购物体验，从而增加顾客对店铺的黏性。

客服工作的基本要求分为两个部分：第一部分为客服工作的基本原则，主要是对客服人员的工作态度及工作状态提出的基本要求；第二部分是客服人员工作规范，主要是对客服人员的服务态度、行为等提出的规范要求。

## 10.1 客服接待工作基本原则

### 1. 快速

在线客服人员是通过网络与顾客产生互动的，然后通过服务引导顾客进行购买。由于网络的快速与便捷，顾客可以很方便地找到有意向的商品，进行对比并与店内客服人员沟通，若顾客发出的沟通请求不能及时得到回复，就会迅速地转换目标进入其他店铺并与其他店铺的客服人员进行沟通。因此，回复不及时、反应不够迅速时，就很容易流失顾客。

在网店接待中，客服人员的第一项基本工作原则就是快速，在最短的时间内给予顾客响应，尽快开展沟通，解答顾客问题。

客服人员岗前培训中的很多培训项目都是为快速应答做准备的，例如打字速度训练、产品知识培训、客服工作流程培训、话术手册和工作手册的使用等。这些都为客服人员打下了坚实的基础，方便在接待顾客时快速找到解决问题的方法，给顾客提供准确的答案及有效的帮助。

## 2. 诚信

在与顾客交流和交易的过程中，诚信是非常重要的，只有做到诚信才能让顾客建立对店铺的信心，相信我们会诚心为顾客提供服务，会从顾客的角度出发考虑问题。所以，客服在与顾客沟通时一定要如实告知关于商品、店铺服务及顾客权益等相关事宜，避免任何的隐瞒。

因此，客服人员要做到以下两点。第一，如实告知顾客商品及店铺服务信息，包含但不仅限于商品瑕疵、店内提供的售后服务、商品的维护保养、商品的功能功效，以及顾客和店铺间的权益和责任等；第二，做店铺和自己工作权限范围内的承诺，包含但不仅限于优惠赠品、特权服务和发货时效等。

## 3. 耐心

顾客在购买商品时会遇到这样或那样的问题，然后通过旺旺与客服人员沟通以寻求帮助。有些问题在我们看来是非常简单的，因为作为销售人员的我们从商品角度或平台操作角度都比较容易获取信息。但是顾客则不同，他们或者是对商品不够了解，或者是对平台操作不够熟悉，需要获得我们的帮助，那么客服人员就应该耐心地帮助顾客解决问题，不应在交流的过程中表现出不耐烦。

如图 10-1 所示，当顾客询问客服人员商品是否有货时，客服就说了一句："能拍下的都有货"。虽然这句话从字面上讲并没有什么错误，但是从顾客的角度就会觉得客服人员认为自己明知故问，感觉被怠慢了。

## 4. 细心

细心对于每个客服人员来说都是很重要的，但又很容易被忽视。客服人员平时工作量大，很可能忽略某些问题，比如应该提醒顾客要注意的事项，或者在与顾客沟通的过程中表现出来的焦虑、疑惑或些许不满。客服人员在与顾客交流的过程中要细心观察，了解顾客需求和情绪的变化，耐心地提醒顾客需要注意的事项。通过细心细致的服务，让顾客体验到完美的购物感觉，体会到客服的用心与为顾客着想的服务理念。

如图10-2所示，客服人员在顾客购买巧克力后，对巧克力的食用方法做了很贴心的提示，让顾客在购物即将结束时再次体验了细致入微的服务，提升了购物体验。

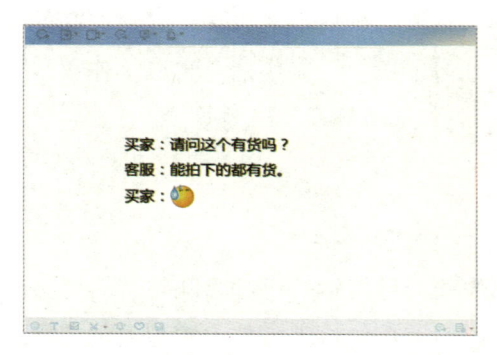

图 10-1　顾客咨询 1

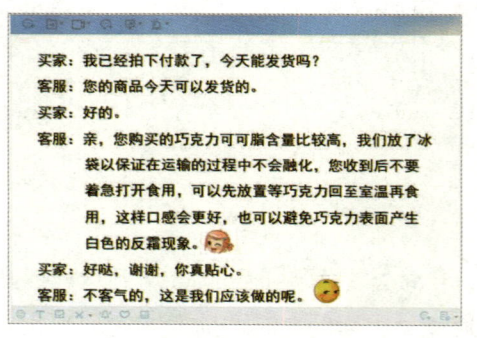

图 10-2　顾客咨询 2

### 5．责任心

责任心对于客服人员来说是很重要的。客服人员有责任做好自己的本职工作，为店铺创造良好的销售业绩；也有责任为顾客提供优质的服务，让顾客获得舒适的购物体验。客服人员要认真学习岗位知识，严格执行工作流程，积极主动为顾客提供服务，对顾客提出的问题负责到底并进行认真的记录与反馈，配合店内各岗位人员进行工作等，这些都是良好责任心的体现。

如图10-3所示是店铺中很常见的顾客进行查单查件的咨询，在这个时候顾客通常都是很焦急的，期待客服人员能够帮助自己确认包裹的情况，包裹到哪里了、何时派送。虽然客服人员也需要一定的时间去查询，而且很有可能向快递公司查询时不能及时得到反馈，但就算是暂时没有准确答复，也不能对顾客置之不理，要及时告知顾客需要等待一段时间，只要一有答案就会马上回复。

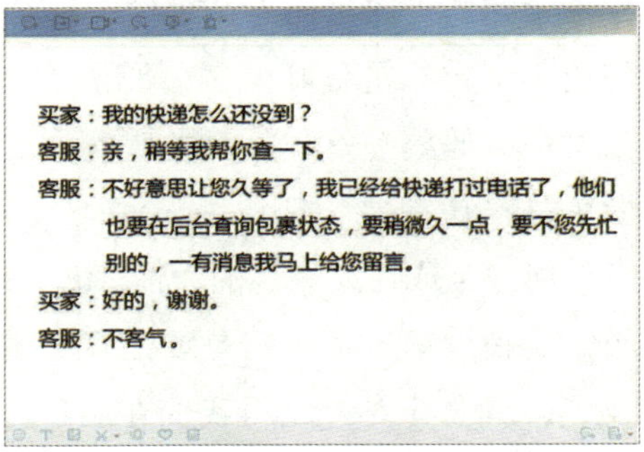

6. 自控力

客服人员在接待顾客时会遇到形形色色的人，不同的顾客又会提出不同的问题，这些都会对客服人员的心理造成一定的影响，所以客服人员一定要有自控能力，合理地调节并控制自己的情绪，保证在工作中不带有个人感情色彩，从店铺及顾客的利益出发解决问题。另外，作为合格的从业者，还要学会掌控自己的时间，合理地安排工作和休闲，以饱满的状态投入到工作中。

图 10-3　顾客咨询

## 10.2　客服行为规范

1. 礼仪规范

作为店铺的窗口岗位，客服人员在与顾客沟通的过程中，一定要注意礼仪规范。客服人员要展现优质的服务，主动问好，用语礼貌，任何情况下都不与顾客发生语言冲突。在字体颜色的使用上特别需要注意，不要使用红色字。在沟通的过程中要合理使用标点符号，不要频繁使用惊叹号。礼仪看起来好像很容易做到，但是又往往被忽视。专业的客服人员一定要在工作中遵守店铺的规范，给顾客留下好印象。

2. 用语规范

客服人员在接待顾客的过程中，要做到用语规范，合理使用敬语。例如，称呼顾客为"您"而不是"你"，但也不要过于拘谨，如顾客给妈妈买东西，我们也不一定总是称呼顾客的妈妈为"您的母亲"，可以顺势称呼"妈妈"，可以问"那么妈妈喜欢什么颜色呢？"这样会显得既有礼貌又很亲切。除合理使用敬语外，还需要合理运用表情，太夸张的表情或容易产生歧义的表情少使用，多使用微笑或让人愉悦的表情。语气词也很重要，有时为了营造轻松的沟通氛围，经常要使用语气词，但是要注意使用的频次，比如，聊天时如果每句后面都用"哦"，就会让对方觉得我们在装可爱，降低专业度。另外，还要注意回复时句子不要过短或太长，过短会让顾客觉得客服态度生硬，太长又会让顾客觉得啰嗦，甚至会错过一些重要的内容。

### 3. 服务规范

客服人员在销售的过程中一定要注意服务规范，做到专业、热情及合理推荐。从专业的角度说，顾客在购买的过程中都希望客服人员能在产品及操作等方面提供专业的帮助，因此客服人员需要运用专业知识为顾客解决问题。而且，作为一名合格的客服，还需要在整个沟通的过程中以积极热情的态度为顾客提供服务与帮助。在顾客购买的过程中，为顾客提供合理的推荐也是非常重要的，虽然店铺客服人员的工作任务是完成店铺的销售目标，但是也要遵循合理推荐的原则，这样顾客购买的成功率高，对店铺才会更加信任，才愿意在日后重复购买或推荐身边的人来购买。

综上所述，客服人员在接待顾客的过程中，要恪守客服工作原则，遵守接待行为规范，为顾客提供专业且热情的服务，使顾客对店铺产生好感，从而增加顾客对店铺的忠诚度。

# 第 11 章

## 客服沟通技巧

## 11.1 迎接顾客

当基础培训完成后，客服人员就具备了接待顾客的基本技能，可以上岗接单了。在接待顾客时，与顾客沟通下单的流程可以分解成7步，分别是：迎接顾客、接待咨询、产品推荐、解决异议、确认订单、礼貌告别和订单处理。这是顾客与客服人员接触的7个重要节点，在任何一个环节客服人员没有处理好或服务好顾客，顾客都有可能流失。

先来看"迎接顾客"这个环节，这是客服与顾客的第一次接触。我们常说第一印象很重要，好的开始相当于成功了一半，所以给顾客留下好的印象，让顾客保持愉悦的心情进行后面的沟通，是客服人员在迎接顾客这个环节要注意的。

由于接待量或接待时间的限制，并不是顾客随时在线咨询，客服人员都能马上回复，在客流量高峰期或客服休息时间，一般会使用系统自动回复。设置自动回复时，要体现出店铺名称及客服代号或花名。如图11-1所示，当顾客问"在吗"，自动回复中便体现了店铺名称，同时告知顾客接待的客服人员是谁，让顾客记住。甚至可以给自己的顾客起一个专属的爱称，我们常见的有"亲"，也有一些店铺的客服人员会称顾客为"小主""女神"等。

在自动回复设置中，迎接语不宜设置得太长，一般2～3行即可，也不宜用刺眼的字体颜色或特别大的字号。

自动回复后，当客服人员可以接待顾客时，要再次发送人工接待问候语，如图11-2所示。如果前面让顾客等待时间过长，在这个环节就应该向顾客致歉，如"不好意思，让您久等了"。

一般来说，客服不宜让顾客等待时间过长，顾客可能没有耐心而选择去其他店铺购买。客服工作中有一条法则叫"黄金六秒"，意思就是顾客等待的时长最多就是六秒，超出时间顾客情绪就会受到影响或转至其他店铺购买产品了。

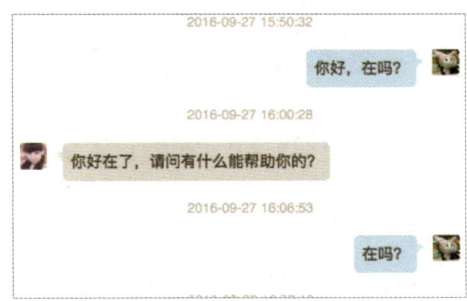

图 11-1 迎接顾客时的系统自动回复

图 11-2 人工迎接问候语

除速度要快外，客服的态度还应该热情，淘宝上的店铺非常多，产品更是琳琅满目，顾客的选择有很多，如果服务不热情、不周到，顾客基本上就会选择离开。如图 11-3 所示，客服人员的回复简单、冷漠，让顾客觉得很不舒服，如果态度能够再热情一点就好了。例如，顾客问能否包邮，客服人员可以回答："亲，不好意思呢，由于黑龙江路途遥远，我们的产品价格很低、利润很薄，所以没有办法承担邮费，亲可以再挑一些产品，满 108 元即可包邮呢。"如果这样跟顾客去解释，相信顾客就很容易理解。

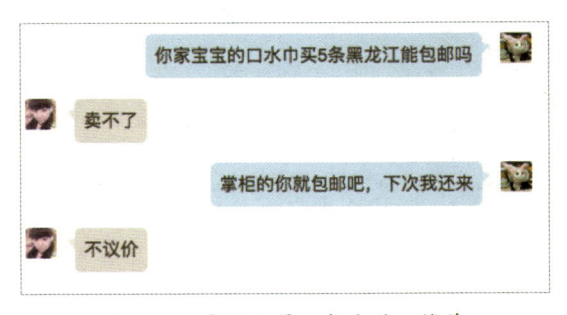

图 11-3 客服人员回复冷漠、简单

因此，在"迎接顾客"这个环节，客服人员要注意以下几点。

（1）不要回复得太慢，当顾客有购物欲望时都是很急迫的，没有多少耐心。

（2）不要一直用自动回复，如果接待量比较大，客服人员应该给每位顾客轮流回复，而不要一直给一位顾客回复。

（3）态度不要傲慢冷漠。

（4）使用不恰当的表情会让顾客反感。

（5）不使用刺眼的字体颜色，否则顾客看上去会不舒服。

迎接问好会影响到顾客是否愿意继续与客服人员沟通，甚至会影响后续的服务评价，所以客服人员应该重视这个环节，迅速、热情、亲切地服务顾客。

## 11.2 接待咨询与产品推荐

### 11.2.1 接待咨询

在迎接问好第一个环节之后，顾客会询问客服一些问题，比如物流、服务、产品质量和资质等，也有一些顾客拿不定主意，会让客服人员帮忙做推荐。

在这个环节中，客服人员大多会回答一些简单的问题，如图11-4所示。

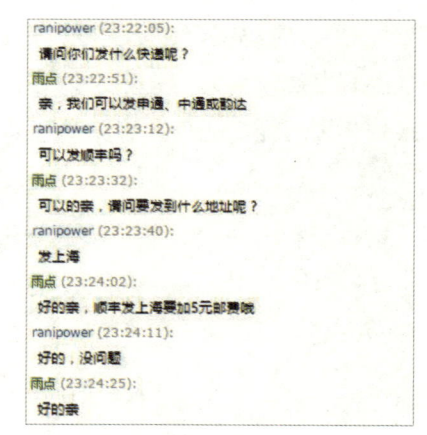

图11-4 咨询回复案例

在案例中，顾客问客服人员发什么快递，客服人员回答发申通、中通或韵达，之后顾客又提出新的需求，问是否能够发顺丰快递，因为商家所发快递中并不包含顺丰快递，而顺丰快递价格又比较贵，所以很多商家都会让顾客加一部分快递费，然后为顾客发顺丰快递。这时候客服人员就要问顾客发什么地区了，因为发不同地区，加价是不一样的。当顾客回答是上海后，客服人员给出加价金额，这个问题的沟通就算结束了。

有些商品，如手机、化妆品、品牌商品，顾客经常会问"是否是正品"，商家一般先肯定自己所售商品是正品，然后告知顾客接受专柜验货，从而打消顾客的疑虑。

如果店铺中咨询的顾客大部分都问同一个问题，那么客服人员可以将这个问题的回答设置成快捷短语，当再次有顾客问同样的问题时，就可以直接发送快捷短语，减少工作量。如果商家的咨询量很大，客服人员忙不过来，也可以使用千牛机器人答复，将顾客的常问问题归类汇总并设置成合适的话术，让千牛机器人帮忙解答，可以大大提高客服接待效率。

有些问题，如发什么快递、什么时候能发货等可以利用机器人替客服回答，但是一些灵活性的问题，机器人就没办法帮忙了，这时候还是要靠客服人员接待。比如产品类问题，笔者有一次购买某大品牌的料理机，笔者问客服这款机器"是否可以绞肉"，客服回答是"可以绞肉"，笔者又问"一次可以绞多少肉"，客服回答"没有数据"。笔者说"就是一次放多少克肉"，客服还是回答"没有数据"。笔者不甘心地又问容量是多少，客服再次回答"容量没有数据"。

这个案例我们从两个方面看。第一，客服人员的服务态度生硬冷漠，仿佛多说一个字都要花钱似的，每次都是回答"没有数据"，而且也没有服务意识，笔者问的是某大品牌产品，实际上不管是官网、淘宝店铺还是百度，都有很多该品牌的产品信息，笔者相信寻找一款产品的容积应该不是难事，如果客服人员有心为顾客服务，就应该想办法为顾客解决问题。第二，商家的培训不到位。客服人员上岗前，都应该进行产品培训，包括产品的材质、规格、功能功效等，尤其是热卖产品，更应该面面俱到地进行培训。客服人员在顾客面前要展现专业的形象，当顾客提出问题而客服不知道或解答不清晰时，客户就可能对客服人员失去信任，怀疑客服人员的专业度，甚至质疑产品，最终选择不购买该产品。

接待咨询，实际上也是客服人员深入了解客户需求的一个环节。在这个环节中，客服人员应该尽可能地获取客户的信息，比如客户的年龄、职业、所在地区、消费层次、为什么要买这个产品、在什么情景下使用等，客服人员了解得越详细，对顾客的把控就越好，推荐产品时就越精准，成交概率也就越高。

如图 11-5 所示，客户想购买一条裤子，问客服人员裤子中的镂空部位会不会断裂，客服回答得很妥善，告知顾客该产品采用的面料是优质面料，不容易裂开，可以放心选购。当顾客再次质疑时，客服人员问顾客是自己穿还是送人，这是了解顾客需求的提问，自己穿和送人的需求点是不一样的。当顾客回答是自己穿时，又透露出对自己比较胖的担忧，客服人员耐心地回答顾客，并且用举例证明的方式告知顾客，该款裤子弹力很好，不需要担心穿不进去的问题。

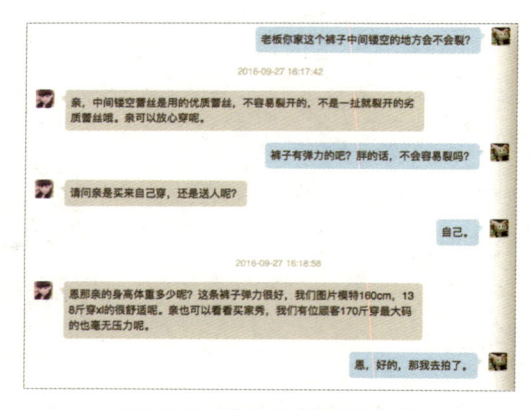

图 11-5 客服人员了解需求

我们知道，顾客购买商品并不全是给自己购买的，也有可能给孩子、老人、朋友，甚至给宠物购买，这也就意味着客服人员要掌握两重身份的心理，一个是购买者，另一个是使用者。

例如，笔者曾光顾一家母婴网店，因为朋友刚生完孩子，笔者想送一件礼物给她，所以让客服人员推荐，客服人员推荐了一款奶瓶，并告知笔者这款奶瓶质量很好，全球只有几家工厂能生产这种玻璃。笔者看了产品描述，近 200

元的奶瓶还不包邮，最终笔者没有选择购买。实际上这名客服人员就没有真正掌握顾客的需求，顾客买东西送人，是购买者，平辈之间送礼人的心理多数都是礼物看上去越高大上越好，钱花得越少越好。客服人员介绍的奶瓶非常小，价格还贵，并且想打动顾客的理由是质量，但是顾客是购买者，并不是使用者，质量绝不是决定他是否购买的第一个理由。而且，从专业角度来说，妈妈们都会在宝宝出生前就囤好奶瓶，客服人员作为母婴店的工作人员，应该具备这样的常识，这时再推荐顾客购买奶瓶送礼，这个礼也没有送到收礼人的心坎里。如果客服推荐的是新生儿衣物礼盒或实惠的尿不湿，可能就能打动顾客的心了。

所以，作为客服，要不断地学习顾客购物心理，这样才能在面对顾客时迅速判断顾客的需求和痛点。

一般来说，顾客有6种类型，分别是算计型、面子型、攀比型、恐惧型、好奇型和自恋型。

（1）算计型

这类顾客对价格敏感，有时候甚至会为了便宜一块钱而跟客服人员磨一个小时，这样的顾客也不见得真的就是差这一块钱，而是缺少心理满足感。顾客有时候不在乎客服人员给便宜多少钱，而是在乎是否给便宜了。针对这种顾客，客服人员可以告知店铺里正在搞活动，比如满减、满送活动，并且替顾客算账，例如有一些客单价高的产品，客服可以采用拆分法，一瓶面霜可能要卖几百块钱，顾客觉得贵，那么客服可以说："亲，我们这款面霜可以用3个月，算下来您一天只需要花3块钱，这款产品保湿效果特别好，而且还有隔离的作用，尤其适合您这样每天都需要化妆的人，每天3块钱就可以换来这样的效果，多划算啊！"

顾客本来会觉得贵，让客服这样一分析，觉得好像很划算，心里接受起来就会比较容易了。

客服人员也可以赠送优惠券给顾客，或者用赠品去吸引顾客购买，尤其是标品或同质化比较严重的商品，顾客在几个商家之间犹豫不定，谁给的赠品更符合顾客的需求，谁就能获得顾客的青睐。

（2）面子型

这类顾客很要面子，很多话会婉转地表达出来，客服要懂得顾客话语背后真正隐藏的意思，这类顾客不喜欢别人否定他，喜欢购买一些品牌来装饰自己，客服人员在推荐商品的时候，可以着重强调品牌的影响力。

（3）攀比型

攀比型的顾客集中在几个人群，比如学生、白领、宝妈。学生喜爱款式多变和品牌效应；白领会拿服饰、化妆品、鞋包与同事相比，不希望自己在公司的形象输人一等；而宝妈们多数都是集中的，在跟相识的宝妈在一起时，顾客不希望自己的宝宝用的、吃的不如别人家的宝宝，所以看到别的宝妈买什么产品，就会选择跟风购买或买更贵的。客服人员可以着重强调自己的品牌、产品的优势和顾客的利益点来打动顾客。

（4）恐惧型

恐惧型的顾客多数都是因为对产品或服务不了解，比如很多人买数码产品，就会担心是翻新机、容易坏等，这是因为他们对此类商品的性能不了解，所以产生了担忧。有些购买家具、大件家电产品的顾客也会有此担忧，担心运输途中损坏、受到破损、不会安装、售后保障等。针对这类顾客，客服人员要耐心细致地给顾客讲解，打消顾客疑虑，可以多举其他顾客的正面案例给顾客听。

（5）好奇型

好奇型的顾客比较活泼，他们对一切都充满了兴趣，喜欢跟客服人员聊很多话题，经常会把客服人员引导到跟销售无关的话题上。针对这类顾客，客服人员不能只顾着回答顾客，而忘记自己的工作本质，要适当地"拉"回话题，回归到销售产品上。

（6）自恋型

这类顾客喜欢自夸，甚至会显摆自己的容貌、身材、穿着、经历和家世等。针对这类顾客，客服人员适当的赞美会获得顾客的好感，加大下单成交的概率。其实试想一下，我们哪个人不自恋呢？每个人都是爱自己的，所以在销售过程中多去赞美顾客总是不会错的。

了解了顾客的类型，再结合顾客的需求，就可以适时向顾客推荐产品了。推荐产品时，要根据之前收集的顾客信息，推荐顾客最感兴趣的并且符合需求的产品。

### 11.2.2 推荐产品

有些客服人员不重视对顾客需求的信息收集，所以在推荐产品时，推荐的往往不是顾客真正想买的东西，导致顾客流失。

如图 11-6 所示，顾客希望客服人员推荐一款面膜，客服人员什么都没有问就直接推荐精油面膜，顾客说对精油过敏，客服马上又推荐了一款抗皱面膜，但是顾客才 20 岁根本不需要抗皱面膜。这位客服人员根本没有了解顾客的需求，就盲目地推荐产品。

一名优秀的客服人员会先去了解顾客的需求，然后再推荐合适的产品。如图 11-7 所示，同样的问题，换不同的客服人员效果就不同了。

顾客依然让客服人员推荐一款面膜，客服人员首先问顾客的肤质是怎样的，然后又问顾客想要改善什么问题。顾客回答对精油过敏，并且皮肤被晒黑，油脂分泌多。根据顾客的回答，客服人员推荐了一款晒后修复补水的面膜，刚好是符合顾客需求的，所以顾客很容易接受。

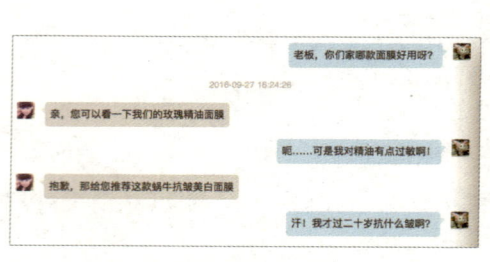

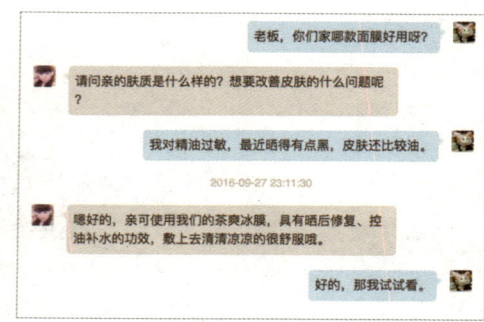

图 11-6　盲目推荐案例　　　　　　图 11-7　精准推荐案例

在了解顾客需求的过程中，并不是每一位顾客都会主动告诉我们很多信息，这时候就需要客服人员主动去问，问是一个技巧，客服人员问出的每一个问题都应该像过滤筛一样，不断地把顾客的需求缩小，最终得到顾客真正的需求和痛点。问问题有两种方式，一种叫做开放式问题，另一种叫做封闭式问题。开放式问题的答案是发散的，如"你的肤质是怎样的"，顾客的回答可能会有很多种，如皮肤长斑、出油、缺水等。如果问题是"你的皮肤出油吗"，那么这个问题就是封闭式问题，封闭式问题的答案是唯一的，是或不是、行或不行，顾客的回答只可能是一种情况。

封闭式问题和开放式问题要结合起来使用，一般情况下，当顾客说话比较少时，而我们又希望多获得信息，这时候可以适当抛出开放式问题，引导顾客多说。而有些时候，我们希望顾客跟随我们的思路，就有可能用封闭式问题去规划顾客的思维走向，尤其是在售后，可以通过封闭式问题引导顾客接受我们提出的解决方法。所以，开放式问题是用来挖掘顾客需求的，而封闭式问题是用来避重就轻的。

在推荐产品时，客服人员要灵活对待。如图 11-8 所示，顾客问某款衣服还有没有货，客服的回答是旧款、没有了，然后双方就没有再继续沟通。实际上在这种情况下，客服人员应该推荐可以替代的产品给顾客，而不只是回答完就结束了。

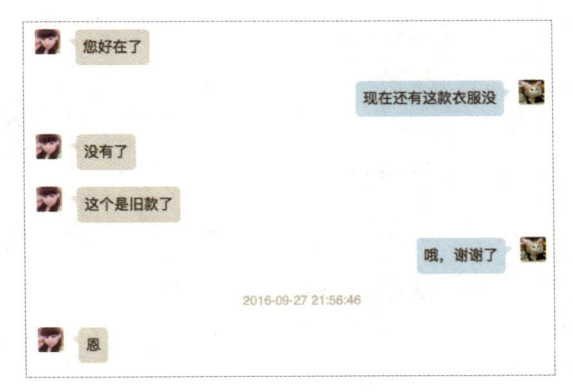

图 11-8　客服人员回复不灵活的案例

我们强调客服人员与顾客沟通时要去了解顾客的需求，在了解完需求后，还要去挖掘顾客的兴趣点，比如有两位顾客都是想买一条裙子，客服人员即便是推荐同一款裙子，打动顾客的理由也不见得就是一样的。比如 A 顾客，稍微有些胖，客服人员就要思考这位顾客的痛点是什么，是否应该是显瘦呢？而 B 顾客并不胖，她打算穿这条裙子去约会，那么这位顾客的痛点就应该是效果好，所以即便是同一个产品推荐给不同的顾客，打动顾客的理由也有可能是不同的，这就需要客服人员在与顾客沟通的过程中，多方位地了解顾客的情况，这样才能推荐最合适的产品给顾客。

## 11.3　解决异议

在沟通过程中，顾客会针对产品或服务提出一些问题，客服人员需要妥善应答，如果回答没有让顾客满意，那么顾客很可能在这个环节选择离开。在回答顾客的问题时，客服人员首先要以促进购买为第一目的，其次要斟酌顾客问这个问题背后的意思是什么，以及如何回答才能够打消顾客的疑虑。

如图 11-9 所示，顾客最常问的就是与物流相关的问题，如有没有货、什么时候能发货、用的是什么物流、从哪里发货和几天能到等。这就需要客服人员了解自己店铺合作的快递的时效性，也要了解常规地区到达的时间。

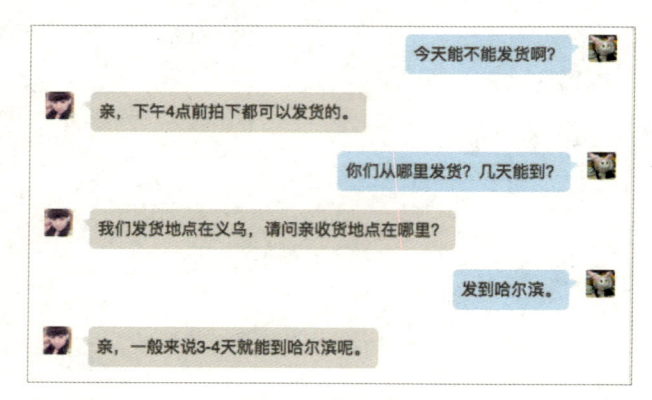

```
今天能不能发货啊？
亲，下午4点前拍下都可以发货的。
你们从哪里发货？几天能到？
我们发货地点在义乌，请问亲收货地点在哪里？
发到哈尔滨。
亲，一般来说3-4天就能到哈尔滨呢。
```

图 11-9　物流问答

除物流问题外，客服人员还常会遇到顾客讲价。如图 11-10 所示，顾客希望能够便宜 5 元，但因为是天猫店铺没有办法修改价格，所以客服人员告知顾客店铺现在正在搞活动，满 198 元减 20 元，当顾客表明自己买的商品不够 198 元时，客服人员适时地推荐其他产品，引导顾客凑单。

```
老板我买2件能不能便宜5块钱啊把零头去掉？
2016-09-27 22:06:22
亲，我们是天猫店铺没有办法改价格呢，但是我们今天正在搞七夕活动，满198元减20元，满358元减50元哦，力度还是很大的。
2016-09-27 22:07:28
我买的这2件加一起价格才155元
亲可以再看看凑单区，我们现在夏季T恤都清仓呢，价格很划算。再搭一件T恤就可以凑够198元了，可以减20元了呢
那我去挑挑看。
```

图 11-10　讲价答疑

很多客服人员都会遇到顾客讲价,尤其是天猫店铺不能够修改价格,客服人员就会觉得头疼,一方面想给顾客优惠促进成交,另一方面没有这个权限。针对这种情况,店铺在运营方面应该多搞一些活动,除全店活动外,也可以针对热销单品搞活动,包括多准备几样赠品,例如买1送4,这个"4"指的是赠品而不是同等商品,这样顾客就会觉得比较划算,愿意下单购买。

除此之外,顾客问的最多的还是与产品相关的问题。如图11-11所示,顾客想买一个水壶,对商家的水壶提出了质疑,别人家卖69元,为什么你家卖的比别人贵、贵在哪里?客服人员针对贵给出原因,内胆采用的是食品级304不锈钢,并且有保温功能,还是双层防烫设计,安全性高。但是顾客又提出新的质疑,别的商家也打出304钢的旗号,又有什么区别呢?客服人员针对这个问题其实并没有正面回答,而是告知顾客产品有资质证书,又是大品牌,有品质保证,同时告诉顾客一分钱一分货的道理。顾客第三次提出的问题涉及到售后,客服人员告知顾客店铺有七天无理由退换货的服务,并且还赠送运费险,即便顾客要退货,因为有运费险,所以退回来的邮费也是不用顾客承担的,再次打消了顾客的疑虑。

图 11-11 咨询答疑

总的来说，顾客的疑虑一般有3个方面。第一是对产品的疑虑。顾客经常会问是否为正品、产品的真假等，对于这类问题，客服人员只需要罗列出资质或授权，即可打消顾客的疑虑。有时候顾客也会问到质量问题，客服人员可以将产品拆开来说，比如鞋类，客服人员可以说鞋底采用什么材质、不容易折断，鞋面采用什么材质、具有什么特质，缝合处用的什么工艺或什么胶，清楚而全面地让顾客了解细节，也可以列举其他顾客的评价或晒图追评等，让顾客安心。

有时候顾客买产品是用来送礼的，可能会问是否有礼品包装，或者能否放一张卡片，客服人员可以根据实际情况来解答。有一些易碎易坏的产品，顾客就会担心物流包装，比如笔者曾经买过一套红酒杯，很担心在运输过程中会碎掉，于是客服人员便给笔者看了几张产品的包装图，看到酒杯被里三层外三层地包裹着，笔者便放心了。

还有一些产品，顾客会问使用方法，比如需要安装的产品或需要复杂操作的产品，笔者曾买过一款烤箱，不知道为什么烤出来的蛋糕总是出问题，于是笔者就经常去咨询客服人员，客服人员便会给笔者讲解温度、配料、时间等，最终笔者做出了满意的蛋糕。

除产品疑虑外，第二就是对服务方面的疑虑。比如产品的保修，尤其是购买家电、数码产品的顾客，最担心的就是产品损坏，客服人员可以告知顾客自己店铺的保修期限和保修条件，譬如很多大家电都是全国联保，有些商家还推出加价加保的服务，像手机类产品，很多商家还推出碎屏服务，如果屏幕在保修期间碎掉，就可以免费换一个新的手机。这些增值服务实际上就解决了顾客担心的问题。

第三就是对物流方面的疑虑，比如发什么快递、哪里发货、什么时候能到等。客服人员只需要按照自己店铺合作快递的真实情况回答即可。

在解答疑问这个环节，客服人员要有一颗服务的心，不能因为顾客问的问题多而觉得烦，也不能置之不理或回答冷漠。客服人员要有亲和力，让顾客觉得与客服沟通是一件舒服的事情。为了让顾客觉得服务好、满意度高，客服人员可以使用一些小的技巧，比如问答对等技巧，就是客服人员回应的文字字数要与顾客问题的文字字数差不多，或者客服人员回答的字数要多于顾客问题的字数，这样从页面上看就会觉得客服人员比较用心。

当顾客提出一些客服不能够处理的问题时，比如议价太多，客服人员不得不拒绝顾客时，回复不能够太生硬，尽量少用"不""你错了""你不对"这样的字眼，没有人喜欢被别人否定，顾客尤为不喜欢，这时候客服人员可以用另一种方式表达，比如，"您还没有达到优惠条件，不能享受销售折扣"可以换成"亲只需要再购买 20 元就可以享受 95 折了"，这样顾客听起来就会舒服很多，同时也可以引导顾客下单。

有些客服人员为了促成下单，经常会夸大产品的功效，如保健品、电子产品、家居用品、化妆品和护肤品等。顾客买回去使用后，发现并没有那么好的效果，就很容易给店铺中差评或负面评价，从而影响其他顾客下单，反而对店铺造成了影响。

其实在与顾客沟通时，客服人员要有同理心，要把自己当成是顾客的朋友，真正地从顾客的角度出发，帮助顾客解决问题、用心沟通，只有这样顾客才能变成品牌或店铺的忠诚客户，重复购买，口碑相传。

## 11.4　确认订单与礼貌告别

经过客服人员的用心接待，顾客拍下订单以后，客服人员要与顾客核对订单信息，有些商家的客服人员会忽略这个步骤，认为顾客都拍下了，没必要再多做服务，似乎销售目的已经达成。

实则不然，确认订单信息这个环节有两个重要的作用。第一个作用是可以减少因地址错误产生的拒收。很多顾客都有不止一个收货地址，有的顾客可能平时收件在单位，也有一些顾客会选择家庭住址，尤其是一些大件商品一般都会选择家庭住址，如果系统默认地址是单位地址，而客服没有跟顾客核对，那么很有可能因地址错误导致无人签收。如果客服人员能够跟顾客核对一下地址，就可以大大减少这种出错。

第二个作用是核对商品信息。有时商家进行活动，价格优惠但库存不多，顾客拍的时候比较急，可能会选错尺码、颜色，甚至是商品数量，所以这时核对订单信息就非常有必要了。

那么，客服人员都应该跟顾客核对哪些信息呢？应该核对的信息有：顾客购买的商品是什么、规格尺寸、颜色、购买数量，还有顾客的收货地址、收货人姓名、联系电话；如果顾客有特殊的要求，比如要求发某快递、要求赠送某赠品，包括一些定制类产品或礼品，顾客可能会要求在商品上刻名字，那么客服人员还要跟顾客去核对刻字内容；也有一些鲜花、蛋糕礼品等，顾客会要求写贺卡，那么这时客服人员除核对购买人信息外，还应该核对顾客提出的特殊要求。

如图11-12所示，客服人员跟顾客核对收货信息及特殊的快递备注，然后告诉顾客可享有的权利和顾客应做到的义务。在图11-12中，顾客购买的是衣服，客服人员首先告知顾客，商家是参加七天无理由退换货服务的，顾客遇到任何问题都可以与商家联系，可以进行退换货，言外之意就是不要直接给出中差评或低分评价，万事好商量。其次，客服人员告知顾客，如果要退换货，有几种情况是影响退换的，比如吊牌已摘掉、衣服已经下水洗过等，有这些情况就不能够进行退换了。

在核对订单时，客服人员一定要事先告知顾客退换货的条件，如果事先没有讲清楚，很有可能因为这个原因导致纠纷。

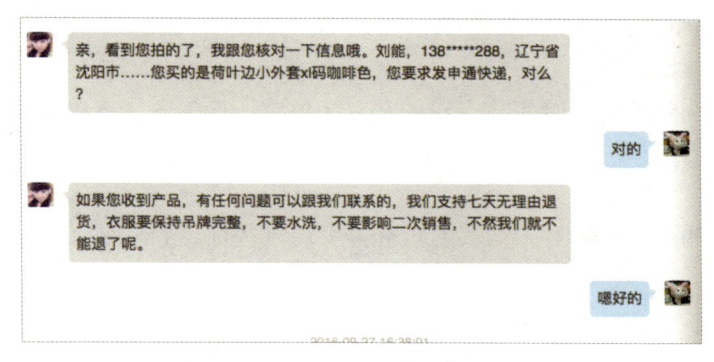

图 11-12 核对信息

比如一些鞋类产品，顾客在试穿时，不太注意地面的情况，很有可能导致鞋底有严重的划痕，而影响商家的二次销售。如果客服人员在跟顾客核对订单时，能够多说一句"请在干净光洁的地面或垫一张报纸试穿"类似这样的提示，那么就会大大减少因鞋底划痕而导致的纠纷或损失。

一些特殊产品，如数码产品、家电、家具家饰等，会有一定时间的保修期，包括商家自己提出来的一些增值服务，比如有些商家在七天无理由退换货的基础上，提出十五天退换货，甚至三十天退换货，那么也要提前告知顾客，这样可以增强顾客的体验感，让顾客感觉到商家用心的服务，从而记住商家。

客服人员跟顾客核对完地址后，就意味着沟通进入到了尾声，这时客服人员可以跟顾客告别了，告别的方式一般是感谢顾客的光临，还可以添加对方为好友，并且提示顾客关注商家店铺，这样下次就可以快速找到店铺了。

上面针对的是购买商品的顾客客服人员应当如何处理，还有一种情况就是顾客没有购买商品，这两种情况客服人员结束话题的方式是不同的。如果是未成交的顾客，那么客服人员首先要快速回顾一下与顾客的聊天记录，看是否在哪个环节没有做好，导致顾客不满意，如果顾客确实无意购买，那么可以利用一些小的技巧推动一下进程，比如可以利用顾客的心理营造一些紧张的氛围。例如，跟顾客说"亲，我们库存仅剩最后 5 件，再不抓紧下单可能就会错过心爱之物了哟！"

也可以利用发货的时间节点让顾客有紧迫感，促使顾客下单，如图 11-13 所示。

也有一些商家会针对未购买的顾客再发送一些优惠券，来刺激顾客下单。

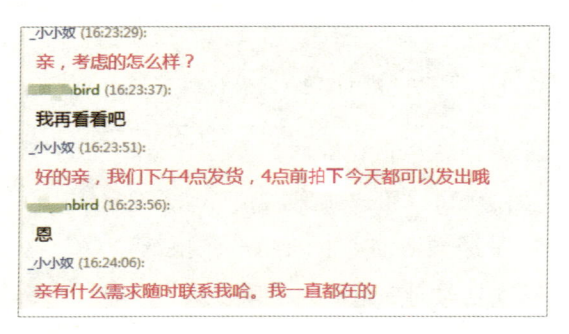

图 11-13　促使顾客下单

对于未购买商品的顾客，客服人员事后应该查看聊天记录，分析顾客到底是什么原因导致未成交，是价格、款式、效果，还是客服人员没有引导好，或者是因为物流因素。分析总结后，可以提升客服人员沟通的经验。

不管是购买的顾客，还是未购买的顾客，客服人员都应该加顾客为好友，并且在千牛工作台中为顾客分组，同时也提醒顾客收藏和关注店铺，为店铺积累粉丝，也方便顾客下次能够快速找到店铺。

## 11.5　订单处理

订单处理指的是顾客下单后客服人员要做的一系列工作，基础的订单处理包含改价、改运费、合并订单、插旗备注、填写发货单号、处理异常订单等工作。

有效的订单处理可以防止部分售后纠纷。

如果是淘宝店铺，客服人员给了顾客一些优惠，那么就要在后台订单处修改价格；如果顾客同时购买几件商品，但是并没有使用购物车一起拍下，那么客服还要将几笔订单的邮费做合并处理，这些都需要在后台进行操作。如图11-14所示，顾客拍下一笔订单，但是邮费卖家设置得很高，这时就需要卖家修改邮费，修改方法如图11-15所示，在邮费文本框中输入正确的邮费价格即可。如果客服人员给了顾客产品上的优惠，那么就要在"涨价或折扣"区域中填写相对应的折扣，系统会自动算出折后的价格。

图11-14 修改快递费用

图11-15 价格修改操作详情

有些顾客拍下产品时会有一些特殊的要求，比如指定某个快递、赠品要求多送等，客服人员如何分辨并记录这些复杂的要求呢？有一个很便捷的工具，就是插旗备注，如图11-16所示。客服人员可以将不同类别的需求设置为某个颜色的旗子，比如快递类用红色旗子、产品类用绿色的旗子，修改地址、收件人姓名、联系方式用黄色的旗子等，这样发货时就不会混淆。

客服人员备注好了以后，在订单的后面就会有一个彩色的旗子，如图11-17所示，仓库工作人员或其他客服都可以看到这个备注，从而进行对应的服务。

图 11-16　插旗备注

图 11-17　旗子订单

在发货时，商家可以选择两种方式，一种是在线下单联系物流，另一种是自己联系物流。在线下单适合刚刚做淘宝的卖家，因为订单不多，在线下单后就会有物流工作人员联系商家，上门收取包裹，每家快递的首重和续重价格都会在页面中显示出来，商家可以根据情况选择合适的物流。而对于已经有固定订单的卖家，可以选择自己联系物流，跟物流公司洽谈收件价格，物流公司每天定时上门取件，减少了商家联系物流的工作量。不管用哪种方式，商家都可以多尝试几家物流公司的服务，因为不同的物流公司，发不同区域的价格不同，也可以和多家物流公司同时合作，减少成本和危机。

# 第 12 章

## 客服基础数据

在店铺运营中我们经常关注店铺数据，通过对数据的分析来判断工作做的好坏、制定工作计划、衡量工作目标是否达成、判断工作计划是否需要调整，以及向哪个方向进行调整。

通常认为在店铺所有岗位中，客服对于数据的依赖是最少的，但是在这个数据极其丰富的时代，数据对于客服工作也变得越来越重要了。我们通过线上与线下销售情况的对比，发现数据在客服工作中可以提供很大的帮助。例如，在线下如果想知道顾客在购买结束后，对商品、店铺服务及客服工作的评价，就需要投入大量的人力和物力去收集顾客的意见，征集顾客反馈。但是这个工作到了线上就变得很容易，而且更细致、更具体，顾客在淘宝平台购买完商品后，可以就商品本身、客服人员态度甚至物流速度等对店铺进行评价和评分。除从顾客体验的角度外，数据还可以帮助我们去衡量每位客服的工作量、工作能力甚至是工作技巧，例如数据软件可以帮助店铺抓取客服接待量、销售额、询单转化率等数据，帮助店铺判断每位客服人员不同的工作量、工作能力及技巧。

客服人员也要了解和学习一些和客服工作相关的数据，这样才能更好地进行自我评价，观察自己在工作中的表现，发现自己的短板，然后积极学习与调整。另外，还可以通过对数据的继续观察与分析进行反馈，看看自己的培训学习与工作方式的调整是否有效，从而制定更好的提升计划，让自己在岗位上表现得更加完美。

下面讲解客服常用的基础数据，再简单介绍一下数据软件。

## 12.1 客服相关数据

店铺运营中有很多数据，下面讲解的数据都是和客服工作相关的，或者说客服人员的工作质量会影响数据的变化，更进一步会影响到店铺的运营。

1. 店铺动态评分

本数据在店铺页面及"生意参谋"→"经营分析"→"评价概况"中都可以看到。

店铺动态评分包括描述相符评分、卖家服务评分和物流服务评分，是180天内买家给出的关于店铺宝贝描述满意度、卖家服务态度满意度及物流服务满意度的综合评分，如图12-1所示。

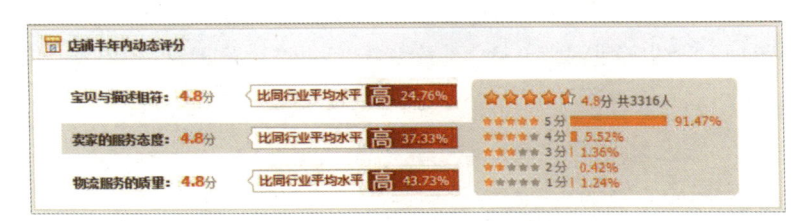

图12-1 店铺动态评分

这个数据与客服工作关系最密切的是卖家服务态度满意度的评分，也就是说客服人员能否给买家提供满意的服务、能否在服务的过程中保持一个良好的态度、能否为买家提供合理的意见和建议等，都关系到这项得分。

2. 售后服务分析

这个数据在生意参谋首页就可以看到，如图12-2所示。

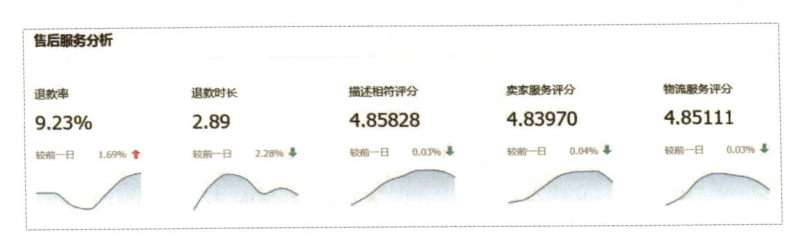

图12-2 店铺售后服务分析

在客服工作数据中，售后服务分析也是比较重要的数据，它反映了客服人员为顾客解决售后问题的能力。退款率是指全店退款率，虽然顾客的退款原因各种各样，但是退款率这个数据能从一个方面去反映客服人员的推荐准确度，也就是客服人员帮顾客推荐的商品适合顾客本身的特性和需求，那么退款率就会相对低一些。退款时长反映了客服人员的工作效率，乃至店铺本身客户服务体制的退款流程是否合理。

### 3. 负面评价

这个数据在"生意参谋"→"经营分析"→"评价概况"中是可以看到的，如图12-3所示。

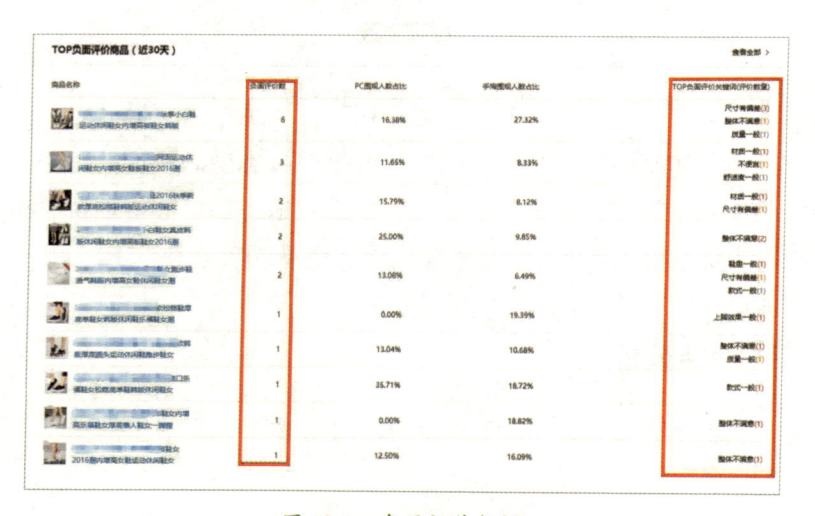

图12-3 负面评价数据

负面评价数据反映了顾客对店铺商品、服务等各个方面的不满。客服人员要对负面评价数据进行收集和整理，把顾客提出的不满进行分类，找出属于客服岗位的问题进行工作调整。客服人员还需要对给出负面评价的顾客进行反馈和跟踪服务，了解顾客不满的原因，安抚顾客情绪，进行相应的解释，以及道歉和赔付。这样才能化解顾客的不满，消除顾客与店铺之间的隔阂，使顾客信任我们，再次来店内消费。

### 4．物流异常

这个数据可以在"生意参谋"→"经营分析"→"物流概况"中进行查看，如图12-4所示。

图12-4　物流异常数据

对于客服人员来说，经常关注物流状态、对异常状态的物流进行追踪、及时与顾客进行沟通也是提升店铺服务质量的工作之一。

### 5．客服工作数据

下面讲到的客服工作数据，需要通过第三方客服绩效软件进行查询，如图12-5所示。

在客服管理中，我们需要通过一系列的数据来判断客服人员的工作状态，分析客服人员的工作压力，观测客服人员的工作技巧。在这些数据中，比较关键的数据有以下几个：客服销售额、询单转化率、响应速度、客单价和退款金额。这些数据都是通过软件采集的。

客服销售额是指在统计时间内，客服人员总体的销售业绩，是最受关注的客服数据之一，反映了客服人员的整体销售能力。

图 12-5　客服工作数据

　　询单转化率是指询单以后拍下并且付款成功的人数占总询单人数的比例。询单转化率反映了客服人员通过与顾客的沟通进行销售的能力，考察了客服人员的沟通技巧、产品熟悉程度、竞品对比能力、商品卖点传达能力、产品推荐能力及议价能力等多方面综合能力。

　　响应速度主要是从首次响应和平均响应两个方面去考察。首次响应要及时，尽量在最短的时间内与顾客开始对话，把顾客留住。平均响应要保持在一个较短的时间内，不要让顾客过久地等待，要有问有答，有问必答。

　　客单价是指通过客服人员服务购买商品的顾客的平均消费金额。客单价可以反映客服人员的关联销售能力及催付能力等，关联销售技巧好的客服人员，在绩效中反映出的客单价较高。

　　退款金额可以很好地反映客服人员准确推荐的能力，以及处理售后问题的能力。

　　以上讲述的这些数据都是与客服人员的销售能力及销售技巧息息相关的，客服人员也可以查看自己的工作数据，来判断哪里需要优化与提升。

## 12.2 了解数据软件

前面讲解了与客服工作相关的一些知识,抓取这些数据就需要数据软件,目前淘宝官方的数据软件是"生意参谋",另外还有一些不错的第三方数据软件,下面进行简单介绍。

### 1. 生意参谋

生意参谋是淘宝官方提供的数据软件,功能强大且在数据准确度上高于其他第三方软件,如图 12-6 所示。前面提到的店铺综合评分、售后服务分析、负面评价和物流异常这些数据都是来自于生意参谋。

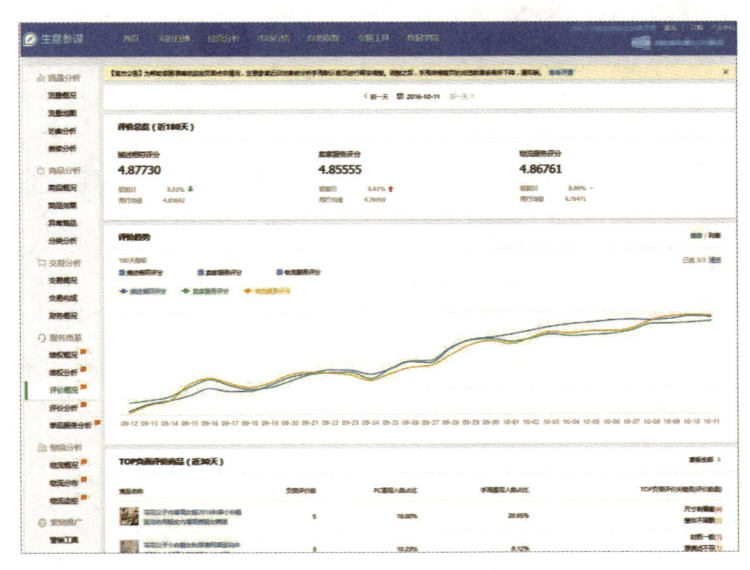

图 12-6 生意参谋软件界面

### 2. 其他第三方软件

目前还有一些第三方数据软件,如图 12-7 所示。很多店铺用这些软件进行客服绩效考核数据的抓取，这些软件可以抓取到如客服销售额、询单转化率、响应时长、客单价、客件数、退款金额等客服人员的个人数据，也可以抓取到客服团队的销售额、客服销售占比等客服团队的绩效。

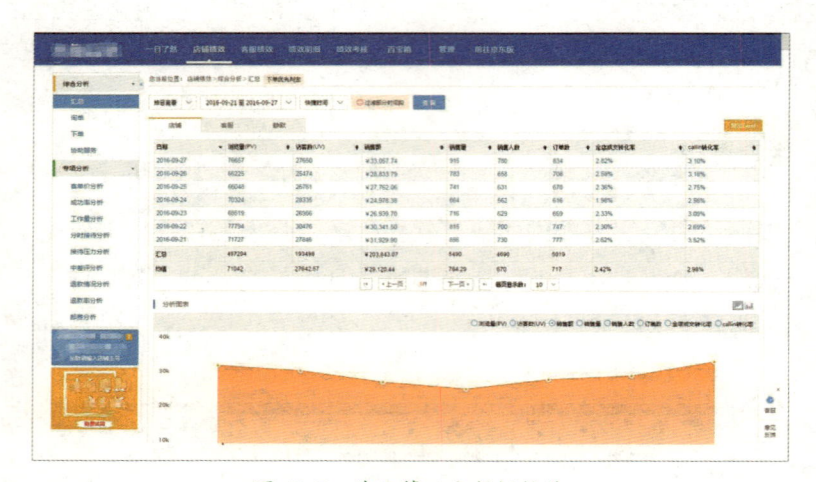

图 12-7　其他第三方数据软件

　　本章介绍了客服人员需要了解的关于店铺及客服人员工作能力的一些数据，也对一些数据抓取软件做了简单的介绍。希望商家可以意识到客服人员离数据并不遥远，数据可以帮助分析和衡量客服人员的工作能力，利用数据可以更好地开展店铺的客户服务工作。